SV

CHRISTA WOLF
MOSKAUER TAGEBÜCHER
WER WIR SIND UND WER WIR WAREN

Reisetagebücher, Texte, Briefe, Dokumente 1957-1989

Herausgegeben von Gerhard Wolf
unter Mitarbeit von Tanja Walenski

Suhrkamp

Erste Auflage 2014
© Suhrkamp Verlag Berlin 2014
Alle Rechte vorbehalten, insbesondere das der Übersetzung,
des öffentlichen Vortrags sowie der Übertragung durch
Rundfunk und Fernsehen, auch einzelner Teile.
Quellennachweise am Schluss des Bandes.
Kein Teil des Werkes darf in irgendeiner Form (durch Fotografie,
Mikrofilm oder andere Verfahren) ohne schriftliche Genehmigung
des Verlages reproduziert oder unter Verwendung elektronischer
Systeme verarbeitet, vervielfältigt oder verbreitet werden.
Satz: Satz-Offizin Hümmer GmbH, Waldbüttelbrunn
Druck: CPI – Ebner & Spiegel, Ulm
Printed in Germany
ISBN 978-3-518-42423-0

INHALTSVERZEICHNIS

Wer wir sind und wer wir waren,
Wer weiß, wo kamen wir her
Gerüchte blieben nur von jenen Jahren,
Wir aber sind nicht mehr.
Boris Pasternak

IN WIRKLICHKEIT
Und dieser Spiegel, da in Wasser klar
Dein Ich für dich erkennbar war.
Fort ist die Zeit und fort ist der Raum ...
Doch helfen kannst auch du mir kaum.
Anna Achmatowa

IM TRAUM
Schwarze Trennung, immerwährend, trage
Ich mit dir gemeinsam. Ach, du weinst?
Gib mir lieber deine Hand und sage,
Daß du wieder mir im Traum erscheinst.
Anna Achmatowa

Gerhard Wolf
Wer wir sind und wer wir waren

> »Eine Reihe von Gesichtern taucht vor mir auf, Mos-
> kauer, Leningrader, Menschen, mit denen du offen und
> rückhaltlos reden konntest ... So daß du eine Zeitlang
> dachtest, da seien doch so viele kluge kritische Menschen,
> dieses Riesenreich von innen her zu reformieren ... ›Utopie‹,
> sagt man heute mit verächtlich heruntergezogenen Mund-
> winkeln. Du sahst ihre müden, entschlossenen Gesich-
> ter ..., in denen auf einmal ein anderer Geist wehte. Kaum
> einer von denen ist noch da ...«
> Christa Wolf, »Stadt der Engel oder The Overcoat
> of Dr. Freud«

Christa Wolf hat seit den Jahren nach dem Zweiten Weltkrieg immer ein persönliches Tagebuch geschrieben (ihr Jugendtagebuch hatte ihre Mutter vor der Flucht aus dem heimatlichen Landsberg verbrannt), einfach um festzuhalten, was ihr geschah und wie sie darüber dachte. Sie sah dies später aber nie als Teil ihres eigentlichen literarischen Schaffens an, anders als etwa Max Frisch, der seine Tagebuchprosa als eigenes Genre auffaßte. Eine Ausnahme bilden die Texte in »Ein Tag im Jahr« und »Ein Tag im Jahr im neuen Jahrhundert«, die sie von 1960 bis zu ihrem Tod kontinuierlich verfaßte, auch mit der Absicht einer späteren Veröffentlichung. Überraschend und einmalig ist es nun, Max Frisch und Christa Wolf bei ihrer ersten Begegnung auf einer Wolga-Fahrt in ihren zeitgleichen Aufzeichnungen und in ihrer Korrespondenz kennenzulernen.

Christa Wolfs vorliegende Journale ihrer und unserer gemeinsamen Reisen nach Moskau und in die Sowjetunion von 1957 bis 1989 fanden sich neben ihren persönlichen Tagebucheintragungen in ihrem Nachlaß. Es sind Notate, manchmal akribisch, ausführlich, manchmal nur Momentaufnahmen, die mit unbestechlichem Blick festhalten, was sie sieht und erlebt, erfährt und denkt. Die oft unerwarteten und später auch geplanten Treffen und Bekanntschaften mit Menschen, skeptischen Literaturbeamten, Übersetzern ihrer Texte und Autoren, geben ihr neben den öffentlichen Verlautbarungen und eigenen Wahrnehmungen Einblick in den inneren Zustand und die Geschichte der Gesellschaft, die sich sozialistisch nennt. Aus einigen Begegnungen entwickelt sich eine langjährige Freundschaft.

Christa Wolfs Reisen sind deshalb auch Ausgangspunkt für Betrachtungen zur Literatur russischer Schriftsteller. Einige von ihnen kennt man heute kaum noch, die Bücher von anderen konnten nur im Westen erscheinen, manche wurden damals des Landes verwiesen und ausgebürgert.

Mit ihren Namen erreichen uns ihre Stimmen über das letzte Jahrhundert hinweg. Sie sind Zeugnisse von Widerständigkeit, von Träumen, von einem ausgeprägten Sinn für überlebensnotwendige Toleranz. Damit, so ist zu hoffen, leisten sie auch einen Beitrag zum Verständnis für Konflikte und Gefahren in unseren Tagen.

ERSTE REISE 1957

*In Moskau und Armenien mit einer Delegation von DDR-Autoren,
1. bis 23. Juni 1957*

3. Juni 57
Moskau!

1 Der Rote Platz

Ich hatte mich vorher gefragt, was wohl in Moskau mich am ersten be-
eindrucken würde: Es kamen der Flugplatz, die Begrüßung (Steshenski, Ashajew, Michalkow, Medwedew u. a.), die Fahrt: Große neue Bau-
ten am Rande der Stadt. Und plötzlich überholte uns ein »Pobeda«,
und in ihm sah ich das Profil eines ganz jungen, vielleicht 14-15jähri-
gen Mädchens: blonde Haare, zum Kranz gesteckt, grüner Pullover,
klares, sinnendes Gesicht.
Das rührte mich an.
Und am nächsten Tag: Majakowskis Totenmaske. So ruhig, gelöst. Ganz
anders als sein letztes Bild, kurz vor seinem Tod: Verkrampft, trotzig,
erbittert. Aber nun: Er hatte abgeschlossen, er war zu einem Ende gekommen.

Sehr angenehm die beiden Führerinnen im Majakowski-Museum: Junge Frauen oder Mädchen (die eine erwartete ein Kind), sehr bescheiden, würdig und sicher. Nichts von anbiedern. (Ich muß noch versuchen, mit ihnen zu sprechen.)

Majakowskis »Wanze«: Ein überraschendes Stück. Nach viel Altmodischem, auch Kitschigem, das man allenthalben trifft, plötzlich etwas ganz Modernes, von einer großen Zuschauermenge begeistert beklatscht (viel Jugend, darunter entzückende Liebespaare). Dieselben Zuschauer, die am Abend vorher auch mit Beifallsstürmen auf die ziemlich mäßige tatarische Oper »Musa Dshalil« reagiert hatten, weil ihr Inhalt erschütternd und progressiv ist (Musa Dshalil wurde in Moabit von den Nazis umgebracht).

Das ist überhaupt etwas Auffallendes. Es gibt hier keinen Snobismus, in keiner Sache. In der Landwirtschaftsausstellung sitzen Bauern und Bäuerinnen lange vor den einzelnen Tafeln, lassen sich von den Führern alles erklären und machen sich unbeholfene, aber genaue Notizen. Sie sind von ihren Kolchosen als die besten Arbeiter zur Ausstellung nach Moskau geschickt worden und müssen dafür natürlich etwas geben. Ein großer Ernst, der an den Sinn des Fleißes glaubt, herrscht überall. Und das ist ja wohl das Wichtigste.

Leider gibt es wenig, das stimmt, und die Auslagen sind gar nicht verlockend. (Im GUM waren wir noch nicht.) Kleider sehr altmodisch (gestern allerdings in dem neuen Bahnbrecher-Film sah man auch modernere, vielleicht will man sie propagieren).

Gestern abend unterhielt ich mich längere Zeit über den Dolmetscher mit unserer Serviererin Assja. Eine ausgesprochen reizvolle, hübsche Frau in meinem Alter, mit Charme, sehr lebhaft, intelligent, lebendige Augen. Sie überwand bald die erste Verlegenheit und erzählte freimütig von sich: Sie verdient 600 Rubel und mit Prämien für Planerfüllung meistens tausend. Ihr Mann arbeitet als Mechaniker: Ihr 5jähriges Kind heißt Евгений [Jewgeni]. Assja arbeitet seit ihrem 14. Lebensjahr, zuerst als Dreherin, dann in einer Gießerei, seit drei Jahren hier im Hotel. Sie besucht während ihrer Arbeitszeit Sprachkurse für Deutsch, um dann »Administrator« zu werden. Ihre Arbeit gefällt ihr sehr. Sie ist seit 6 Jahren Parteimitglied und ist stolz darauf.

Über die Jugendfragen in Moskau: Seit einigen Monaten gibt es ein Gesetz, welches festlegt, daß schon ein Randalieren auf der Straße zu 2 Wochen Arrest führt. Da werden sie dann mit unbezahlten Arbeiten beschäftigt. Im Hotel waren auch zwei Fälle. Über sie hat das Freundschaftsgericht, dem auch Assja angehört, beschlossen, sie als Komsomolmitglieder zu verwarnen und in ihrer Arbeit um eine Stufe zu degradieren.

Assja ist sehr literaturinteressiert. Sie bezieht gesammelte Werke von Puschkin, Lermontow, Gogol usw. Mit ihrem Mann, der auch viel liest, streitet sie sich über Literatur. Sie selbst stellte sich mit ihrem Namen gleich als eine Turgenew-Gestalt vor.

Unsere Problematik Ost- und Westberlin war ihr unfaßlich.

11. 6.

Nachdem in den ersten Tagen bei mir absolute Gedankenarmut herrschte, strömen jetzt die Gedanken, ausgelöst durch die Eindrücke, auf mich ein; ausgelöst auch durch Diskussionen mit Helmut und Igor.

2 Foto der Delegation bei einem Spaziergang vor Moskau
Von links: Zwei sowjetische Funktionäre, dann Wolfgang Joho, Christa Wolf, Eduard Zak, Peter Huchel, Monica Huchel

Von Igor kann man einiges lernen, den Blick fürs Wesentliche und Festigkeit. Der Blick fürs Wesentliche bedeutet oft: Vereinfachung. Aber anscheinend ist diese Vereinfachung oft nötig und keineswegs unzulässig.

Über die Diskussionen, die nach dem XX. Parteitag bei uns stattfanden, wußte er fast besser Bescheid als wir. Offenbar begleitet er unsere Delegation nicht von ungefähr. – Er war anderer Ansicht als wir zunächst, daß nämlich die »liberalen« Strömungen unter der Intelligenz bei uns unwesentlich gewesen seien, daß sie keine Chance hatten, etwa solche Formen wie in Ungarn oder Polen anzunehmen. Er hielt die Strömungen für stark genug, daß sie in einer Zeit, da gewisse Kreise führende Köpfe suchten, durchaus gefährlich hätten werden können. Allerdings spricht Igor, als Diplomat, nicht völlig offen mit uns, wenn er uns auch mehr vertraut als den anderen. Diesen Wall zu durchbrechen, wird uns nicht gelingen; auch bei Стеженский [Wladimir Steshenski] nicht, der mir immer sympathischer wird, seit ich weiß, daß er nach 1945 Kulturoffizier in Berlin war. Ich glaube, sowohl er als auch Igor beobachten uns alle sehr genau und machen sich im stillen ihre Gedanken über uns. Das kann nicht immer gerade zum besten unserer Delegation ausfallen, da z. B. Huchel [XXX] ein eitler Fratz ist. Und M. Zimmering, der Leiter, ist von einer atemberaubenden Plattheit. Joho hat auch seine Ressentiments, aber er weiß sie selbst einigermaßen witzig abzuschätzen. Zak ist noch der Vernünftigste.

Igor war sehr böse auf einen Artikel Kunderas in der Nationalzeitung, wo er schrieb, daß nun endlich nicht mehr »Volkstümlichkeit und Einfachheit« die höchsten Kriterien in d. Kunst seien. Schön und gut: so ausgedrückt ist es auch nicht richtig, wenn man nicht mit Einfachheit Primitivität und mit Volkstümlichkeit falsche Popularität meint. Und das meint man hier, glaube ich, immer noch manchmal.

Das Leben, scheint mir, ist hier lebendiger, unmittelbarer als bei uns. Es fehlt der üble Spießersnobismus, der es mir unmöglich macht – eben gerade, weil er auch in mir steckt – frei heraus zu sagen: Ich liebe mein Volk. Das Volk hier ist wirklich »Volk«: Arbeiter und Bauern, arbeitende Menschen beherrschen das Straßenbild. Ich könnte hier einige Zeit leben und würde mich nach und nach heimisch fühlen.

3 Postkarte von Christa an Gerhard Wolf. Motiv: Lomonossow-Universität in Moskau

Aber der »Geschäftsgeist« ist immer noch nicht ausgestorben: Manche Leute verdienen sich ihren Lebensunterhalt damit, daß sie für andere bei der Kontrolle ihrer Autovoranmeldung Schlange stehen und dafür 3 Rubel verlangen. – Auf dem schwarzen Markt ist Benzin billiger als im Normalverkauf, weil die Prämien für Einsparung v. Benzin den Fahrern nicht soviel einbringen wie der Verkauf desselben Benzins auf dem schwarzen Markt.

Sozialistisches Bewußtsein für die Masse ist erst bei weitgehender Befriedigung ihrer Bedürfnisse zu erreichen. Mit Ideen allein geht es nicht.

17. 6. 57
Inzwischen liegt auch Armenien hinter uns. Ein sehr fremdes Land, sehr fremde Menschen. Große, interessante Eindrücke.

21. 6. 57

Morgen Abreise

Kann man schon resümieren?

Mir scheint, die wichtigsten Ergebnisse dieser Reise werden die indirekten sein, diejenigen, von denen man nicht einmal genau weiß, wie sie zustande kommen: Ich habe wieder richtige Lust, zu arbeiten, zu schreiben. Es scheint sich wieder zu lohnen.

Man muß einmal untersuchen: Welches sind die Kriterien für »Menschlichkeit« in unserer Zeit? Was ist es denn, was den Menschen zum Menschen macht? Was ist also der Grundstein für die bessere Gesellschaft? Das sind Fragen, bei denen wir heute schon besser abschneiden würden. *Das* sind Fragen für die Literatur.

Ein anderer Entschluß steht fest: Ich werde Russisch lernen.

Und ich werde viel lesen, mehr als bisher. Zu verdanken habe ich das vor allem Wladimir, das und manches andere ...

Eine Geschichte spukt mir im Kopf herum, vielleicht die Fabel zu einem seit langem – genauer, seit drei Jahren – in mir lagernden Stoff. (Seit der Zeit, da ich Pawel kennenlernte, dessen Bild jetzt endgültig und für immer für mich ungefährlich geworden ist.):

Eine junge Frau (etwa 25) zwischen zwei Männern: Mit dem einen ist sie verheiratet, er ist Direktor einer Schule; der andere ist sein Freund, Lehrer an dieser Schule; die Frau selbst arbeitet als wissenschaftliche Mitarbeiterin an einem Institut. Sie haben ein Kind, einen 3jährigen Jungen. Der Freund des Mannes ist auch verheiratet, hat eine sehr aparte, liebenswerte Frau, auch ein kleines Kind.

Der Mann etwa Just-Typ: Egozentrisch, aber klug und kann verwirren. Die Frau wenig Lebenserfahrung, er ist ihr erster Mann, sie läßt sich von ihm jahrelang gefangennehmen und liebt ihn. Zur Zeit, da die Handlung einsetzt, beginnt aus ihrer Ehe schon eine Gewohnheit zu werden, was aber beiden nicht bewußt wird.

Der Konflikt entsteht, als der Freund des Mannes in eine Lage gerät, da er Menschen brauchte, die zu ihm stehen, da es aber etwas Mut kostet, zu ihm zu stehen. Der Mann der Frau wendet sich von ihm ab, mit guten, klugen Gründen. Die Frau aber beginnt den Freund zu lieben. Und er sie auch.

4 Die Delegation vor dem Sewan-See bei Eriwan. Zweiter von links ist Wolf-
gang Joho, daneben Wladimir Steshenski, Christa Wolf und Max Zimmering.
In der Mitte Peter Huchel, ein armenischer Teilnehmer, dann Eduard Zak und
Monica Huchel, ganz rechts Helmut Hauptmann

Es müßte damit enden, daß die Frau ihren Mann verläßt, dessen Stel-
lung äußerlich unerschütterlich bleibt, da er sich rechtzeitig revidiert.
Aber die Ehe des Freundes wird trotz schwerster Gefährdung nicht angetastet, die Frau verläßt mit ihrem Kind die Stadt und findet einen anderen Arbeitsplatz.
Sicher würde ich das nicht schaffen. Was mich daran so reizt, das sind
die Liebesbeziehungen zwischen der Frau und dem Freund des Mannes. Dauer d. Geschichte: Etwa 4 Wochen.
Ich fahre sehr reich beschenkt nach Hause, voller Dankbarkeit, voller
neuer Einsichten, die sich vorbereiten, voller tiefer Gefühle.
Goethe: aufsteigende und verfallende Epochen.

Gerhard Wolf zur ersten Reise

Christa Wolf konnte als wissenschaftliche Mitarbeiterin des Schriftstellerverbandes der DDR an einer Delegation von Autoren teilnehmen, die Moskau und Armenien besuchte und einen Freundschaftsvertrag zwischen dem Schriftstellerverband der Sowjetunion und dem der DDR unterzeichnete. An der Delegation nahmen der Dichter Peter Huchel mit seiner Frau Monica, die Schriftsteller Helmut Hauptmann, Wolfgang Joho, Eduard Zak und Max Zimmering teil. Sie wurden empfangen von Funktionären des sowjetischen Schriftstellerverbandes wie Wassili Ashajew (1915-1968), Autor des stalinistischen Produktionsromans »Fern von Moskau« (1948), und Sergej Michalkow (1913-2009), einem vielgelesenen Lyriker, überdies Autor von Kinderbüchern in Millionenauflage und Autor der Hymne der Sowjetunion; wir begegneten ihm 1968 bei einer Wolgafahrt wieder.

Christa Wolf lernte ferner Wladimir Steshenski (1921-2000) kennen. Er war Germanist und Übersetzer, u. a. der Bücher von Franz Fühmann, Max von der Grün und Wolfgang Koeppen. 1945 diente er als Kulturoffizier der Sowjetarmee in Berlin und wurde später Leiter der Auslandsabteilung des sowjetischen Schriftstellerverbandes; mit Anna Seghers stand er in Briefwechsel. Wir trafen Steshenski nahezu bei jedem Moskau-Aufenthalt wieder und freundeten uns auch mit seiner Familie, seiner Frau Irina und der bei ihnen wohnenden Tochter, an. Als loyaler Literaturbeamter nahm er an internationalen Friedenstreffen, wie 1982 in Den Haag, teil und vertrat immer die offizielle Meinung. Natürlich sah ihn ein Dissident wie Lew Kopelew nur kritisch, und er verglich ihn mit Tschitschikow, der Hauptfigur aus Gogols »Toten Seelen«.

Die erste Begegnung mit Moskau regte Christa Wolf zu ihrer »Moskauer Novelle« an, die 1961 erschien, aber in russischer Übersetzung nie veröffentlicht wurde. Auch ein Film nach der Novelle, den Konrad Wolf als Regisseur drehen wollte, scheiterte am Einspruch der sowjetischen Zensur gegen das Drehbuch. Christa Wolf hat die »Moskauer Novelle« später in dem Aufsatz »Über Sinn und Unsinn von Naivität« (1974) kommentiert.

Daß Peter Huchel zur Zeit der Reise bereits in großen Schwierigkeiten

5 Besuch beim Katholikos, dem Oberhaupt der armenischen Katholiken, in Eriwan

war, weil er als Chefredakteur der Zeitschrift »Sinn und Form« abgesetzt werden sollte, war Christa Wolf sicher nicht bekannt; wie sie, die bis dahin nur Kritiken und Rezensionen veröffentlicht hatte, wohl kaum von Huchel beachtet wurde – daher die distanzierende Bemerkung in den Notizen.

Über die Reise nach Armenien liegen leider keine Aufzeichnungen vor, nur Fotos berichten davon, auch vom Besuch des Katholikos, Oberhaupt der armenischen Katholiken, in Eriwan.

ZWEITE REISE 1959

In Moskau und Kiew zum III. Schriftstellerkongreß der UdSSR,
17. bis 29. Mai 1959

17.5.59

Moskau, nun doch; nachdem die Vorfreude schon wieder vergangen war. Im Flugzeug stellt Strittmatter Betrachtungen über die Relativität von Raum und Zeit an: Wenn man vom Fenster aus auf den Flügel des Flugzeugs schaut, scheint sich, je weiter der Blick zur Spitze wandert, das Flugzeug umso langsamer zu bewegen. Vorausgesetzt, daß man mit einem Auge noch ein Stück Land als Richtpunkt erhascht. Blickt man genau auf den Flügel direkt am Rumpf und liegt die Maschine sehr ruhig, hat man überhaupt nicht das Gefühl der Bewegung. Während wir schon jenseits der Oder sind, fährt das Auto, das uns zum Flugplatz brachte, noch nach Berlin rein. Wir reden über Einstein, über die Möglichkeit von »Marsmenschen«, die in letzter Zeit durch die Forschungen sowjetischer Wissenschaftler wieder in größere Nähe gerückt sind. Behaupte noch einer, die beiden Marsmonde (von dem Durchmesser!) seien künstliche Monde, vor Zeiten von vernunftbegabten Wesen hochgeschossen. Die darunterliegende Kultur ist längst vergangen – eine Vorstellung, die mich etwas deprimiert. Auch der große Komet, der 1908 in Sibirien niederging, soll ein Venusschiff gewesen sein!

2400 m. hoch, Felder wie verschwimmende Wasserflecken. Schönes, leicht dunstiges Wetter bis Wilna. Wie immer reichhaltiges Mittagessen. Die Landung, wenn auch von kleinen Luftböen durchsetzt, hatte mir kaum zu schaffen gemacht. Auf der Toilette funktioniert die Spülung nicht – wie vor zwei Jahren; und rote Seife liegt da, wie damals. Tischgespräch: Aus einem ND-Artikel zu schließen, gleichen die sowjetischen Schriftstellerprobleme den unseren aufs Haar. Ich werfe ein: Hoffentlich auf einem etwas höheren Niveau! Gotsche und Strittmatter bestreiten. Gotsche erläutert Prinzipien unserer Literaturpolitik: Unsere Leute mehr propagieren, über die Abseitsstehenden den Mantel des Schweigens breiten und sie die Vergänglichkeit des Ruhms fühlen lassen.

6 Christa Wolf, Erwin Strittmatter, Anna Seghers und Otto Gotsche

Wilna – Moskau. Wolkenfelder, phantastische Figuren. Die Wolken-
türme und -banken sind nach oben, gegen den unwahrscheinlich blau-
en Himmel, scharf abgegrenzt, nach unten zu verfließen ihre Rän-
der. Teilweise hinten – blaue Regen- und Gewitterbänke. Der Propeller,
das hatte ich gar nicht mehr so genau in Erinnerung, wird bei schneller Umdrehung unsichtbar bis auf einen flimmernden, gelb-weißen
durchsichtigen Kreis, den die Propellerspitzen ziehen. 3000 Meter
Höhe.
In Moskau hat es geregnet. Mengen von Flugzeugen, auch TU's, auf
dem Flugplatz. Steshenski und Sobko empfangen uns, sehr nett. Cham-
pagner. Auf dem Weg nach Moskau überholt das Auto 300 Amateur-
marathonläufer, die zur Spartakiade üben. Und dann der riesenbreite
neue Häuserring. Noch unfertig, doch so schnell es geht, bewohnt.
Neue breite Hauptstraße, führt über eine doppelstöckige Brücke (darunter U-Bahn).
Mein Status ist natürlich weitgehend unklar: Stesh. bringt mich zur

deutschen Botschaft, wo mir ein Sonntagsdiensthabender zwar Geld auszahlen, aber kein Zimmer geben kann. Zurück. Es klappt doch noch im »Москва« [»Moskwa« – Hotel »Moskau«], Riesengebäude, sehr gut.

Tischgespräch mit Anna Seghers (die mich sehr herzlich begrüßt), Karlludwig Opitz, Str. [Strittmatter], Go. [Gotsche], Stesh. [Steshenski]. Seghers animiert Gotsche zum Geschichtenerzählen; Go. erzählt aus der illegalen Arbeit. Man spricht über Techniken beim Schreiben: ob mit Tonband oder nicht? Anna sagt, sie würde sich genieren, mit Mikrophon zu Leuten zu gehen, um ihre Aussagen festzuhalten. (Ich auch.)

Steshenski-Witz: Während der Taschkenter Konferenz läutet ihn nachts der Flugplatz aus dem Bett: Drei Neger sind angekommen, sie haben kein Geld und müssen untergebracht werden. Ein Zweibett-, ein Einbettzimmer im Hotel; alle drei sind in bunte Tücher eingewickelt und werden auf die Zimmer verteilt. Am nächsten Morgen stellt sich heraus, daß der eine Bewohner des Zweibettzimmers eine Frau ist. Steshenski schließt: »Nun gutt. Aber kamen keine Beschwerden. Und das ist Hauptsache!«

Nr. 2: Ein Mütterchen kommt zum ersten Mal nach Moskau und sieht den Wald von Fernsehkreuzen auf den Häusern; »Boshe moi!« [»Mein Gott!«] ruft sie aus, »seit wann begräbt man denn die Leute auf den Dächern?«

Noch gut eine Stunde Gorkistaße auf- und abgelaufen, bis GUM und Roten Platz. Schön. Sonntag abend, und Menschen über Menschen. Eine Spur besser angezogen schon als vor zwei Jahren. Auch die Auslagen besser. Vorhängeschloß vor jedem Laden. Keine Hunde, fällt Opitz auf. Kein Platz in den Wohnungen dafür. Go. erzählt von früheren Besuchen, teilweise aus den zwanziger Jahren.

Eben Glockenspiel des Kreml aus dem Radio. Mitternacht.

In einem Reclamheftchen aus Gorkis Aufsätzen herausgelesen: »Die Liebe ist die Grundlage der Kultur, der Hunger die der Zivilisation.«

Канцелярия [Kanzeljarija]: Kanzlei: Hund vor der Tür.

Spencer: »Aus bleiernen Instinkten läßt sich kein goldenes Verhalten machen.«

Gorki polemisiert dagegen.

In der Hotelhalle treffen wir Noneschwili. Ich traue mich nicht, russisch zu sprechen. Aber er schenkt mir einen großen Schokoladentaler.

28. 5.

Vorabend vor der Abreise. So lange habe ich also – meinen Vorsätzen ganz zuwiderhandelnd – keine Zeile geschrieben. Wir waren zu gehetzt. Auch jetzt muß ich einen ziemlichen inneren Widerstand erst überwinden.

Zuerst schien es, die Reise würde sehr nüchtern und nutzlos verlaufen. Der Kongreß – Montag, Dienstag, Mittwoch, Donnerstag, Freitag vormittag, Sonnabend vormittag – war eine einzige, ziemlich ungemilderte Qual. Surkows Referat langweilig, breiig, formalistisch – und so auch die Diskussionsbeiträge. Richtige, unterstreichenswerte Erklärungen, Rechenschaftsberichte, aber kein entscheidender Vorstoß in die nötige Richtung. Interessant: Von 468 Delegierten (5600 Schriftsteller insgesamt) nur 38, die nach 1946 angefangen haben zu schreiben. Große Überalterung. Und – ich kann es mir nur als Überbleibsel aus vergangenen Zeiten erklären – kein Mut zu eigener Meinung. Mit Ausnahmen: Rjurikow, Smirnow, neuer Chefredakteur der »Lit. Gasjeta« [Literaturzeitung], sprach als einziger ohne vorbereitetes Konzept. Die anderen plauderten aneinander vorbei. Erwin dichtet:

»Dichter, dichte dicht und dauerhaft,

Dichter, dichte ohne Sauersaft.«

Wir hatten das Gefühl: So ein Kongreß wäre heute bei uns nicht mehr möglich. Rjurikow wies darauf hin, daß die UdSSR von ČSSR und uns lernen könnte.

Kreml-Saal, wo der Oberste Sowjet tagt: Groß, weiß, schlicht, schön. Lenin-Statue an der Stirnseite. Sehr angenehme, tageslichtähnliche Beleuchtung. Daneben übrige Prachträume: Georgi-Saal, Wladimir-Saal usw. Mosaikfußboden, spiegelglatt, herrliche Wandgemälde und Goldschnitzereien. Anna, als ich zum ersten Mal in einem dieser Säle stand und ihn bestaunte: »Du, höre mal, in deinem ganzen Leben, sag ich dir, hast du noch nicht ein so herrliches Klosett gesehen wie hier im Kreml.

7 Faksimile: Tagebuch-Doppelseite

Alles in Mahagoni!« So was macht sie gerne. Strittmatter nennt sie eine
ausgekochte Hexe, geizig soll sie auch sein, aber ich kann mir nicht helfen: Mir gefällt sie sehr. Sie hat mir ein winzigkleines weißes Pferdchen
aus Elfenbein geschenkt. Überhaupt war sie sehr nett zu mir. Einmal
sagte sie, als sie gerade im GUM gewesen und von dem Riesenbetrieb
dort sehr beeindruckt war: »Du, manchmal muß ich denken, der Marx
hat das nicht gewußt, als er sich seine ganzen Sachen ausgedacht hat,
daß es so viele Menschen auf der Welt gibt, besonders hier im Osten; so
viele Blusen und Röcke zum Beispiel kann man doch gar nicht machen, wie die alle kaufen und anziehen wollen ...« – »Mag er's nicht gewußt haben – was hätte das geändert?« »Hast schon recht, geändert
hätte's nichts.« Sie denkt viel über unsere Zeit nach und scheint sich
mit manchem sehr zu quälen. Ehe sie irgendein Bedenken anmeldet,
entschuldigt sie sich hundertmal und schiebt andere vor, die es ihr ein-
geflüstert haben sollen. Sie hat Angst, man könnte sie als revisioni-
stisch verschreien.

8 Christa Wolf beim Schriftstellerkongreß

1. Juni

Wieder zu Hause. Und wieder das mir schon bekannte Wehgefühl zu überwinden, das neben und unter der großen und schönen Wiedersehensfreude immer aufsteigt. Mit Wladimir habe ich einen Freundschaftspakt geschlossen. Er war sehr traurig in den letzten Tagen; »ganz durcheinander« sagte er, während er vor mir stand und – ich weiß nicht zum wievielten Male – mein Halstuch zusammenzog. »Ich fühle mich komischerweise so wohl in deiner Nähe«, sagte er, und ich lachte und verwies ihm das »komischerweise«. Aber mir war auch nicht immer zum Lachen, wenngleich ich nicht daran dachte, mir irgendwelche nicht vorhandenen Gefühle einzureden. Und ihm habe ich sie auszureden versucht, erfolglos. Mein Mann habe, meinte er, das große Los gezogen, als er mich geheiratet habe. Wir duzten uns seit dem Empfang im Kreml. Ich merkte bald wieder, worauf es mit ihm hinauslaufen sollte. »Du verstehst dich doch gut mit deiner Frau?« fragte ich ihn. Er schwieg. Dann: »Nicht besonders und nicht immer.« Das war der Kern der Sache, er kam später darauf zurück. Sie interessiere sich nicht für seine Arbeit. Zwar hätten sie sich immer wieder gern, aber sie hätten auch schon von Trennung gesprochen, und das sei schlimm genug und ein schlechtes Zeichen. Ich war erschrocken. Voriges Mal war ich also ganz umsonst so eifersüchtig auf seine Frau gewesen! Ich sagte ihm das und auch, daß ich sie sehr gerne habe. Er sieht in mir irgend etwas sehr Gutes, Großes, das machte mich ganz beklommen. »Du verstehst alles«, sagte er. »Das ist sehr ungewöhnlich für dein Alter.«

Allerdings hatte ich wirklich seinen kritischen Punkt gespürt: Er verwandelt sich immer mehr in einen Apparatschik. Eigene Meinung scheint dort in manchen Kreisen noch weniger üblich zu sein als bei uns. Der ganze Kongreß war ein Zeichen dafür. Und er, der seit zehn Jahren unter verschiedenen Dynastien im Verband arbeitet, bleibt natürlich nicht davon verschont. An dieser Bemerkung knabberte er herum. Er sprach – was nun wieder mich sehr betroffen machte – von der allgemeinen Müdigkeit seiner Generation, die von einem Zeitabschnitt zum anderen vergebens auf ein besseres Leben gehofft habe. »Und wenn man fast vierzig ist, braucht man etwas mehr als immer nur Enthusiasmus, braucht man etwas Festes.« Er lebt mit seiner Frau in einem Zimmer zusammen: »Das halten selbst Engel nicht aus.« Da hat er recht. Auch in die riesigen Neubauten am Stadtrand werde meist eine Familie in ein Zimmer eingewiesen: Pro Person 5 m². Steshenskis sind in eine Wohnungsbaugenossenschaft eingetreten und werden 9 m² pro Person bekommen: Eine kleine 2-Zimmer-Wohnung. Wie gut geht es uns!

Mir ist klar geworden, daß auch heute noch mit dem durchaus erträglicher gewordenen Optimismus manche tiefe, schwere Unterströmung überdeckt wird, auch in der Literatur. Wladimir ist anscheinend auf dem Punkt, wo die Spannkraft nachläßt und ein gefährliches Vakuum sich auftut. Die Frage: Lohnt es sich überhaupt? steht im Hintergrund.

Eine leidliche Frage. In mich legt er alles hinein, was ihn diese Lebenskrise überwinden helfen kann. Er meint gar nicht so sehr und nicht *nur* mich. – Über alles das haben wir offen gesprochen, und eben das brauchte er. Er habe viele Freunde, aber keinen, mit dem er über alles sprechen könne und der ihn verstehe. Seine Frau erfährt von Artikeln, die er irgendwo veröffentlicht hat, manchmal als letzte. Er tat mir leid, und das ganze, was er von mir haben wollte, konnte ich ihm ja nicht geben. Er versprach mir zum Schluß, er wolle versuchen, nicht traurig zu sein, sondern aktiv und fröhlich. Und mir war fast ein bißchen weh, daß man nicht mehreren Menschen zugleich alles sein kann. Ob das später mal anders wird?

Außer diesem waren überhaupt am stärksten die Erlebnisse am Rande: Ein Gastmahl auf grusinisch im grusinischen Restaurant, dem Noneschwili als gestrenger Tamada [Tischmeister] vorstand. Strittmatter dichtete:

»Nachts hörst du in den Besenkammern

die schönen Fraun der Grusier jammern.«

Lidija Gerassimowa, die uns betreute, eine 48jährige, früher sicher sehr schöne Frau, war im Untergrund, hinter all ihrer Fürsorge und Bescheidenheit, sehr traurig. Ihr Mann, ein Österreicher, mit dem sie zwanzig Jahre zusammen gelebt hat, hat sie verlassen. Ihre Tochter geht im Herbst für 2-3 Jahre als Geologin nach Sibirien. Das kann sie nicht verwinden.

Ein Hauptthema, das immer wieder anklang: Bei aller Gleichheit der ideologischen Situation dort und hier doch die große Verschiedenheit: Wir leben an der Grenze. Man leistet sich drüben bei ihnen manches, was wir nicht können und wollen: Zum Beispiel die Remarque-Überschwemmung. »Zeit zu leben und Zeit zu sterben« und »Drei Kameraden« werden verschlungen. Warum? Einhellige Antwort: Weil das menschliche Thema Liebe und Freundschaft gut behandelt wird. Das ist doch eine große Kritik an ihrer Literatur! Natürlich spielt auch Neugier mit, weil sie ja so lange vom Westen ganz abgeschnitten waren. Aber sie brauchen noch viele und tiefe Diskussionen über den Zusammenhang von Weltanschauung und künstlerischer Meisterschaft – um mal zwei Worte zu gebrauchen, die schon Schlagworte geworden sind.

Eine Nacht – vor unserem Abflug nach Kiew – verbrachten wir mit Sobko und Kornejtschuk, der gerade Geburtstag feierte. Sobko rief mich jeden Morgen an und schickte mir einen Blumenkorb. Er hatte sich zum Abschied einen Kuß ausgebeten, es wurde aber nur ein Handkuß daraus, weil so viele Leute herumstanden. Gerade das gefiel mir. Er hat nur ein Bein. Als Kornejtschuk die Geschichte eines deutschen Offiziers erzählte, der um eines russischen Mädchens willen sich und sein Flugzeug den Feinden ergeben hatte und sie als moderne Romeo-und-Julia-Geschichte bezeichnete, sagte Sobko leise zu mir: »Das ist keine Romeo-und-Julia-Geschichte; bei denen waren nur zwei Familien verfeindet, hier sind es zwei Völker. Und Verrat bleibt da immer eine mißliche Sache, unter welchen Umständen auch immer.« Darüber hätte ich gerne noch mit ihm gesprochen.

Kornejtschuk erzählt folgende Anekdote: Vor Jahren besuchte ihn und seine Frau Wanda Wassilewska John Steinbeck. Gastmahl, Getränke. Steinbeck kritisiert die Sowjet-Regierung, Wassilewska zwingt ihn, auf Stalin zu trinken. Langes Schweigen. Dann Steinbeck: »Trinken Sie mit mir zusammen auf den Sessel im Weißen Haus, der seit Roosevelts Tod verwaist ist.« – Er stritt sich stundenlang mit ihnen über Sowjetdemokratie. Erst als er am nächsten Tag in einem Lokal eine Schlägerei erlebte, die sich über eine Stunde hinzog, ohne daß ein Milizionär erschien, war er überzeugt, daß es in der Sowjet-Union Demokratie gibt.

Witz: Wo kann man neue Lenin- und Stalinpreise zusammen in einem Bett liegen sehen? – Bei Kornejtschuk und Wassilewska.

Kiew ist herrlich. Hügel, Gärten, Parks. Neue, breite Straßen, Boulevards. Am tiefsten beeindruckte mich der Rundblick vom Heldendenkmal über den Dnjepr und das weite Land. Ein sehr schönes Sommertheater.

Kornejtschuk erzählte von seinem Besuch bei Gerstenmaier. (Er will eine Komödie schreiben: Als Sowjet-Schriftsteller in Westdeutschland.) G.'s Tochter hatte Lenin gelesen und ihrem Vater verboten, ihn zu beschimpfen. K. ließ diese Tochter grüßen.

In der Lomonossow-Universität waren wir auch bei deutschen Studenten.

Wieder sahen wir: »Необыкновенный концерт« bei Obraszow [»Neobyknowenni konzert« – »Das ungewöhnliche Konzert«, legendäres Puppentheater]. Großartig. Später erlebten wir im wunderschönen neuen Haus des Schriftstellerverbandes ein ähnliches Estradenkonzert. Mit *Bredel* einmal durch Moskau gestrolcht. Ich sprach mit ihm über sein Manuskript. Er interessierte sich für meine Einwände und beklagte sich, im ZK habe man ihm alle Konflikte herausoperieren wollen. Ich bin skeptisch. Es ist ja wirklich kein gutes Buch. Er zeigte mir die Lubljanka. Bredel macht auf mich den Eindruck, daß er an seiner Grenze angekommen ist. Er ißt viel und gut (vor allem Eis!), bezeichnet sich selbst als »Gummiball« und nach dem Chruschtschow-Referat als »Gummirakete«, lamentiert reichlich bei sonstiger Fröhlichkeit. Hat, ebenso wie Anna, wenn auch auf andere Weise, einen tiefen Knacks.

Strittmatter kam manchmal auf das Problem der modernen Heuchelei, der Masken, die wir alle tragen, zurück. Das ist natürlich sein Problem. Er macht sich im gewöhnlichen Leben stärker als er ist und sein kann. Immerhin war er 33, als der Krieg zu Ende ging, und von Antifaschismus gab es bei ihm keine Spur. Er *muß* ja neben einem solchen Mann wie Gotsche Komplexe haben und hat sie auch. – In Kiew, als Str. in einer Tischrede im Schriftstellerverband andeutete, wie zwiespältig die Gefühle von uns Deutschen bei einer Reise durch die Sowjet-Union sind, fing Gotsche an zu weinen. Auch er trägt eine Maske.

Ich kann nicht vergessen, wie an der überreich bestückten Tafel in einem sowjetischen Kolchos, der für eine DDR-Delegation ein Gelage gab, zwischen ausschweifenden Trinksprüchen auf euer aller Gesundheit, Glück und Wohlergehen immer mal wieder, niemals anklagend, die Rede war von dem Sohn, der als Partisan von den Deutschen erschossen, dem Bruder, der im Krieg gefallen, der Nachbarsfamilie, die ausgerottet worden war. Und wie da der Leiter eurer Delegation, ein alter Kommunist, der seine Unbeugsamkeit im Klassenkampf der zwanziger Jahre erworben und in Zuchthaus und Illegalität bewiesen hatte und der inzwischen ein hochrangiger, unversöhnlich engstirniger Funktionär geworden war, wie der einen Weinkrampf bekam, als er auf die Trinksprüche der Russen erwidern wollte.

Und es war auch diese Szene, die es dir später schwermachte, seinen Zorn und seine Gegnerschaft zu ertragen, als es darum ging, ihm grundsätzlich und scharf zu widersprechen. Deine kleinbürgerliche Herkunft habe dich eingeholt, konnte er dich anschreien, an die Stelle des Klassenstandpunkts sei bei dir Humanitätsduselei getreten, er habe sich bitter in dir getäuscht, du sollst keine Nachsicht von ihm erwarten. Da dachtest du an seine Zeit als Widerstandskämpfer und an deine eigene Zeit in der Hitlerjugend und wünschtest sehr, eure gegensätzlichen Standpunkte über das, was »uns« nützte, hätten euch nicht immer weiter auseinandergetrieben. Da standest du ihm in seinem riesigen Dienstzimmer gegenüber, in das du mit einem Passierschein und nach gründlicher Kontrolle durch bewaffnete Posten gelangt warst, die dich mit wachsamen Augen bis zum Paternoster verfolgten und deren ebenfalls bewaffnete Genossen im oberen Stockwerk schon auf dich warteten, um nochmals deinen Ausweis mit dem Passierschein zu vergleichen und dir dann den Weg durch endlose menschenleere Flure und eine Reihe von Vorzimmern zu weisen, die ihre Wirkung auf dich nicht verfehlten. Wozu brauchten sie das, woher diese Angst, diese Paranoia vor einem Volk, das ihnen soviel angetan hatte und dessen kleineren Teil sie nun regierten. Regieren mußten, ohne ihr Mißtrauen gegen dieses Volk je loszuwerden. Eine kalte Angst überkam dich, du hättest sie noch nicht in Worte fassen können. Damals ging es um ein Buch, das du geschrieben hattest und dessen Erscheinen der hochgestellte Genosse verhindern wollte, weil er es für schädlich hielt. Dir lag an diesem Buch, es war der Test, ob du in diesem Land weiter leben konntest oder nicht. Da schrie er dich an. Daß es um Grundsätzliches ging, wußtet ihr beide. Dann wurde sein Ton kalt, und dein Ton wurde verzweifelt. Ihr verabschiedet euch unversöhnt, auf dem langen Weg zur Tür kipptest du um, und als du zu dir kamst, war über dir sein erschrockenes Gesicht.

Aus »Stadt der Engel oder The Overcoat of Dr. Freud«

Gerhard Wolf zur zweiten Reise

Als Redakteurin der Zeitschrift »Neue deutsche Literatur« war Christa
Wolf Teil der offiziellen Delegation des Schriftstellerverbandes der DDR
zum III. Schriftstellerkongreß der UdSSR; sie gab auftragsgemäß da-
von den offiziösen Bericht in der Beilage des »Neuen Deutschland«
vom 20. Juni 1959. Zur Delegation gehörte Otto Gotsche, der Sekretär
Walter Ulbrichts im Staatsrat und Verfasser linientreuer Romane wie
»Zwischen Nacht und Morgen« (1959) und »Die Fahne von Kriwoj
Rog« (1960); über ihn schreibt Christa Wolf in »Stadt der Engel oder
The Overcoat of Dr. Freud«. Anna Seghers und Erwin Strittmatter waren
mit Christa Wolf freundschaftlich bekannt, zu ihnen gesellte sich Willi
Bredel, und sie alle nahmen an den Sitzungen des Kongresses teil. Aus
der Bundesrepublik war Karlludwig Opitz (1914-1997) angereist, be-
kannt durch seinen auch in der DDR erschienenen ungeschönten Bericht über den Zweiten Weltkrieg »Der Barras« (1954). Christa Wolfs
Dolmetscherin war Lidija Gerassimowa, die uns auch bei späteren Besuchen begleitete und mit der wir uns befreundeten.

Die deutschen Autoren begegneten dem georgischen Romancier Iosseb
Noneschwili (1918-1980) und den russischen Schriftstellern Wadim
Sobko (1912-1981) und Alexej Kornejtschuk (1905-1972).

Mit Wladimir Steshenski blieb Christa Wolf brieflich in Kontakt; im Jahr
nach ihrer Reise schickte sie ihm das Manuskript ihrer »Moskauer Novelle«.

TAGESORDNUNG DES SCHRIFTSTELLERKONGRESSES

Zur Kenntnisnahme

1. Die Eröffnung des III. Schriftstellerkongresses der UdSSR findet am Montag den 18. Mai 1959 um 11 Uhr morgens im Grossen Kremlpalast statt.
   Die weiteren Kongresssitzungen werden im Säulensaal des Gewerkschaftenhauses stattfinden, und zwar:
   die Vormittagssitzungen von 10 bis 14 Uhr
   die Nachmittagssitzungen von 17 bis 21 Uhr

2. Die Reden der Kongressdelegierten werden synchron ins Russische, Chinesische, Englische, Französische und Deutsche übersetzt.
   Am Eingang in den Säulensaal erhalten die Gäste Geräte zum Abhören der entsprechenden Übersetzung. Es wird gebeten, beim Verlassen des Gewerkschaftenhauses die Geräte wieder abzuliefern.

3. Für die Kongressgäste sind Führungen durch die denkwürdigen Stätten Moskaus vorgesehen sowie Theater- und Museenbesuche usw. Teilen Sie uns bitte Ihre Wünsche mit.

4. Nach Abschluss des Kongresses sind für die Gäste dreitägige Reisen nach Leningrad, Kiew oder Stalingrad vorgesehen. Teilen Sie uns bitte rechtzeitig mit, welche dieser drei Städte Sie besuchen möchten.

5. Alle Kongressgäste werden im Hotel »Moskwa« untergebracht. Der Schriftstellerverband übernimmt für zwölf Tage (die Kongresstage eingerechnet) alle Hotel- und Verpflegungsspesen: Frühstück, Mittagessen und Abendbrot im Restaurant (alkoholische Getränke und Extra-Ausgaben ausgenommen). Das Restaurant befindet sich im dritten Stock des Hotels »Moskwa«. Sie werden spezielle Verpflegungsmarken erhalten.

6. Um die Flug- und Fahrkarten rechtzeitig bestellen zu können, bitten wir, uns das Datum Ihrer Rückreise bald mitzuteilen sowie die erwünschte Reiseroute, die Endstation und die Transportart. Die Gratisnorm für Gepäck per Flugzeug beträgt 20 Kilo.

7. Für das Umwechseln des Geldes sind die Kassen in den Hotels »Metropol« und »National« zuständig.

8. Wir bitten Sie, den beigefügten Fragebogen zu beantworten und im Kongresssekretariat abzugeben.

Kongresssekretariat
Moskau

ПРИГЛАСИТЕЛЬНЫЙ БИЛЕТ № 0081

Тов. Христа Вольф

Правление Союза писателей СССР
приглашает Вас на открытие Третьего
съезда писателей СССР, которое состоится

18 мая 1959 года

в Зале заседаний Большого Кремлевского
дворца

══════ З А Л ══════

Проход через Боровицкие и Троицкие ворота
ДЕЙСТВИТЕЛЕН ПРИ ПРЕДЪЯВЛЕНИИ ДОКУМЕНТА

9 Die auf Christa Wolf ausgestellte Eintrittskarte für den III. Schriftsteller-kongreß

Halle, d. 3. 9. 60

Lieber Wladimir,

Du denkst sicher nicht mehr, daß Du von mir noch einen Brief bekommen wirst, der schon so lange überfällig ist. Aber Dein letzter Brief war wieder ziemlich langweilig, das mußt Du zugeben, und meine Antwort drohte nicht besser zu werden. Da habe ich lieber gewartet, bis ich Dir etwas beilegen kann, das Dich, wie ich hoffe, nicht langweilen wird, wenn ich auch durchaus nicht weiß, ob es Dir gefallen oder mißfallen wird oder vielleicht beides gleichzeitig. Ich weiß es wirklich nicht, und wenn Du die Geschichte gelesen haben wirst, wirst Du mir glauben, daß ich das nicht nur so hinsage. Nun sitze ich und überlege, was ich Dir noch zur Erläuterung dieser kleinen Geschichte, die ich da geschrieben habe, sagen könnte, damit Du sie richtig verstehst, was ich sehr wünsche. Aber mir fällt nichts ein. Und als Kritiker habe ich immer Autoren verachtet, die glaubten, ihre Geschichten kommentieren zu müssen. Ich erlebe nun also zum ersten Mal selbst das unangenehme Gefühl, darauf vertrauen zu müssen, daß alles, was man sagen wollte, in der Geschichte oder doch wenigstens zwischen ihren Zeilen steht und daß man, auch ohne Zusatz, verstanden wird.

Eine zu lange Vorrede, der man die Verlegenheit anmerkt. – Was machst Du jetzt? Wahrscheinlich bist Du gerade aus dem Urlaub zurück, vielleicht warst Du sogar am Schwarzen Meer wie wir. In Bulgarien waren wir, haben zum Ausgleich für unseren diesmal besonders kühlen und regenreichen Sommer Sonne gespeichert, bis sie uns über war und wir den Himmel nach Wolken absuchten, haben gebadet und uns braun brennen lassen. Zur Erinnerung an die kahlen bulgarischen Berge läuft eine kleine Schildkröte auf unserem Balkon herum, die »Nurka« heißt und von der ganzen Familie mit großer Liebe behandelt wird, trotzdem aber nicht frißt und unser Klima nicht zu schätzen scheint. Sie wird uns eingehen, und wir werden alle sehr traurig sein, besonders die Kinder, die sie jeden Tag baden und versuchen, bulgarisch mit ihr zu sprechen: Sie wissen nur, daß man bei »Nein« mit dem Kopf nicken, bei »Ja« mit dem Kopf schütteln muß. Das ist übrigens wirklich sehr verwirrend, auch für Erwachsene!

Im übrigen wird unsere Große bald besser Russisch sprechen als ihre saumselige Mutter. Sie ist jetzt in eine Sonderschule gekommen, in der man schon von der dritten Klasse an Russisch lernt, und drangsaliert uns den ganzen Tag mit ihren neuesten Kenntnissen: »Schto äto? Äto stol.« [»Was ist das? Das ist ein Tisch.«] Und so weiter.

Du merkst vielleicht, daß ich in guter Stimmung bin, nicht nur heute abend, wo ich allerdings etwas Wein getrunken habe, sondern überhaupt, im Grunde sogar, wenn ich schlechte Laune habe. Mir ist jetzt, als wüßte ich, wozu ich meine Zeit benützen muß, und wirklich unzufrieden bin ich nur, wenn ich daran denke, wie wenig ich nach meiner Erkenntnis handle. Ich glaube, ich werde demnächst mit einer neuen Geschichte anfangen, und wenn es nach mir geht, nicht mehr soviel die anderen Autoren mit meinen Kritiken belästigen.

Fühlst Du Dich dadurch als Kritiker beleidigt? Bitte nicht! Schreib mir doch, was Du inzwischen gemacht hast, und denk nicht, daß es Mangel an Interesse ist, wenn ich monatelang nicht geschrieben habe. Diesmal würde ich schneller antworten, glaube ich. Vor allem möchte ich wissen, ob Ihr schon eine neue Wohnung habt – ich werde den Brief auf gut Glück an die alte Adresse schicken –, ob Ihr alle gesund und froh seid. Wenn man einmal in Moskau war, sehnt man sich immer danach, besonders im Frühling. Ich war nun inzwischen ein paar Tage in Prag, auch Sofia haben wir kurz gesehen, beide Städte haben mir sehr gefallen, aber Moskau hat mir eben mehr als »gefallen«, und ich glaube, so schnell wird keine andere Stadt ihm bei mir den Rang ablaufen. Mein Mann ist eingefleischter Prag-Enthusiast, aber er kennt eben Moskau noch nicht. Vielleicht aber gelingt es uns nächstes Jahr, einmal hinzukommen.

Doch bis dahin hoffe ich von Dir zu hören.

Ich grüße Dich, Deine Frau und Deine Tochter sehr herzlich.

[Deine Christa]

WLADIMIR STESHENSKI AN CHRISTA WOLF,
14. SEPTEMBER 1960

Москва, 14.9.60

Дорогая Криста,

понимаешь ли ты,какую замечательную вещь ты написала? Давно я
не читал ничего подобного.Проглотил я ее всю залпом,а потом перечи-
тал снова,не спеша,смакуя каждую фразу.Молодец!Нет ничего лишнего,
ни капли воды,все словно высечено из одного куска гранита.Такая сдер
жанная,даже строгая манера делает особенно волнующим и трогательным
содержание.Это не всегда удается даже опытным писателям.Однако,хва-
тит,а то боюсь тебя перехвалить.Как бывший критик ты знаешь,как опас
ны для молодых авторов чрезмерные похвалы.И потом я ведь не могу
быть в данном случае объективным.Если бы это написал кто другой и о
другом,я может быть был бы более строгим.Так что не очень зазнавай-
ся и не задирай нос.И все же еще раз повторю:молодец!Пиши,пиши и пи-
ши.Забудь пока о критике,пусть писатели спят спокойно.Если нужно,я
их сам покритикую.Чтобы не забыть,два малюсеньких замечания:едва ли
твои герои могли в июне есть в Киеве дыню,да еще перезревшую.Даже в
Армении они поспевают много позднее.И бараниной на вертеле едва ли
их угощали в украинском колхозе.Конечно,и в немецком ЛПГ могут сва-
рить борщ,но это,как говорится,не типично.

Очень хочется перевести твой рассказ на русский язык.Постараюсь
это сделать.

Отпуск мой уже кончился.Мы всей семьей были на даче,погода сто-
яла премерзкая,сплошные дожди.Но все равно было хорошо.Несмотря ни
на что я купался в канале,ходил в лес за грибами,которых в этом го-
ду было великое множество,и наслаждался бездельем.Последнее иногда
тоже бывает полезным.За время отпуска накопилось много работы,сей-
час сижу и разгребаю всю эту груду.Написал несколько рецензий и
статью ко дню рождения Анны.В ближайшее время предстоит написать
главу для истории немецкой литературы,которую выпускает наш инсти-
тут мировой литературы.Таковы пока мои планы.

Когда ты теперь к нам приедешь? Очень,очень хотел бы тебя ви-
деть.Ты хоть пиши,только чаще,чем раз в год.И не обзывай мои письма

10 Wladimir Steshenskis Brief an Christa Wolf vom
14. September 1960

Moskau, 14. 9. 1960

Liebe Christa,

weißt Du eigentlich, was Du da Großartiges geschrieben hast?
Schon lange habe ich nichts dergleichen gelesen. Ich habe es in einem
Zug verschlungen und dann noch mal von vorne gelesen, ganz langsam,
jeden Satz genießend. Alle Achtung! Nichts überflüssig, kein Wort zu
viel, alles aus einem Guß. Der zurückhaltende, aber rigorose Stil macht
den Inhalt besonders aufwühlend und berührend. Das gelingt nicht
einmal erfahrenen Schriftstellern. Aber genug, ich fürchte, mit meinem
Lob zu übertreiben. Als ehemalige Kritikerin weißt Du, wie gefährlich
außergewöhnliches Lob für junge Autoren ist. Und natürlich kann ich
in diesem Fall ja nicht objektiv sein. Hätte es jemand anderes über jemand anderen geschrieben, wäre ich vielleicht strenger. Deshalb bilde
Dir nicht zuviel darauf ein und werde nicht hochmütig! Und trotzdem
wiederhole ich: Großartig! Schreibe, schreibe, schreibe! Vergiß die Kritik, Schriftsteller sollen ruhig schlafen. Falls nötig, kritisiere ich sie selbst.
Damit ich's nicht vergesse, zwei winzig kleine Anmerkungen:
Deine Helden können im Juni in Kiew kaum Melone essen, noch dazu
überreife. Selbst in Armenien sind sie erst viel später reif. Und mit Ham-
mel am Spieß werden sie in einer ukrainischen Kolchose auch kaum
bewirtet worden sein. Natürlich kann man auf einer deutschen LPG
Borschtsch kochen, aber das scheint mir nicht landestypisch.
Ich würde Deine Erzählung sehr gerne ins Russische übersetzen. Ich werde versuchen, dies zu tun.
Mein Urlaub ist schon vorbei. Wir waren mit der ganzen Familie auf der
Datscha, das Wetter war erstklassig, durchgängig Regen. Aber es war
trotzdem schön. Ungeachtet dessen habe ich im Kanal gebadet und
im Wald Pilze gesucht, die in diesem Jahr zahlreich vorhanden waren,
außerdem das Nichtstun genossen. Das bringt ja auch was. In der Ur-
laubszeit hat sich viel Arbeit angehäuft, und nun sitze ich hier und
schaufle den ganzen Berg weg. Zu Annas [Anna Seghers] Geburtstag
habe ich einige Rezensionen und Artikel geschrieben. Als nächstes steht
mir bevor, ein Kapitel für die »Geschichte der deutschen Literatur« zu
verfassen, die von unserem Institut der Weltliteratur herausgegeben wird.
Das sind bis jetzt meine Pläne.

Wann kommst Du mal wieder zu uns? Ich möchte Dich sehr, sehr gerne wiedersehen. Schreib auch mal wieder, und öfter als einmal im Jahr. Und schimpf nicht auf meine Briefe mit solch unschönen Worten. Du kannst sie ja einfach nur nicht lesen. Nimm Dir ein Beispiel an Deiner Tochter und lern Russisch!

Unser neues Haus ist immer noch nicht fertig. Wir müssen noch ein Jahr warten. Schreib also an die alte Adresse.

Ich wünsche Dir alles erdenklich Gute. Alle lassen Dich grüßen.

Mit herzlichem Gruß,

Dein Wolodja

DRITTE REISE 1963

In Moskau mit Brigitte Reimann, 7. bis 16. Oktober 1963

12. 10.

Moskau, zum dritten Mal. Jedesmal schwieriger zu verarbeiten. Diesmal mehr Einblicke ins Volksleben, weil wir im Transithotel »Kiewskaja« wohnen, das hier sonst kaum einer kennt. Schmetternde Arien morgens und fröhliches Leben bis in die Nacht. Neue Erfahrung nach den Ausländerhotels der vorigen Jahre. Blick aus dem Fenster (1. Stock) direkt auf die sehr belebte Straße im Nebengelände des Kiewer Bahnhofs. Verschiedenste Typen marschieren unentwegt vorbei.

Die ersten Tage schwer mit einem Gefühl der Fremdheit gekämpft, auch Leuten gegenüber, die ich schon gut kannte (Wladimir). Wahrscheinlich liegt es an dem Prozeß, in dem ich bin: Nicht nur kritisch, fast mißtrauisch geworden gegenüber dem Augenschein.

Heute nacht, als ich nicht schlafen konnte (es geht wieder los!), dachte ich, was man mal schreiben müßte: Die grasüberwachsene Stadt. Legende von einer Stadt, die langsam mit Gras überwächst, weil die Menschen innerlich zuwachsen. Ein so häufiger Prozeß heute, ich spreche mit St. [Wladimir Steshenski] darüber, er merkte, wie ich selbst Angst davor habe (man entgeht dem ja doch nicht!), und behauptete, ich würde mich nie ändern. Frommes Traumbild, das er von mir hat. »Licht eines fernen Sterns.«

Heute nacht sah ich – halb im Traum, halb wach – eine kleine Menschenfigur vor einer Riesendoppelreihe von Spiegeln stehen. Im ersten Spiegel spiegelte sich ganz groß ein Mann – ein Vorgesetzter –, vor dem der Kleine Angst hat; er rennt zu den nächsten Spiegeln; hetzt dann immer weiter, die ganze Reihe lang, der Vorgesetzte wird immer kleiner, zuletzt ein Daumenmännchen. Aber er verschwindet nie. – Chaplin.

Werde ich noch mal schreiben können bei meiner Schwerfälligkeit?

Zum erstenmal: Herbst in Moskau. Die neuen Stadtviertel (schnell hochgebaut, »Nachfolgeeinrichtungen« fehlen weitgehend). Pflege der Häuser scheint Problem.

Mehrere Redaktionen. Verschiedene Grade von Freundlichkeit u. Förmlichkeit. Dabei vieles undurchschaubar. Gespräche bleiben an der Oberfläche, so als sei schon immer alles in Ordnung gewesen und werde es auch immer sein. Schlechtes Gewissen? Angst? St. meint: Sie wissen selbst nicht, was los ist.

21. 10.

Was bindet eigentlich Menschen am meisten aneinander? Was ist Liebe? Wenn einer den anderen so kennt, wie niemand sonst. Wenn man sich nur dem einen gegenüber ganz zeigt, ohne Angst, man könnte mißverstanden, zurückgestoßen werden. Vollkommenstes Vertrauen. Das kann man nicht sehenden Auges verletzen, auch, wenn ein anderer glaubt, das gleiche Anrecht darauf zu haben. Man möchte sich verdoppeln können, hier und dort gleichzeitig sein, diesem und jenem alles sein können. Da es nicht geht, ist es ehrlicher, es nicht zu versuchen, den letzten Schritt nicht zu tun, dem Augenblick nicht nachzugeben. »Du bist unnormal moralisch.« Das trieb mir die Tränen in die Augen. Männer fordern nur immer, Gerd ist die große Ausnahme. In Deutschland, soweit ich seine Männer kenne, der einzige für mich.

In letzter Zeit schrieb ich zweimal in Artikeln den Satz: »Nicht jede Trauer ist unproduktiv, nicht jede ›Begeisterung‹ produktiv.« Ich empfinde das in diesen Tagen sehr stark, wo meine Grundstimmung: produktive Trauer. Oder doch Ernst. Warum soll man einen Menschen, dessen Liebe man nicht erwidern kann, aufgeben müssen? »Licht eines fernen Sterns« – wie lange kann ihm das genügen? »Genug, daß es dich gibt ...« nicht nur eine Formel, die ausreicht, wenn man sich täglich sehen kann?

Die letzten zwei Tage in Moskau: Kalt, regnerisch, trüb: gemütlich. Die altmodische Lampe im kahlen Hotelzimmer. Die letzten zwei Stunden mit dem roten Heidelbeerschnaps aus Wassergläsern. Der Wasserguß an die Lüftungsklappe (den »Abhörer«), das Versprechen, heute nicht traurig zu werden, das (fast) eingehalten wurde. Die letzte Fahrt im Wagen durch Moskau, die Botschaftssekretärin auf dem Vordersitz, ein unverbindlich-vorgetäuschtes Gespräch, das letzte Mal: »Du bist unmöglich ...«

Ich sah oft durch alles hindurch Gerds Gesicht.

Man spricht noch viel über Stalin, er ist nicht so schnell aus dem Unterbewußtsein zu verdrängen. Von seiner Frau, die er ermordet oder doch zum Selbstmord getrieben haben soll (ein Pasternak-Brief bis zuletzt auf seinem Schreibtisch: »Gestern habe ich zum erstenmal als Künstler an Sie gedacht; mir ist, als wäre ich von Anfang bis Ende dabei gewesen!« Stalin als Mystiker). Seine Tochter Swetlana, deren Liebhaber er nach Sibirien schicken ließ und die jetzt, eine unglückliche Frau, den Namen ihrer Mutter angenommen hat. Ein Schauspieler, der beste Stalin-Darsteller, auf einem Bankett zu einer Probe seines Könnens aufgefordert, in die Todesstille hinein mit Stalins Stimme: »Ich wage es nicht!« Bei Bogatyrjow, der 5 Jahre im Lager war (als »Terrorist«), ein Exemplar von Pasternaks Faust-Übersetzung, mit einer Widmung des Dichters und einem Stempel des Mammutlagers Workuta.

St. erzählt stundenlang von seinen Frauen, auch den deutschen. Er fragt: »Wie hast du dich damals vor unseren Leuten verstecken können?« Überhaupt: Die Verkrampfung in den Beziehungen zwischen Deutschen und Russen beginnt sich zu lösen. Man spricht viel offener. Man hat die gleichen Sympathien und Abneigungen.

Ich fürchte, auch die Parallele Stalin-Hitler hat ihr Teil dazu beigetragen.

Viele Ehen scheinen schlecht zu sein: Steshenski, Sascha, Lidija ... St. erzählt Geschichten von zwei ihm bekannten glücklichen Ehen, die beide zustande kamen, nachdem ein im Krieg Totgesagter nachher zurückgekommen war, seine Braut verheiratet gefunden hatte und sie, nachdem sie sich von ihrem Mann getrennt, geheiratet hat. St., der einen ähnlichen Fall selbst erlebt hat, sein Mädchen im Lager aufgesucht und sich wieder in sie verliebt hat und sie auch in ihn – konnte das nicht. Er hätte nie vergessen können, daß sie ihn, als er an der Front war, verraten hat. Mangel an Großzügigkeit? Während des Krieges tat er das Gelübde, keine Frau zu haben, aus Aberglauben ...

Haupteindruck diesmal: Die Vielschichtigkeit all dessen, was mit Menschen zusammenhängt. Fast unmöglich, so etwas literarisch zu erfassen. Jerussalimski: »Stalin braucht einen Shakespeare.«

Eben im Fernsehen (West) ein polnischer Dokumentarfilm: Fleischers Album. Die von einem polnischen Soldaten gefundenen Fotografien

eines deutschen Offiziers aus dem Krieg, beklemmend echt und kleinbürgerlich. Hineingepaßt in eine Sendung unter dem Motto: Kann
man wieder stolz auf Deutschland sein?

Ich fragte St., der mir erzählte, daß er immer vor dem Krieg mit der Verhaftung seines Vaters rechnete, der einen Sack mit Wäsche und Brot
bereitstehen hatte:»Aber wofür habt ihr gekämpft?« – »Für Rußland!«
sagte er schnell.»Ich habe nie für Stalin gekämpft.« Das soll unter
Intellektuellen keine Ausnahme gewesen sein. Sie empfanden voll die
Tragik der Situation.

Eines Abends an unserem Tisch: Juri Moskalenko, der sich als alter
Freund von K. [Konrad] Wolf herausstellte. Er wollte kaum meine nahe
Bekanntschaft mit K. W. glauben. Er erzählte, daß er als Junge nach
Deutschland verschleppt wurde. Er riß aus, betätigte sich angeblich
als Spion für seine Leute, wurde in Arnstadt gefangen und zum Tode
verurteilt. Seitdem habe er sein weißes Haar. Er kam frei (wahrschein-
lich durch das Vorrücken der Roten Armee), und von da an muß er
K. W. kennen. Er ist jetzt Kameramann. Er schleppte uns noch abends
auf den Roten Platz. Er sprach sehr abfällig von Stalin, begeistert von
Chruschtschow. (Der würde einmal neben Lenin im Mausoleum liegen.
St.: »Aber das Mausoleum soll doch keine Transit-Station werden!«)
Deutsche im Ausland – immer wieder etwas Unerfreuliches. Ganz abgesehen von so einem [Rudolf] Hagelstange, der nach 3wöchigem Aufenthalt in einem Land, dessen Sprache er nicht kennt, ein 300-Seiten-
Buch zu schreiben wagt, strotzend vor Arroganz (»Die Puppen in der
Puppe«); aber auch unsere Leute. Die Botschaft: brav, bieder, uninfor-
miert. Hierarchie. Man fragt nicht in Anwesenheit des Nächsthöhe-
ren.

Ein gewisser Genosse Goschütz, der uns zum Freundschaftstreffen in
die Koks- und Gaswerke begleitete und beim RGW [Rat für gegenseitige Wirtschaftshilfe] arbeitet: Ein heruntergefallener ehemaliger Minister, der erst zugänglich wurde, als er merkte, wer ich war. Sich beklagte, daß im sowjet. Fernsehen so viele Kriegsfilme aufgeführt würden (»man ist ja schließlich *auch* Deutscher«). Mit Gewalt vor der
Versammlung Russisch sprechen mußte, obwohl er das nicht sehr
gut konnte. Oder im Flugzeug: Anpöbeleien der sowjet. Kontrolleure,

wenn die dt. Fahrgäste annehmen konnten, daß man sie nicht verstehe.

Überhaupt: Wir sind wieder mal sehr auf dem Besserwisserweg. (»Ihr seid ganz schön frech geworden.«) Unsere Unbeliebtheit im sozialist. Ausland wächst. Jetzt polemisieren die Prager gegen Kurellas Kafka-Artikel, den sie offenbar als Einmischung in ihre inneren Angelegenheiten empfinden.

Ich setze alles auf die jungen Leute bei uns und überall.

Problem des Standhaltens, ohne selbst dabei zu verknöchern. St. liebt mich: »Du bist so offen. Ich glaube fest, daß du nicht so werden kannst wie alle, sogar wenn du das willst.« Das brachte mich fast zur Verzweiflung, weil ich ja gerade im letzten Jahr ganz deutlich die Gefahr empfunden habe, daß man doch so wird, daß man Schritt um Schritt zurückweicht, daß man an sich selbst, an seinen guten Willen, seinen besten Absichten irre wird (»das ist das Schlimmste, ich weiß«). Ich sagte ihm das alles, aber er erwiderte nur immer: Es sei schwer, aber ich würde standhalten. Immerhin sei es nicht so schwer wie für einen Schriftsteller vor zehn Jahren. In der Tat: Kein Vergleich. Er kennt unsere »Obrigkeit«; er liebt, achtet und verabscheut die gleichen Leute wie ich. Die Methoden sind ähnlich, hier wie da: Von der direkten Provokation zu schleichender Verleumdung, stillschweigender Zurücknahme »hinterher«. Auch ein Chruschtschow brauchte einen Shakespeare ...

Mir kam die Idee zu einer Geschichte (ich habe nachts immer nicht viel schlafen können, besonders seit jenem Abend bei Steshenskis): »Die grasüberwachsene Stadt«. Ein Mensch, der in einer von innen her zuwuchernden Stadt lebt, wehrt sich verzweifelt dagegen, auch selbst zu verseppen. Wie ein anderer ihm dabei hilft, sich zu befreien. (Eine Legende? Etwas Reales?) Tatsächlich ein Konflikt von heute, nur dürfte man ihn natürlich nicht exaltiert und isoliert darstellen. (St. behauptet, er denke oft an mich, wenn er sich zu entscheiden habe: Was würde ich sagen oder tun? Das sei gut, jemanden so neben sich zu haben.)

Tatsächlich bekam ich auch diesmal wieder, wie immer bei einer Auslandsreise, Abstand von unserem eigenen Kram. Diesen Abstand habe ich dringend gebraucht.

St. gab mir Aufzeichnungen von A.S. [Anna Seghers] aus dem Jahre 51.

Brigitte Reimann. Ein Kapitel für sich. Teilt die Menschen in »gute« und »schlechte« ein. Ich hatte viel damit zu tun, ihr solche unhistorischen Gesichtspunkte fragwürdig zu machen. Kam mit ziemlichen Bilderbuchvorstellungen nach Moskau (hier helfen sich alle Menschen gegenseitig, hier sagen junge Leute immerzu Gedichte auf, hier tanzen Bauern auf dem Bahnhof Trepak usw.). War dann von manchem arg enttäuscht, bis ... sich Verehrer fanden. Vor allem ein feuriger grusinischer Eskaladse, von dem es einen stürmisch-verzweifelten Abschied gegeben haben muß. Kein bißchen Selbstbeherrschung. Feuer und Flamme – und fünf Minuten später: Asche. Sie wird immer nur über sich selbst schreiben können: ein großes Handicap.

Alle sagten mir in Moskau, ich sei dünner (St.: »nicht so überzeugend!«) und jünger geworden. Wo ich doch gerade fühlte, wie ich älter geworden bin! Vor vier Jahren war ich dagegen noch ein Kind.

Schwer, ihm begreiflich zu machen, was ich ganz sicher fühlte (als Grundgefühl, das natürlich für Stunden oder Tage von anderen überspült werden konnte): daß man nichts wiederholen kann, daß es Betrug wäre, und daß ich dazu nicht fähig bin. Vielleicht hat er damals nicht den Mut zu sich selbst gehabt, ich weiß es nicht. Jetzt war es zu spät. Ich quälte ihn, ohne es zu wollen, und das quälte mich ... Er gab mir zu, daß er in der Gefahr gewesen sei, »Apparatschik« zu werden. Besonders im vorigen Jahr, da man ihn zum Leiter der Auslandsabt. gemacht hatte, was er nicht aushielt.

Manchmal übten wir Dialoge aus schlechten Gegenwartsstücken: »Was bist du nur für ein Mensch?« – »Ich bin so einer: Letzte Woche habe ich meinen Plan nicht erfüllt. Aber jetzt, das verspreche ich dir, werde ich ihn erfüllen und übererfüllen!« – »Nur so kannst du meine Liebe verdienen ...« usw. So wird schlechte Literatur zur banalen Komödie wider Willen, und die Leute entwickeln sich bewußt *gegen* die Ideale, die sie schaffen möchten.

Angeblich soll man in China als Zeichen der Selbstkritik eine Wandzeitung aus dem Fenster hängen ... Das wurde geflügeltes Wort: Dann häng ich eben eine Wandzeitung aus dem Fenster ... Ich möchte wissen, welche Art von Fehlern er macht: zu vorsichtige oder zu unvorsichtige? Darauf konnte er nicht antworten, versprach aber, den nächsten Fehler zu beichten.

Gerhard Wolf zur dritten Reise

Man hatte vom Schriftstellerverband der DDR Christa Wolf und Brigitte Reimann für die Reise ausersehen. Die beiden Autorinnen lernten sich dabei näher kennen. Es war der Beginn einer jahrelangen Freundschaft, über die beide Tagebuch führten. 1993 wurde ihr Briefwechsel unter dem Titel »Sei gegrüßt und lebe – Eine Freundschaft in Briefen 1964-1973« veröffentlicht, dem dieser Auszug aus einem resümierenden Brief Christa Wolfs vom 5. Februar 1969 entnommen ist:

»Liebe Brigitte, [...] Was hat man gemacht, mit vierzig? Meine Güte, da gibt's kein Beschönigen. Irgendwie wird und wird unsere Generation nicht fertig, findest Du nicht. Na klar, man gibt ihr einiges zu schlucken, aber wer fragt später danach? Wer fragt später nach uns? Vermessener Gedanke.

Weißt Du noch, wie Du in Moskau entsetzt warst, als niemand sich bereit fand, in der nassen Bahnhofshalle einen Betrunkenen aus der Pfütze zu ziehen? Und Du das dann – mit Deinem Eskaladse – machtest? Und so enttäuscht warst von den neuen Menschen, die Du Dir anders vorgestellt hattest? Und ich mir überlegen vorkam, weil ich sie schon ein bißchen kannte? Weißt Du noch das kahle Zimmer im Kijewskaja, und die Kämpfe um die morgendliche Dusche? Wolodja Steshenski, der mich damals liebte, liebt mich immer noch, aber er trinkt nun sehr viel, und sagt, daß man ein zweites Leben haben müßte, in dem man alles verwirklicht, was man im ersten nur träumt. Dann, sagt er, würde er auf mich warten. Bloß ich nicht auf ihn, so ist das.

Damit endet der Brief. Grüße an ›Monsieur K.‹ und an Dein Städtchen, das wir uns bald mal angucken kommen werden.

Deine Christa«

Wesentlich bei diesem Moskau-Besuch wurde die Begegnung mit Konstantin (Kostja) Bogatyrjow (geb. 1925), Übersetzer und Kenner russischer und deutscher Dichtung, der 1976 »von unbekannter Hand« erschlagen wurde. Er war mit Boris Pasternak befreundet gewesen. Christa Wolf lernte ferner Nikolai Bunin (1920-2003) kennen, einen der Übersetzer des »Geteilten Himmel«, sowie den jüdischen Historiker Professor Arkadi Jerussalimski (1901-1965), der 1945 bei der Potsdamer

Konferenz als Beobachter dabei war. Wir trafen ihn gelegentlich in der DDR, kurz vor seinem Tod tatsächlich in Cecilienhof am Ort der Potsdamer Konferenz. Er dankte Christa Wolf in einem Brief für ihre Gastfreundschaft. Seine ermüdete Handschrift weist auf seinen schlechten Gesundheitszustand hin. Sie kondolierte später seiner Frau zu seinem Tod.

Im Mai 1963 fand auf Schloß Liblice bei Prag auf Einladung des tschechoslowakischen Schriftstellerverbandes und unter Leitung des Germanisten Eduard Goldstücker die berühmte Kafka-Konferenz statt. Die internationale Tagung sendete Impulse für einen demokratischen und geistigen Aufbruch und gilt als ein Vorbote des Prager Frühlings von 1968. Alfred Kurella, Mitglied der Ideologischen Kommission beim Politbüro im ZK der SED, vertrat in seinem Artikel über die Konferenz, »Der Frühling, die Schwalben und Franz Kafka«, im »Sonntag« (31, 1963) nach wie vor eine dogmatische Position.

Christa Wolfs Text »Die grasüberwachsene Stadt« ist in einem nicht ausgeführten Fragment vorhanden.

AUS BRIGITTE REIMANNS TAGEBUCH,
8. BIS 16. OKTOBER 1963

Moskau, 8. 10. [19]63

[...] Ein Wagen der Deutschen Botschaft brachte uns nach Moskau rein. Ein Freund von Christa, Sekretär des Verbandes, empfing uns, aß mit uns zu Abend, russische Kleinigkeiten: Rebhuhn, Salate, eine Karaffe Wodka, viel Sahneeis. Das Hotel »Kiewskaja« (am Kiewer Bahnhof) ist für unsere Verhältnisse ziemlich primitiv, Duschebaja im Keller, Lady's Room arg – und so fort, aber das macht nichts, die Leute sind nett.

Nachts auf den Leninbergen, auf der Brücke über die Moskwa, am Ufer gegenüber Lichter über Lichter, der Fluß dunkel; wenn wir uns umdrehten, konnten wir die strahlend erleuchtete Lomonossow-Universität sehen. Man kann immerzu Taxi fahren, sie sind lächerlich billig. Die Leute sind sehr schlicht gekleidet, bäurisch, wage ich zu sagen, kein Vergleich mit dem, was man an modischem Rummel in Berlin sieht. Ab und zu junge Leute mit modernem Haarschnitt, enge Hosen; ein Mädchen in Hosen konnte ich noch nicht entdecken. [...] An der Decke in [der] Hotelhalle gibt es sagenhafte Kristallüster, und manche Metrostationen gleichen griechischen Tempeln.

Heute morgen in der Botschaft, wo wir das Programm erfuhren und unsere 100 Rubel bekamen; das ist ziemlich viel Geld angesichts der Kopeken-Preise auf der Speisekarte. [...] Unsere preußische Pünktlichkeit ist komisch, hier hat man viel Zeit und eine große Ruhe, wir müssen uns erst an das Moskauer Tempo gewöhnen. Im Verband und in den Redaktionen beginnt man so gegen 11 Uhr zu arbeiten, aber auch das ist nicht unbedingt sicher. Der Verband bewohnt ein wunderschönes Haus, einen ehemaligen russischen Palast, einstöckig, mit Auffahrten und weißen Säulen und halbkreisförmig angeordneten Nebengebäuden, – es ist das Haus der Rostows, das Tolstoi beschrieben hat. Im Klub gibt es einen bezaubernden Speisesaal mit holzgeschnitzten Treppchen und Galerien und Logen und gedrechselten Holzsäulen, und das alles sieht aus wie eine Kulisse zum Märchen von der schönen Wassilissa. [...]

Moskau, 10. [10.] abends

Komme eben, ein bißchen angeheitert, aus dem Restaurant unseres Hotels. Ich wollte nur einen Kaffee trinken, aber hier bleibt man keine fünf Minuten allein. Die Leute an meinem Tisch, Korrespondenten aus Murmansk und dem Kaukasus, begannen gleich mit mir zu schwatzen, ein bißchen deutsch, ein bißchen russisch, und wir verständigten uns glänzend mit Wortfetzen und Gebärden. Sie heißen Sascha und Aljoscha, und wir sagten ziemlich oft »nastrowje«, dann natürlich mußte ich Wodka mittrinken (zu jeder Mahlzeit steht die Karaffe mit Wodka auf dem Tisch), und wir waren sehr vergnügt. [...] Aljoscha und Sascha kennen die meisten Schriftsteller der DDR. Die Leute lesen sogar auf der Metrotreppe. Der Taxichauffeur liest, wenn er auf Kundschaft wartet. Vorm Laden stehen Kinderwagen (die Kinder sind verpackt wie im tiefsten Winter) – zwischen den Kissen liegt ein Buch. Gestern abend sahen wir eine Käuferschlange auf der Gorkistraße – wir erwarteten eine Sensation; man stand nach Büchern an, vor einem auf der Straße aufgebauten Buchladen. Die Theater sind ausverkauft.

Moskau, 11. 10.

[...] Nachts rief Sascha im Zimmer an, um mir mitzuteilen, daß er »mich lieben«, und Christa und ich lachten uns wieder munter [...]. Und dann nachts, im Dunkeln, in einer fremden Stadt – man erzählt Dinge, die man tagsüber nicht erzählen würde, und Christa ist so ein Mensch, dem man alles sagen kann, und man weiß es bewahrt. Sie lacht über mich, aber ganz freundlich: ich sei schizophren und überhaupt eine schreckliche Person. Ich glaube, wir verstehen uns jetzt gut (sie ist eine von den »Guten« nach meiner Kindereinteilung), ich mag sie sehr leiden. [...]
Heute im Verlag Molodaja, der die »Ankunft« bringt. Die Fahnen liegen schon vor. Der Übersetzer ist ein nervöser junger Mann mit einem sympathischen Clowngesicht. [...] Auch ihn – und selbstverständlich den Schutzengel Stedschenski [Steshenski] – habe ich eingeladen. Morgen gibt es ein großes Gelage, denn ich habe im Verlag das Honorar bekommen, die Scheine einfach so auf die Hand, ich wußte gar nicht wohin.

Ich bringe es morgen auf die Bank: die Reise nach Samarkand ist gesichert. [...]

Moskau, 13. 10.

[...] Giorgij, der schöne Georgier, schwarz und schlank, hat mein Herz gewonnen. Er ist aus Tbilissi, arbeitet als Ingenieur in einem wissenschaftlichen Institut für Elektroenergie. Er ist einer der wenigen eleganten Männer, die ich sah, mit hautengen Hosen, saloppem Pullover und einer Nylonjacke, die er von einem Italiener gegen eine goldene Uhr eingetauscht hat. [...] er spricht soviel Deutsch wie ich Russisch, kann noch den Heine auswendig (»Ich weiß nicht, was soll es bedeuten«), kennt ein paar Brocken Englisch, und wir machten innerhalb einer Stunde, einer Schulstunde gewissermaßen, erstaunliche Fortschritte, indem wir alle im Restaurant zu findenden Gegenstände in beiden Sprachen bezeichneten und wiederholten, bis die Lektion saß.
[...] Als er sagte, ich sei zwanzig Jahre alt, dachte ich erst, das sei eben so ein orientalisches Kompliment, aber dann fiel mir ein, daß Christa gesagt hatte, die Frauen altern hier vorzeitig. Es fällt auch auf, wie wenige anziehende oder in unserem Sinn hübsche Frauen es gibt. (Im Vergleich dazu sind wir beide beinahe Schönheiten.) Ich bemerkte dann auch, als wir durch die Straßen gingen, den Zug von Müdigkeit in vielen Gesichtern, eine Abgespanntheit, die die Züge vergräbt. Das Leben ist viel schwerer als bei uns: noch immer Wohnungsnot (auch Leute wie St. hausten jahrelang mit der ganzen Familie in einem Raum), Mangel an Industriewaren, an allen möglichen Arten von Komfort und Annehmlichkeiten; die Läden sind abends, wenn die Leute von der Arbeit kommen, so unglaublich überfüllt, daß die Kaufhöfe in Hoy dagegen gähnend leer wirken. Es gibt noch immer zu viele wirtschaftliche Schwierigkeiten, zudem ist in diesem Jahr die Ernte schlecht ausgefallen, die SU mußte Tausende Tonnen Weizen in Amerika kaufen. [...]
In Tscher[j]omuschki, gleich neben den neuen Häusern, sah ich zerfallene Hütten, wie sie der phantasievollste Zeichner sich nicht hätte aufs Papier träumen können: gedrückte Katen, eigentlich nur Bretterhaufen, überall geflickt, zu Boden geneigt, winzige schmutzige Fenster – Bilder wie aus den Slums amerikanischer Großstädte. Christa sagt, die Katen

in den meisten Dörfern seien nicht besser als diese elenden Buden, und angesichts dessen begreift man die bewunderungswürdige Leistung, die solch ein neuer Stadtteil darstellt. Unter diesen Umständen kann man sich noch keinen Ästhetizismus leisten. [...] Gestern abend waren alle unsere Freunde hier [...] Üppige Tafel mit Kaviar und Hühnern und Stör am Spieß und Salaten und – und ... eben eine russische Mahlzeit. Und viel Wodka, versteht sich. [...]
Gegen 9 Uhr mußte ich ins Zimmer gehen, weil ich ein Gespräch nach Rheinsberg angemeldet hatte (mein Flugzeug startet erst morgen abend). Kostja [Bogatyrjow] kam mir nach. Er erzählte mir, als wir allein waren, von sich: er war unter Stalin zum Tode verurteilt, dann begnadigt zu 25 Jahren. Er hat fünf Jahre im Lager gesessen, wo so viele der besten Schriftsteller umgebracht worden sind, und von dieser [Zeit] her rührt die Nervenkrankheit, die seine Hände flattern, zuweilen sein ganzes Gesicht zittern macht. Ich erinnere mich mit Grauen des Augenblicks, als er sagte, er habe nur noch wenig Zeit [...].

Hoyerswerda, 16. 10.
[...] Den letzten Nachmittag verbrachten wir miteinander, »du mußt lachen« sagte er, »du bist so schön, wenn du lachst« und ich lachte, und es gab auch immer wieder Grund: die grotesken Mißverständnisse, die komischen Wendungen (einmal, als ich Mokka wünschte, bestellte ich einen »muskulösen Kaffee«), Giorgij küßte die beiden kleinen Flecke über meiner rechten Brust und sagte »meine schönen Punkte«, weil wir uns über die Übersetzung von »Schönheitsflecken« nicht hatten einigen können. [...] Christa, halb amüsiert und halb besorgt, mahnte mich, ich solle artig sein, aber ich war auch so entschlossen, trotz gestammelter Worte in klangvollem Grusinisch, [...] trotz Kniefall und bewegter Schilderung von schlaflosen Nächten [...]. Und trotz der blumenreichen Überredungskünste: Nur drei wissen es, Giorgij, Brigitta und Gott. – Aber vielleicht hat auch Gott etwas dagegen? – Nein, nein, es ist ein junger Gott, er blickt beiseite und lächelt. [...]
Christa blieb noch zwei Tage. Ich umarmte sie, mir selbst unerwartet, beim Abschied. Ich glaube, ich habe sie liebgewonnen. [...]
Noch ein Nachmittag bei Kostja. Eine herrliche Sammlung von Briefen

und Bildern großer Männer – Pasternak, Majakowski mit Lili, Ehrenburg. [...] Ich begriff plötzlich, wer Pasternak war, als ich seine Bilder sah. Es war wie ein Schlag aufs Herz, ein Indianergesicht, das schönste und kühnste Gesicht, das ich je sah. Ich hätte ihn geliebt, vom ersten Augenblick.

[...] Es gibt eine seltsame Geschichte (sie ist verkürzt, der Brief existiert noch): als Stalins Frau starb – offiziell sprach man von Selbstmord; die Moskauer schwören, er habe sie umgebracht –, verfaßte der Verband ein Beileidsschreiben, das 30 Schriftsteller unterzeichneten. P. weigerte sich, er schrieb selbst einen Brief an Stalin: »... Gestern (der Todestag der Frau) dachte ich an Sie zum erstenmal als an einen Künstler ... Ich war dabei und habe alles gesehen.«

Ich traf viele Leute, die zur Stalinzeit zehn Jahre und länger im Zuchthaus waren. Kostja erzählte Grauenhaftes von Workuta. Die Georgier lieben Stalin noch immer. Ich wollte es nicht glauben und fragte Giorgij. Er sagte: »Stalin ist Georgier.« Wir einigten uns sogar darüber, daß Stalin ein Verbrecher war, daß er die Blüte der russischen Intelligenz liquidiert hat –, und Giorgij schloß das Gespräch, sehr stolz: »Aber er ist Georgier.«

Der Abschied von Moskau: es regnete, es war kalt, war dunkel, aber die Häuserwände bedeckt mit Lichtervierecken, ein junger Mitarbeiter der Botschaft holte mich ab, und Giorgij brannte vor Eifersucht [...].

Moskau, am 26. Mai 1965

Liebe Freunde!

Heute, vor zwei Wochen, besuchte ich Ihre Familie, und es war der beste Tag meines Aufenthaltes in Ihren Land. Wie immer, ich fühlte mich sehr wohl in Ihrer Gesellschaft: die Atmosphäre war schön und geistreich und, wie ich es hoffe, wir haben uns gut verstanden. Leider war ich etwas müde nach alle Strapazen der Konferenz, der Sitzungen und Empfänge.

Inzwischen habe ich in das »Neues Deutschland« gelesen, dass auch Sie haben viel zu tun an der Weimarer und Berliner Treffen mit unsere und fremde Australier. War das Treffen wirklich interessant? Ich hatte und habe noch viel Fragen, die ich Ihnen stellen wollte, aber unseres letzte Gespräch in Ihrer liebenswürdigen Wohnung war so kurz, dass ich keine Zeit hatte die Fragen stellen. Hoffentlich Sie beide kommen bald zu uns und wir werden etwas mehr Zeit haben. Aber wann kommen Sie? Ich warte mit Ungeduld. Küssen Sie bitte Ihre so liebe beide Töchterchen – die ältere und die kleinere, die nur Katherina heissen will.

Zum Schluss möchte ich Ihnen einen alten, aber leider neuen Witz erzählen: ab 18 Mai liege ich im Krankenhaus wegen Lungenentzündung.

Beste freundschaftliche Grüsse

Ihr A. Jerussalimski

3. 12. 65

Sehr geehrte Frau Jerussalimskaja,

gestatten Sie mir, Ihnen, obwohl Sie mich kaum kennen, mein tiefes Beileid zum Tod Ihres Gatten auszusprechen. Die Nachricht, die ich gestern in der Zeitung las, hat mich sehr getroffen. Sie wissen, daß unsere ganze Familie Ihren Mann als einen unserer besten Freunde betrachtet hat. Der Brief, den ich vor ein paar Tagen – leider nach zu langer Pause – an ihn schrieb, ist nun nicht mehr in seine Hände gekommen. Schon seit Jahren bewunderten wir die Arbeitsleistung Ihres Mannes, die bei seinem Gesundheitszustand nur einer außergewöhnlichen Energie zu verdanken sein konnte. Jedesmal, wenn ich ihn treffen konnte, war die Unterhaltung mit ihm wichtig und anregend für mich. Ich hoffe nur, er hat das gewußt. Er hatte hier in der DDR viele Freunde.

Nehmen Sie, sehr verehrte Frau Jerussalimskaja, noch einmal unser herzliches Beileid und gute Wünsche für Sie selbst.

Ihre Christa Wolf

VIERTE REISE 1966
Über Moskau nach Gagra am Schwarzen Meer,
10. Oktober bis 12. November 1966

10. Oktober bis 12. November 1966

Neue Moskauer Eindrücke.

Angekommen am 10. Oktober.

Das neue Scheremetjewo.

Schriftstellerverbandsausweis erspart Formalitäten.

Das ganz und gar ausgeleierte Taxi, der etwas wild aussehende, schwarz lockige Taxichauffeur, der vielleicht selbst denkt, daß er etwas anderes sein müßte, und deshalb keinen Finger rührt für unsere Koffer.

Hotel »Warschawa« am Oktober-Platz. »Sehr gutes Hotel«, sagt W. St. [Wladimir Steshenski], »modern.« Kalter Eindruck durch die viele unschöne Ölfarbe. Ein Maler hat sich im Foyer versucht. Der unvermeidliche Andenkenstand mit Püppchen und Lippenstiften. Auf der Hinfahrt – es ist schon dunkel – fällt auf, daß in den riesigen neuen Häusern fast jedes Fenster erleuchtet ist. Daß die Stadt sich noch weiter ungeheuer ausgedehnt hat.

Eines der besten Moskauer Restaurants, sehr magere Speisekarte, schlecht zubereitetes Essen, schlechte Bratkartoffeln, aber gute Salate, gutes Eis. Ein grellbunter Vorhang, bemalt mit grünen Nixen mit Fischschwanz, die gelbe Bälle im Arm halten usw. Ein junges Mädchen mit ihrem Freund, sie hält einen weißen Stoffhund im Arm und schmust dauernd mit ihm. Eine Frau wird von ihrem Partner stehen gelassen, als sie nach der (schrecklich lauten) Musik zu gewagt tanzen will.

W. St. über die Reise mit Anna [Seghers] und Rodi (wie Rodi sich nach allem dreimal erkundigt, wie er immer wieder die elf Gepäckstücke zählt). – Rechte Stimmung kommt nicht auf.

Nächster Morgen, Gang zum Zentrum. Kälte. Hartes, klares Sonnenlicht. Eine sachliche, beschäftigte, wenig anheimelnde Stadt. Kleidung der Leute nachkriegsmäßig. Die vielen kleinen Kioske und Verkaufsstände an der Straße. Schlechte Äpfel, Birnen, Kohl, Weintrauben, Melonen. Manchmal etwas Bizarres durch die fast entlaubten Bäume. Die großen, erdrückenden, von Säulen umgebenen Amtsgebäude. Gorki-Straße. Gegenüber den früheren Malen verbessertes Angebot. Essen in einem der vielen neuen Kaffees, in diesem Fall ein ziemlich modernes, Glaswände, Grünpflanzen, gut: Suppe u. Huhn mit Reis. An unserem Tisch eine dicke Frau mit einem Jungen, der auf einem Kamm lutscht. Beide ländlich aussehend. Nebenan drei Studentinnen, eine davon unendlich lange silberne Fingernägel. Wenige Frauen, die so aussehen wie bei uns. Auffallend, aber nicht sehr geschmackvoll zurechtgemachte Augen, oft alte, billige Mäntel. Viele alte, ärmlich gekleidete Frauen im Straßenbild. Aber auch in den Außenbezirken mehr Geschäfte, z. T. auch moderner aufgemacht. Neu, daß man nur bei bestimmten Übergängen über die Straße gehen kann und daß Taxifahrer es ablehnen, in eine bestimmte Richtung zu fahren.

Auf dem Zimmer: Rotes Telefon. Ziemlich dünne Decken, wir bitten uns noch eine aus. Nachmittag langes Warten auf Bunin, erkälte mich ein bißchen. Im Bus zum Schriftstellerverband. Er erzählt von seiner Frau, die Neuropathologin ist. Ihre liebste Krankheit sei ..., etwas Lateinisches, Unheilbares. Die Amerikaner wissen auch noch nichts dagegen. Seine Frau hat in Suchumi zwanzig Affen mit dem Gewebe von Toten geimpft und wartet nun, daß sie krank werden. – Sie hat ihren Beruf im Krieg gefunden, nachdem sie zuerst Schauspielerin und noch was anderes war. Sie wurde Krankenschwester und dann Ärztin. N. B. [Nikolai Bunin] über das letzte Buch von Böll: »Ein echter Böll.« Zum Verlag, bei dem die Roman-Газета [Gasjeta – Zeitung, hier Fortsetzungsroman] erscheint, 970 Rubel. Im Zimmer des Buchhalters, der ernst und trocken ist, zu viert.

Danach mit W. St. im Schriftstellerclub Krebse essen. Voll. Lebhafte, ungezwungene Atmosphäre. Roshdestwenski, Axjonow u. a. von weitem. Die Verse und Zeichnungen an den Wänden. [xxx] Die jungen Leute selbstsicher, an ihrem Platz, modern. Eine bekannte u. begabte junge Dichterin, Brille, kurzes schwarzes Haar. Erstes vertrauteres Gespräch mit St. (unter dem Einfluß eines polnischen Nußschnapses) über unsere Verhältnisse. »Kinder, laßt man, das ändert sich alles. Wartet ein, zwei Jahre ...« Nochmal Kaffee, sogar Wein, der gut schmeckt. Endlich aufgeschlossenere Töne.

Wir bringen ihn bis zur Metro. Dann mit 5er Bus zur Innenstadt. Gorki-Straße auf und ab, »Aragwi« überfüllt, essen im »Moskwa«-Restaurant. Der erste weißbärtige Portier. Im oberen Saal ein großer Bums. Bei uns nicht voll. Man tanzt müde ein bißchen, die Kapelle wieder laut. Ein Offizier hat ziemlich viel getrunken, läßt sich durch den Raum führen. Ein Mongole (oder Kirgisier) an unserem Tisch trinkt Köstritzer Schwarzbier. Langweilige, steife Atmosphäre. Gutes Essen mit Preßkaviar, Salat, Chartscho [georgisches Eintopfgericht], Eis. Guter grusinischer Weißwein. G. [Gerd] sagt so lange, daß ich nicht in Stimmung bin, bis ich wirklich alle Stimmung verliere.
Zurück mit Bus, da kein Taxi sich »fangen« läßt.

3. Tag: Tolstoi-Haus, unbegreiflich, noch nicht gesehen. In einem noch verhältnismäßig alten Viertel, mit niedrigen Holzhäusern. Ein langer, brauner, geschnitzter Zaun. Kein Eintritt, man trägt sich in ein Buch ein. Zieht Schlappen an. Der ziemlich große Eßraum, Tisch mit altem Geschirr gedeckt. Schlaf- und Wohnzimmer, Betten, aus denen die Tolstois eben gekrochen sein könnten. Von Sitzecke durch Paravent getrennt. Arbeitstischchen von Sofija Andrejewna. (Wo hat eigentlich er gearbeitet?) Die durchgehende Kachelofenbeheizung, ein praktisches System. Das Kinderzimmer, sehr einfache, schmale Betten, Spielzeug: ein Vogelbauer, ein Schaukelpferd, Hefte. Spartanisch eingerichtetes Zimmer der Gouvernante, gleichzeitig Klassenraum. Eine kleine Küche (die richtige Küche ist in einem Nebenhaus). Zimmer der zwei ältesten Söhne, auch sehr einfach, im Stil der damaligen russischen Intelligenz, die Reichtum nicht zeigte. Ein üppig eingerichtetes Zimmer einer Verwandten, die Malerin war, noch eine kleine Teeküche, ein Samowar, ein alter Pelzmantel Tolstois unter Zellophan. Obere Etage: der große Saal. Sitzecke, großer Tisch. Hier spielte sich die größere Geselligkeit ab. Bild davon – Tolstoi im Kreise jüngerer Verehrer – neben dem blinden Spiegel. Sarah [Kirsch], sage ich, würde über dieses Bild und über den blinden Spiegel und die Gruppe junger Leute davor (9. Klasse?) ein Gedicht machen.
Daneben das Zimmer von Sofija Andr., sehr üppig mit Teppichen, Polstermöbeln, gemusterten Vorhängen ausgestattet. Unten, im Vorraum,

sitzt ein altes Mütterchen mit Kopftuch und trinkt Tee. Draußen sieht man einen bärtigen Alten vorbeigehen. Als hätte sich nichts verändert. Man kann sich nicht vorstellen, sage ich, daß aus solchen Häusern die SS-Leute von Auschwitz hätten hervorgehen können. – Es ist nicht nur das andere Jahrhundert. Es ist auch der andere Geist. Man kann die Leibeigenschaft hassen. Aber man kann sie doch wohl nicht so barbarisch nennen wie die Unterdrückungsmaschinerien, die man in unserem Jahrhundert hervorgebracht hat. –

Stoff: Die Stufen der Zerbrechung der Persönlichkeit in einer solchen Maschinerie.

Draußen, hinter dem Haus, ein lichter, jetzt im Herbst filigranartig wirkender, kleinwinziger Park. Auf dem Hof wird gesagt, es riecht nach Holz.

Dann noch die kleine Kirche, grün, rot und gold, in der Peter I. getauft sein soll. Erst sieht es aus, daß wir nicht reinkommen. Dann schlüpfen wir hinein, als ein paar Frauen rausgehen. Der hinkende, schmalgesichtige schwarzhaarige Kirchendiener ist wohl wütend, er befiehlt G. [Gerd] unwirsch, die Mütze abzunehmen. Drinnen ist großer Herbstputz im Gange, ein Dutzend alte Weiblein sind eifrig am Werk. Man läßt uns umhergehen. Die Ikonen, die so nachgedunkelt sind, daß man bald nur noch die grellgoldenen Heiligenscheine sieht. Die Unmenge von Messinggerät. Eine Frau spricht uns an: Ob wir keine Russen sind. – Auf dem Dachrand draußen sitzen ein Dutzend Tauben und bekleckern alles. Frauen schütteln die Läufer der Kirche aus, Wolken von Staub. Ein kleiner Omnibus wendet quietschvergnügt in dem umzäunten Kirchengebiet.

Puschkin-Museum geschlossen, wir essen in einer Pelmennaja, natürlich Borschtsch und Pelmeni [Teigtaschen]. Die Frau an der Essenausgabe arbeitet wie ein auf scharfes Tempo eingestellter Automat: Zack, zack, zack, mit dem Löffel ein Muster in den Kartoffelbrei. Kein Lächeln übrig. Sarah könnte ein Gedicht machen: Das übrige Lächeln. (Die eine der Bedienerinnen in der kleinen Frühstücksstube in unserem Hotel macht sich ein Prinzip daraus, in unfreundlichem, gereiztem Ton mit Ausländern so schnell Russisch zu sprechen, daß die ganz hilflos und kleinlaut werden.)

Als wir gehen, stehen die Leute vor der Pelmennaja an. Uns hat's da gefallen, aber alles sehr eng und ein bißchen roh.

Um sechs noch mal mit W. St. im Klub. Diesmal nur Kaffee und Kuchen. Wir sprechen über unsere neue Bourgeoisie, die ihm besonders im »Stolteraa« in Warnemünde aufgefallen ist. Er bestreitet, daß es etwas Ähnliches bei ihnen gibt. Über den Warenmangel. Daß kein Scheck-System d. Bezahlung möglich und Leute Bargeld zu Hause haben müssen.

Abends bei St.s beklagte sich Irina gerade über die neue Bourgeoisie, die es auch bei ihnen gebe. Rief nach einer »neuen Revolution«. War sehr müde. Am Nachmittag 3½ Stunden nach »englischen Stiefelchen« angestanden. Ihre ganze Abteilung im Institut war auf die Alarmnachricht hingeeilt. Der Chef wollte sich verwundern, wurde aber zum Schweigen gebracht. Als sie dran war, gab es ihre Nummer nicht mehr. Sie nahm wutentbrannt eine kleinere. Zwei Drittel des Lebens bringe sie mit solchen Sachen zu. Sie sei müde. Sie sei gegen die Emanzipation der Frau.

(Eben hat G. eine Schlange von 200 Menschen nach Waschpulver anstehen sehen.)

Beobachtung, daß die Umgangsformen oft ruppig sind. Man drängt sich rücksichtslos vor. Frauen werden auch nicht besonders zuvorkommend behandelt, man ist einfach daran gewöhnt, den eigenen Vorteil wahrzunehmen, den eigenen Platz zu behaupten. Auch dazu gezwungen. Diese Menschenmassen! Heute in Sagorsk. Himmelblaue Türme mit goldenen Sternen. Goldene Türme auf einer ganz weißen Kirche. In den Kirchen steht man dicht an dicht bei der Messe. Ein ständiges Gedränge. Vorne nimmt der Priester die dünnen bräunlichen Kerzen an, die im Vorraum verkauft werden. Zettel werden geschrieben mit den Namen von toten u. lebenden Angehörigen, für die die Priester beten sollen. Inbrünstige, auf mich stumpfsinnig, fast böse wirkende Frömmigkeit. Nichts von Güte. Das Glas der Heiligenbilder blind von Küssen. Küsse auf die Hände der Priester, darunter ganz junger. Das heilige Wasser fließt aus den Balken eines schwarzen Kreuzes und wird in Flaschen und Kannen aufgefangen. Viele Frauen, darunter ältere. Kopftücher in allen Farben, Verbeugungen, das Kreuz schlagen, singen, sich drängen. Auch drei oder vier Tolstoi-Figuren, mit Bauernhaarschnitt des vorigen Jahrhunderts, langen Bärten. Im Museum, neben Bildern, Ausstellung sehr schöner Kirchengewänder und Kirchengeräte, ein paar Säle mit antikirchlicher Propaganda. Hierher kommen fast nur Ausländer. Sehr schöne Volkskunstausstellung, Gewänder, Gerät, Spielzeug, Möbel.

Mönche wohnen angeblich auch in der Stadt und kommen im eigenen Wagen zur »Arbeit«. –

1930 wurde Troize-Sergijewa nach einem erschossenen Revolutionär in Sagorsk umbenannt. Heute noch kommen Priester aus aller Welt zur Ausbildung nach Sagorsk. Man wird den Eindruck nicht los, daß sie genau wissen, was sie tun, und das gläubige Volk verachten und als Chor für ihre Zeremonien gerade so dulden. Die Riten mit gut durchdachter Dramaturgie, abwechselndem, sich steigerndem Auftritt der Sänger, bis zu einem imponierenden Bassisten, barhäuptig, aber Goldbinde.

Das Restaurant nur für Ausländer. Eine enorm dicke Dame im schwarzen Kleid, die Direktorin, macht die Honneurs. Sehr energisch und umsichtig. Anständiges Essen, billig.

Valerij aus Riga. Schüchtern, man spürt, daß kein Russe. Studiert Türkisch.

Der Ungar, der nach Hautimatist [?] will, der Hauptstadt des Gebiets, in dem die Hautis und die Matis wohnen – Vorfahren der Ungarn, kleine, primitive Völker, die nach der Revolution vorm Aussterben gerettet wurden. Liegt in der RSFSR [Russische Sozialistische Föderative Sowjetrepublik], zwischen Ural und Ob. (Matis – derselbe Wortstamm wie Madjaren).

Unterwegs Hunderte, Tausende von Holzhäusern, fast alle klein bis sehr klein. Mehr oder weniger kunstvolle Fensterumrahmungen, viele dieser Häuser recht verwahrlost, aber auch schöne, gut erhaltene darunter. Dazwischen hin und wieder in den Ortschaften ein neuer, nackter häßlicher Häuserblock geknallt. Langeweile scheint von diesen Ortschaften auszugehen, die manchmal einen silbernen oder weißen Lenin, schreitend, nach vorn weisend, haben, immer ein Magazin [Laden], aber außer der einen Hauptstraße wohl keine weitere. Überall verbrannte

11 Faksimile: Tagebuch-Doppelseite

man Blätter, manchmal war die Landschaft rauchverhangen, zuerst flach, Birken, Kiefern, dann etwas welliger. Schmale, einigermaßen anständige Straße, schwer zu überholen. Bei Rückfahrt blaßblaugoldener Himmel, Wind.

Bei Obraszow ganz eigene, sorgfältig aufgebaute Atmosphäre. Museum von Puppen aus aller Welt. Sehr nettes Publikum, viel Jugend, originelle Pärchen. Gute Reaktionen auf das Bühnengeschehen. (»И-Го-Го [»I-Go-Go«], Homunkulus-Homunkuli«).

Poliklinik nur für Schriftsteller. In der Nähe die Schriftstellerhäuser, von einer Kooperative erbaut, wo der m² 200 Rubel kostet, also enorm viel. Da aber Schriftsteller zu den besten Verdienern gehören, kaufen sie sich solche Wohnungen, die wesentlich größer sind als die Wohnungen der normalen Leute (pro Person 9 m²). Vor den Häusern stehen ihre Privatautos, manchmal schreiben Kinder aus der Nachbarschaft Schimpfwörter drauf. Auch Jewtuschenko wohnt da, auch Simonow, der sehr reich sein soll.

Jewtuschenko hat im vorigen Jahr auf Jessenin-Feier Gedicht gegen d. Komsomolchef gelesen, bekam furchtbaren Krach, ein Monat später für sich allein 10 000 Menschen im Sportpalast, Riesenerfolg. Strahlt, wenn er angegriffen wird. Hat Gedicht über sowjet. Mann geschrieben, der b. d. ital. Partisanen war und dann hier eingesperrt.»Was soll ich meinem Freund, dem Partisanen, sagen? Die Wahrheit sagen kann ich nicht, lügen auch nicht ...« Dann: über drei Frauen aus Iwanowo, einer Textilstadt, wo auf zehn Frauen ein Mann kommt.

Novella Matwejewa, »die lyrischste Lyrikerin«.

Der Maler Petrow-Wodkin, so lange verboten, jetzt in Tretjakow-Galerie ausgestellt. Interessant, modern.

Irinas Vater 1937 verhaftet, nicht wiedergekommen. War Funktionär, Parteisekretär in »Красный пролетарий« [»Krasny proletari« – »Roter Proletarier«, große Werkzeugmaschinenfabrik der UdSSR], »alte Schule«.

Im »Peking« wird es dämmrig, wenn die Sängerin auftritt. Schrecklich laute Musik. Züchtiges Tanzen. Aber die Mädchen werden gerne etwas fester angefaßt. Bunin: »Der Heuchler in jedem von uns.« Bei Koeppen u. Böll werden die »erotischen« Stellen gekürzt.

Der westdeutsche Student, der als Lektor für Deutsch an die Universität Princeton will, sein Vater hat da Beziehungen. Er fährt als Reiseleiter mehrmals im Jahr mit westdt. Touristen hierher. Die Show mit Speer und Schirach dürfe man nicht so ernst nehmen. Weiß genau, welche alten Kirchen im Kreml unter Stalin abgerissen wurden. 1,96 groß, Bärtchen, Brille.

St.s erzählen begeistert von der »Блинчики«-Woche [»Blintschiki« – Buchweizenpfannkuchen] Ende Februar: Alles ißt diese Plinsen, trinkt Wodka dazu, man trifft sich bei Freunden, auf den Straßen werden die Plinsen verkauft. ... Wir sollen sie auch zu kosten bekommen. Irina steht 3½ Std. nach den »englischen Stiefelchen«, bekommt dann eine Nummer zu klein, kauft aber, kann zum Glück im Institut umtauschen. Das ganze Institut war gerannt.

Als der DDR-Laden in Moskau eröffnet wurde, sperrte Polizei mit Pferden ab. Kindersachen sollen ganz schlecht zu kriegen sein.

Mehl: 3 mal im Jahr 1 kg pro Person.

Das Mädchen von St.s vom Lande, lernt in Moskau auf einer Handelsschule. Nimmt ihren Platz im Wohnheim nicht in Anspruch, wohnt und arbeitet bei St.s, bekommt zu ihren 20 R. Stipendium noch 20 R. dazu. Muß später einen angesehenen Mann heiraten, möglichst einen Offizier, um in Moskau eine Wohnung zu kriegen.

Jetzt heiraten manchmal ganz junge Mädchen von außerhalb alte Männer, um nach Moskau zu kommen, lassen sich dann wieder scheiden. Das geht jetzt sehr schnell, braucht nicht vor ein Gericht, kann in Abwesenheit geschehen.

Durchschnittsverdienst: 70-100 R.

An Krankenpflegepersonal Mangel wie bei uns.

St.s Freunde: Meist aus der Schulzeit. Anscheinend ein bißchen Mißtrauen gegen neue Bekanntschaften.

Kapitza: Hat auch in der Zeit, als er aus der Öffentlichkeit verschwunden war, gute Arbeitsbedingungen gehabt.

Die Physiker. Eine Familie, sehr gut verdienend, niemand redet ihnen rein. Fahren zwischen Moskau und Dubna hin und her, haben alles, kritisieren sehr scharf. Schon nicht mehr gleiche Bedingungen zu anderen Menschen.

Die Büros: klein, eng, sehr altmodisch.

Prawda: modernes Gebäude aus 30er Jahren. Gegenüber großer Laden, in dem es besondere Waren geben soll.

Im Schriftstellerverb. Kartei, aus der die Honorare d. Autoren hervorgehen.

Bei St. und Irina: Wechselnd, im ganzen mit Abstand. Wohltemperiert. Fehlt die Herzlichkeit.

Gespräche abends im Restaurant »Peking«: (Wie überall sehr laute Musik, es wird dämmrig, wenn die Sängerin auftritt, züchtiges Tanzen, alles wirkt recht langweilig u. kleinbürgerlich): (Ich wiederhole mich): Irina fühlt sich manchmal wie auf einem Pulverfaß – was kann der einzelne machen – Ir.: Nichts – die Übermacht der Apparate – ob die jetzige Jugend anders ist, als wir waren – Ir.: Sie findet, nicht – ob Literatur etwas machen kann dagegen, ehe Menschheit in Barbarei versinkt – allgemeine Skepsis dagegen – Klaus Fuchs – der verrückte Mathematiker, ein Freund, der seine Krawatte auf der Schulter trägt, in Pantoffeln auf die Straße geht, sein Geld der Kirche spendet, schon in der Schule gläubig war – es war schon 1860 einmal so eine skeptische Zeit unter der Jugend, das wiederholt sich alles – viele sind apolitisch – in der westlichen Gesellschaft kann man nicht leben – unsere ist auch nicht ideal ...

Die Menschen in Erwartung von unerläßlichen Besserungen, zu denen sie aber nicht viel beitragen können ...

Das Wodkatrinken und besoffen auf der Straße herumtaumeln hat unter Chruschtschow zugenommen, weil er verboten hat, daß in den kleinen Kneipen Wodka ausgeschenkt wird. Nun kaufen sich die jungen Burschen eine Flasche im Laden, teilen sie sich in einem Torweg, trinken schnell, ohne etwas zu essen, und sind sehr schnell betrunken. In den kleinen Kneipen mußten sie zu »сто грамм« [»sto gramm« – hundert Gramm] immer eine Stulle essen.

Nachtrag zu Загорск [Sagorsk]: Die Frauen, die seelenruhig im Vorraum der Kirche die Wand entlang auf einer Bank sitzen, ihr Brot auspacken und womöglich heiliges Wasser dazu trinken. Die Kirche ist nicht nur heilig: sie kann auch profan sein. Mysterium und Alltagsleben vermischen sich, gerade das ist annehmbar für das Volk.

Hier im grauen, feuchten Moskau, wo man friert, kann man sich kaum vorstellen, daß es einen Süden gibt, mit Wärme in der Luft und im Wasser ... Das ist auch so eine Fata Morgana, von denen das Leben voll ist. Wie könnte man sonst leben?

Der Mann im Hotel, der die Fußböden macht, bohnert usw. Spricht drei Worte Deutsch, wahrscheinlich war er in Kriegsgefangenschaft.

Auf den Metro-Treppen. Frauen mit den Kinderpaketen. Die jungen Männer, die auf der linken Seite sich lässig Schritt für Schritt die Treppen runterfallen lassen, an den übrigen Leuten vorbei. A. S. und die anderen haben keinen Mut zu ihren Erfahrungen ... Was ich verstehe. Wir auch nicht, bis jetzt.

Drei Stunden Stadtwanderung. Unerhörte Müdigkeit, Schmerzen in Rücken und Beinen. GUM: Ich merke, wie schnell ich unter diesen Massen selbst dumpf und rücksichtslos würde. – Anstehen nach Schuhen, nach Waschpulver. Alptraum. Mittags in keinem Restaurant ein Platz.

Am Kremltor treten vorn die Wächter, die sich in der Mitte des Tores unterhalten, auseinander, wenn ein Summton ertönt. Dann kommt immer ein Auto. Hinter dem Kremltor steht ein dritter Wächter und drückt auf einen Knopf.

Die Frau im Bus, die unaufhörlich eifervoll gegen die Fensterscheibe anredet, schließlich weint, sich die Tränen abwischt, weiterredet unter ihrem schrecklichen Zwang. Sich gegen irgend jemanden, wahrscheinlich vor sich selbst, dauernd lauthals rechtfertigen muß. Die anderen Leute sehen ihr zu, blicken wieder weg.

Kreml: Archangelski- und Blagoweschtschenski-Kathedrale, als Museum. Riesengruppen von Landbevölkerung.

Immer und überall wird nur ein Türflügel geöffnet, so daß man sich drängeln muß.

Unser Hotel: Wie eine nackte Klippe in der ungeheuren Brandung des Verkehrs von zwei Hauptstraßen. Jeden Abend schlagen wir die sorgfältig glattgezogenen Decken zurück, rücken die Betten zusammen. Jeden Tag, wenn wir wiederkommen, sind die Decken wieder glattgezogen, die Betten auseinandergerückt. Auf dem Schreibtisch steht das rote Telefon. Drei Lampen hängen von der Decke: blau, rosa, gelb. Rötlich-ockerfarbene Wände. Die Fensterklappe, die sich leichter öffnen als schließen läßt. Die erbetene dritte Decke mit dem Brandloch.

Im Kino: Satirische Vorspiele: Autogramme: Verschandelung alter Kunstwerke durch Kritzler (von denen einige gezeigt werden). Eine Kopeke: Bettler. Was sie am Tag bekommen, wie sie leben, wie sie betrügen, Stufen in einen Hausflur, die niemals ausgebessert werden, bis einer sich ein Bein bricht. – Mißbrauch eines Krankenwagens mit Signal durch eine Jagdgesellschaft.

Lustspiel: Der Einunddreißigste. Abbau von Heldenkult, normalen Menschen wird Mut gemacht, normal zu sein.

Bunin verdient 150-200 Rubel im Monat, seine Frau 200 Rubel. Bald, wenn er für eine Gotsche-Übersetzung 3000 Rubel bekommen hat, werden sie sich eine 3-Zimmer-Wohnung für 5000 Rubel kaufen. Minister, die in seiner Straße wohnen, haben 6-7-Zimmer-Wohnungen. Den Touristen zeigt man Lenins bescheidene 3-Zimmer-Wohnung.

Schriftsteller bekommen pro Druckbogen zwischen 250 und 400 Rubel, dazu Aufschlag für höhere Auflagen. Gedichte u. Erzählungen werden »im Accord« bezahlt.

Heute in einem schwimmenden Москва-Restaurant [Fluß Moskwa]: »[xxx] не работает« [»ne rabotajet« – geschlossen].

Die Leute spucken hier ungeniert auf den Boden, und zwar massenhaft.

Friseur: Seife vom Stück, kleine Wickel, Metallklammern. Die Kunden setzen sich im Keller selbst unter die Hauben und kommen wieder hervor. Sparsames Spülen aus der Wasserkanne. Alles sehr schmutzig und lässig. Gepflegtsein ist hier eine fast unlösbare Aufgabe.

Film: »Vorsicht, Autodieb!« Komödie. Typ des Idioten, des reinen, guten Menschen, in die Gegenwart fortgesetzt. Greift die neue Kleinbourgeoisie an, Schieber, Zwischenhändler (ein Verkäufer f. Elektrogeräte). Viele Außenaufnahmen in Moskau. Ziemlich ungeschminktes Bild. Gesicht von Смоктуновский [Smoktunowski]. Ergreifende Schlußpassage.

In Mosfilm auch angeblich zu wenig Gegenwartsstoffe. Aber man nannte uns einige: Der Sohn des Kommunisten, Juliregen. Eine kleine Dramaturgin, die gern viel redete und sich wichtig tat.

Dekorationen: »Arena« (Internat. Zirkus in dem von Deutschen besetzten Gebiet).

Ein Gorki-Stück. Der Feuerteufel: Eine Kneipe, Banditen, ein junger Zigeuner, den man als Hauptdarsteller gefunden hat.

[Sascha] Rekemtschuk: Damals noch ein junger Hase, heute auf einmal gewichtiger Chefdramaturg, der sich hinter seinem Schreibtisch erhebt, um uns zu begrüßen. Abend im Filmclub: Seine Frau aus der Nationalität der Komi, die Louise heißt (Ljusja). Nach 1812 waren viele gefangene Franzosen nach dem hohen Norden verbannt, heirateten dort Komi-Frauen und gaben den Kindern Namen wie Jeanne und Louise. – Louises Mutter war am selben Tag mit einem Eimer Salzpilze aus dem hohen Norden angekommen. Sascha R.s Mutter spielt als Kleindarstellerin in »Anna Karenina«, immerhin für 10 Rubel am Tag. Irina sagt: »Für 10 Rubel würde ich alles machen.« Sie hat manchmal einen Ausdruck, als durchschaue sie manches und das Ganze sei ihr ein bißchen über. Dann war da noch der Prawda-Korrespondent aus Damaskus, Ljoschka, mit seiner Frau Jelena. Er ist mit Sascha zusammen auf der Artillerie-Schule gewesen.

Sascha philosophiert, ob man Chefredakteur bleiben oder wieder Bücher schreiben soll, was er eigentlich müßte. – Über Ehrlichkeit beim Schreiben. Über das Wiederentdecken des russischen Volkscharakters durch viele Schriftsteller. Sie beschäftigen sich mit der Geschichte und finden, daß der Charakter des Volkes sich durch alle Jahrhunderte und sozialen Wandlungen hindurch im wesentlichen gleich bleibt. (Ich verstehe das als Abkehr von den schnell wechselnden aktuellen »Kampf«-aufträgen.) – Über ihre relative Unabhängigkeit vom Ministerium. Bis jetzt haben sie noch keinen Film gestoppt, wenn das Ministerium es auch anwies. – Sie möchten Stauffenberg-Film machen, mit DEFA zusammen, stoßen aber dabei nicht auf rechte Gegenliebe.

Das Essen – im Filmclub, wo man auch Awdjuschko sehen konnte und später seine Frau, die vier Kinder haben soll und älter ist als er – bestand aus folgenden Gängen: Kartoffel u. Hering, Kaviar, kaltes Fleisch, Tomaten, Essigkohl, Koteletts in Gelee, überbackene Pilze, Stör (bzw. Schaschlik), überbackenes Ragout, Schlagsahne, Torte, Kaffee, Tee. Dazu fünf Flaschen Wodka, Kognak, Wein.

Wortreiche Freundschaftsbeteuerungen, aber gewisse Trinksprüche mit ironischem Unterton, die man früher ganz ernst nahm.

Witze. A. wohnt in dem Haus gegenüber dem Gefängnis. Jetzt lebt er gegenüber seinem Haus.

A. und B. treffen sich auf der Straße: A. sagt: Morgen spielt England gegen UdSSR Fußball. Kommst du mit? – B. guckt in seinen Kalender und lehnt ab mit der Begründung: Morgen spielt Schapirow. – Eine Woche später treffen sie sich wieder. A. sagt: Am Mittwoch spielt Oistrach, kommst du mit? B.: Am Mittwoch spielt Schapirow. – Was zum Kuckuck machst du immer, wenn dieser Schapirow spielt! – Ich gehe zu seiner Frau.

Eine Bauersfrau in der Bahn, der man keinen Platz anbietet: Ja, ja, heutzutage gibt es keine Intelligenz mehr. Antwort: Intelligenz gibt's, aber keine freien Plätze!

Rek. [Rekemtschuk] entwickelt neben sympathischen Zügen auch Züge eines Gernegroß. Erörterte seine Chancen, Präsident zu werden. Über seine häufigen Zusammenstöße mit der Miliz (als Fahrer). Wie seine Mutter sich ihre neue Telefonnummer merkt: G 3 – das ist berühmter Anfang, hat auch Breschnew, 17, das ist Jahr d. Oktoberrevolution, 72, ein Jahr nach Lenins Geburt.

Chruschtschow soll neulich verjüngt, straff und sportlich mit Nina im Restaurant Prag aufgetaucht sein. Sie hätten nach allen Seiten gegrüßt und sogar getanzt.

R. sagt, er spuckt auf seine früheren Bücher und wird jetzt erst ein richtiges Buch schreiben.

Die Damaskus-Leute fahren nicht gern wieder ins Ausland. Drei Monate in einem fremden Land – das sei schön, später werde es schrecklich. Er, Ljoschka, ist ein Fuchs und geht in Damaskus mit vielen Leuten um, die gegenseitig voneinander behaupten, Polizeispitzel zu sein.

Landwirtschaft: Die kleine »persönliche Wirtschaft« d. Kolchosbauern liefert bei manchen Produkten bis zu 45 % d. Gesamtaufkommens. Je mehr sie verkaufen, um so weniger verdienen sie.

Licht am Kreml: Ein Oktobernachmittag, zwischen vier und fünf, vom Manegeplatz aus die roten Mauern im leicht durchleuchteten Dunst.

22. X.

Eben, als ich Gerds Hemd auf dem Bett zusammenlegte und dabei summte »An der Saale hellem Strande« ... da dachte ich, die Szene habe ich doch schon mal erlebt, oder geträumt. Aber das ist ja nicht möglich, diese sanfte Luft, diesen Blick auf das Meer hatten wir noch nicht. Die Laube vor dem Zimmer, die Bucht von Gagra rechts, dahinter noch eine Bucht, nach Sotschi zu, die Schwimmer, manche ganz weit draußen, links ein Ruderboot, jemand schreibt im Haus Schreibmaschine. Gerade kommt die Sonne durch das Laub vor unserem Balkon. Es ist gleich zwei Uhr. Zwei Palmen vergaß ich. Sie haben haarige Stämme wie Kokosnüsse und Stacheln.

Hier kann man sich wieder nicht das graue, schmutzige Moskau vorstellen, das im Nebel zurückblieb.

Warum lebt man nicht in einem solchen Land? dachte ich immerzu, während wir auf der Bergstraße von Sotschi hierherfuhren, vorbei an Bäumen mit Mandarinen und einer anderen rotgelben Frucht, an Pinien, Palmen.

Warum heißt das Schwarze Meer *schwarzes* Meer? Es ist tiefer blau als der Himmel. Das rote Fähnchen schaukelt auf den Wellen, ein Flugzeug ist zu hören.

Rahel Varnhagen – unbegreiflich, daß nicht früher entdeckt. Ihr Schicksal, nicht viel tun zu können, sondern *sein*, und nur sein zu müssen. Ihr Hang zur vollen Ausbildung der Persönlichkeit. Immerhin in der subjektiven Zeitströmung. Wahrscheinlich steht uns eine solche Strömung bevor – das Mittelmaß, das bei uns herrscht, ist auf die Dauer nicht auszuhalten –, aber unsere Generation wird sie nicht mehr voll ausnutzen können. Wir sind innerlich zu sehr gebunden, zu sehr »Zwischen«-Generation. Auch Rekemtschuk behauptete das neulich.

Nachtrag z. d. Rekemtschuk-Gesellschaft: Es wird darüber gesprochen, daß ein Schriftsteller niemals nach seinen moralischen Eigenschaften bewertet wird. Gorki, sage ich, G. sei kein großer Schriftsteller gewesen. – Tolstoi: Der sei falsch gewesen. Nur Tschechow bleibt als Mensch gelten.

Das schreibe ich, während ganz schnell die Sonne im Meer untergeht. Die großen Gedanken, die, ins Leben und unter die Menschen gekommen, unerträglich zur Mittelmäßigkeit verflachen. Aber vielleicht nur so die Möglichkeit zu neuen großen Gedanken vorbereiten. Vielleicht leben wir zwischen diesen Bergen, beginnen zu ahnen, daß wir immer im Tal sein werden, beginnen darunter zu leiden, können uns aber aus eigener Kraft nicht aufschwingen.

Weitgehende Sprachlosigkeit und Taubheit in einem Land, dessen Sprache man so schlecht versteht und spricht wie ich das Russische. Wie man, eine eigenartige Beobachtung, sich Gesichter schlechter merkt als zu Hause. Wahrscheinlich weiß man sie hier nicht – was man zu Hause sicher unwillkürlich tut – einer bestimmten Gruppe, Schicht, Denkungsart zuzuordnen, man sieht sie jedesmal wie neu – besonders die Männer zeigen Ähnlichkeit untereinander.

Die großen Ministeriumspaläste nach Gagra zu. Das Summen der Neon-Peitschenlampen, fast übertönt vom Grillengezirp. Süßer Wein. Einer der Schriftsteller sitzt mit Einheimischen an einem Tisch und diskutiert über Literatur. – Die beleuchteten Grotten.

Man friert hier bei sanfter Luft.

Schon wenn man die Aufzeichnung der Namen, deren Träger in Rahels Salon ein- und ausgingen, mit der Liste vergleicht, die man für das heutige Berlin notfalls aufstellen könnte, dann sieht man, wie arm unser geistiges Leben noch ist, wie unselbständig, wie vereinzelt die verschiedenen Zweige, wie mittelmäßig und duckmäuserisch das Ganze. Wenn etwas aufkommt, ist's Konspiration oder wird flugs dafür gehalten.

Gestern kamen die Wolken zum erstenmal über den Kaukasus, die Berge verschleierten sich im Laufe des Tages, starker Wind kam auf. Wir glaubten schon an den prophezeiten Wetterumschwung, aber heute schien die Sonne stärker als je.

27.10.

Gestern Ausflug zu einer Forellenzüchterei am »Schwarzen Fluß«. Gesellschaft von elf Personen, organisiert von dem an unserem Tisch sitzenden Mark, der maulfaul und kalt ist, seine Frau Зола [Sola] schlecht behandelt und von ihr mit Grimassen bedacht wird. Ziemlich schlechte Bergstraßen, kurvenreich, der Fahrer, Vitja, hupte mit seiner heiseren Hupe jedes Huhn an. Die Forellenzucht lag in einer unberührten, wunderbaren Landschaft, zwischen Berggipfeln, die an manchen Stellen kahl waren. Ein System von kleineren und größeren ausgemauerten Becken, in denen die Brut aufgezogen wird und am Ende ganz schöne Brocken von Forellen schwimmen. Der Fluß kommt da wild und eiskalt aus den Felsen. Trauerweiden stehen an den Becken und Laubbäume, noch grün natürlich, die auch bei uns wachsen.

Wir saßen dann vor dem Kaffee »Форель« [»Forel« – »Forelle«] und aßen frisch gebratene Forellen, vor allem wurde aber Wodka und Wein getrunken, der Wein Nr. 11, den es in zwei Sorten gibt, einer fast weißen und einer roséfarbenen. Es gibt Teller mit Tomaten und Gurken, auch mit Pfefferschoten dazu, an denen wir uns zuerst unglaublich den Mund verbrannten, besonders Ninotschka, Ende zwanzig, blond, wohl aufgefärbt, mit mächtigem Bart und dicken, weichen Beinen. Sie weinte bittere Tränen. Später, nach dem Wein, wurde sie unheimlich lustig, ihre Augen waren dann kleine Sichelchen, sie schüttelte sich vor Lachen. Sie scheint keinen Mann zu haben.

Die Stimmungskanone war Maria Sergejewna, eine Juristin aus Moskau, Mitte fünfzig, ein Mordstrumm von einem Weib, mit einer röhrenden Stimme, die uns auf russisch und deutsch alle in Trab hielt. In ihrer Kindheit, sagt sie, habe sie Verse wie diesen gesagt: Auf einem Gummigummiberg, da saß ein Gummigummizwerg, der aß ein Gummigummibrot, da war er gummigummitot. – Oder sie kannte, später, Heidelberger Studentenlieder. Unseren armen Bunjak beliebte sie auf dem Höhepunkt ihrer Stimmung eine »schwangere Wanze« zu nennen. Sola tröstete sie, im Klo, wo man durch eine Dreckflut waten mußte, erklärte sie:»Das ist aber eine knorke Toilette«, einen grusinischen Trinkspruch brachte sie aus, auf eine vortreffliche Frau, Mutter und Großmutter, sie selbst, die man aber auch loben und auf die man trinken würde, wenn sie eine einfache Prostituierte wäre.

Alle kramten ihre Deutschkenntnisse hervor: Wer reitet so spät durch Nacht und Wind – das war allgemein bekannt, auch ein paar Heine-Verse mit Manschetten und Gazetten und natürlich eine Loreley, dann packte Gerda, eine ältere Frau mit Mäusezähnchen, aus ihrer Jugenderinnerung einen Vers aus, der etwa so ging: Als ich einst mit meinen

Truppen bin nach Öst'reich einmarschiert, hat die Guste, die bewußte, mir ein Butterbrot geschmiert ...

Oft wurde gelacht, ohne daß wir wußten, warum, aber man sah die lachenden Gesichter und mußte selbst mitlachen.

Unter dem Tisch lag ein großer weißer braunfleckiger Hund, es stellte sich heraus, daß er nicht nur Fischköpfe und -schwänze, sondern überhaupt die ganzen Gräten fraß (Peter der Große spielte nach Meinung M. S.'s [Maria Sergejewnas] bei der Benennung von »Skelett« eine Rolle, wie er überhaupt *alles* gemacht hat, Mynherr hat man ihn genannt, damals), dann strich noch ein graues hübsches Kätzchen herum, das sich gar nicht um eine Maus kümmerte, deren Schatten – mit großen Ohren – plötzlich am Fenster hinter der Gardine tanzte. Ein kleinerer brauner Hund war auch noch da, alle vertrugen sich untereinander.

Der Himmel war direkt über uns tief blau, die Luft ganz rein und leicht, frisch im Schatten, heiß in der Sonne. Es war wirklich ein gesegnetes Tal.

Die kleinen silbrig glänzenden Forellen, die hier und da in den Becken einen komischen Tanz aufführten, den Kopf fast aus dem Wasser steckend, sie waren krank. »Dance macabre«, sagte Sola, ihre sonstige Verdrossenheit überwindend (man sagte von ihr, ihr sei alles langweilig, das Essen zu schlecht, das Wasser zu kalt), sagte mir auf französisch, M. S. sei eine »femme magnifique«, eine berühmte »advocatesse« usw.

Auf der Rückfahrt die Wälder von Kastanien, wohlschmeckende Früchte.

Am Meer taten sich die Frauen, die fast alle keinen Badeanzug mithatten, zu einer Badegesellschaft zusammen. Auf einmal entstand etwas wie ein Bündnis gegen die Männer – drei Frauen waren ohne Mann, eine, Sola, mit ihrem Mann nicht zufrieden. Eigenartige Atmosphäre unter den abgesondert und nackt badenden Frauen. Ich war ganz froh, als ich von weitem Gerd kommen sah. Ein Ehepaar dabei, das sich von allem etwas fernhielt, der Mann gehbehindert, und Sascha Bunjak schlug mir auf der Rückfahrt vor, ich solle »Lili Marleen« singen. »Не поёт« [»Ne pojot« – sie singt nicht], meinte er auf meine Ablehnung.

Der neunzigjährige Konterrevolutionär Sutschin (oder so ähnlich), der hier wacklig, mit schütterem weißen Bart durch die Gegend streift. Der nach d. Revolution vom Westen aus weiße Banden organisiert hat, der in Jugoslawien von d. Partisanen gefangen wurde, an die sowjetische Regierung übergeben, zehn oder 15 Jahre im Lager war und jetzt frei ist, Artikel schreibt und sie, in einem Buch zusammengefaßt, herausgibt.

Die Typen hier: Der Mann, der jeden Vormittag mit bloßem Oberkörper auf einem kleinen Stück Steinrand der Ufermauer nach der Uhr ungefähr eine halbe Stunde hin- und herläuft, in der Sonne. Auf dem Kopf eine Baskenmütze mit Schirm. Der Sportsmann am Strand, nicht mehr jung, aber durchtrainiert, der dauernd Handstand macht, andere Übungen, mit den Gebärden eines Sonnenanbeters. Unser Bunjak, der überall dabei sein muß, von Gruppe zu Gruppe geht, sich in alles einmischt.

Die ziemlich dicke Frau an unserem Nebentisch, die gut deutsch spricht, ich weiß noch nicht, woher, aber wahrscheinlich aus der Kriegszeit, die sehr freundlich ist und die mich gestern bat, eine deutsche Rohübersetzung eines Textes von Malraux zu redigieren. Da ging es um irgendeine adlige Engländerin, die, obwohl verheiratet, in Liebe zu Lord B. entbrannt war, ihm sogar nachts ein Rendezvous gewährte und ihn dann anflehte, ihre Ehre zu schonen. Später war sie tief verzweifelt, daß er sie so schlecht verstanden und sie wirklich geschont hatte. – Unsere Tischnachbarin wollte diesen Text zum »persönlichen Gebrauch« für »freundschaftliche Beziehungen« auf deutsch. Ich vermute dahinter eine Romanze mit einem Deutschen.

Die blonde Russin mit aufgestecktem Haarzopf, die abends beim Tanz plötzlich in die Mitte springt und ein typisches russisches Solo hinlegt.

Der Spiegel in unserem Zimmer, genau gegenüber der Tür nach draußen, der die ganze Laube noch einmal gibt. Mittags müssen wir ihn zurückklappen, weil er sonst zu hell wird.

Blaues Zimmer.

Der Breite, Bärtige, der immer laut brüllt, wahrscheinlich aber auch ganz anders sein kann – sanft.

Merkwürdig: Leute zu beobachten und zu *beurteilen* fast ohne das Medium der Sprache.

Ninotschka, hat sich herausgestellt, ist auch Rechtsanwältin, ebenso wie Gerda. Wer hätte das gedacht!

Alle schätzen uns hier jünger und sind erstaunt über unsere großen Kinder.

Maria Sergejewna sagt, daß es besser sei, Menschen zu verteidigen als anzuklagen. – Sie hat lieber Männer als Frauen zu Richtern. – Über ihr Scheidungsrecht, das geändert wurde: Man braucht keine Annonce mehr in der Zeitung, und die erste Instanz, das Volksgericht, kann scheiden. Eheleute denken sich genau wie bei uns Lügengeschichten aus, um geschieden zu werden. Sie habe das auch gemacht und sei dann vergnügt und glücklich mit ihrem Mann Arm in Arm Kaffeetrinken gegangen. – Alle drei Rechtsanwältinnen empören sich, in Badeanzügen auf ihren Schaumgummimatratzen um mich herumsitzend, über das Familiengesetz von 1944. Danach hat man, angeblich um die Familie zu stärken, die Mütter unehelicher Kinder benachteiligt: die Väter der Kinder sind nicht verpflichtet, irgend etwas zu zahlen. Die Frauen tragen also die ganze Last und die ganze Verantwortung für die Kinder.

Die drei Palmen vor unserem »Приморская«-[»Primorskaja«-]Häuschen [Strandhotel], es weit überragend.

Drei Hühnergötter schon und zwei Muscheln.

Heute nacht fuhr der Kran mit großem Getöse auf dem Meer bei uns vorbei.

Nachrichten aus der Welt nur vereinzelt und zufällig: Erhard soll gehen, sagt man beim Frühstückstisch, man hat die »Deutsche Welle« in russischer Sprache gehört, wahrscheinlich über Verstärker aus der Türkei. Ein Zeitungsaustausch zwischen uns und Westd. wird wieder mal diskutiert. Die sowjetische Regierung hat in China gegen die Angriffe auf ihre Botschaft protestiert. – Gubandrin soll erschossen werden. – Man liest hier wenig Zeitung im Urlaub, scheints, und die Anteilnahme an den politischen Ereignissen ist nicht so heftig wie bei uns.

Unser Irrweg gestern, ehe wir einen Talon zum Telefonieren nach Berlin hatten, und dann kam das Gespräch weder gestern abend noch heute früh. Wir sind doch sehr weit weg.

(Drei Frauen sitzen immer auf der Bank und gucken dem quicklebendigen Molenläufer zu.)

G. [Gerd] meditiert heute früh über die Christa-Geschichte. Daß keine Gegenfigur da ist. (Ich bin es kaum.) Daß man genauer nachdenken solle darüber, daß bei uns eben »Geist und Macht« *nicht* zusammengekommen sind, auch nicht in einer Figur. Nebeneinander gingen, trennten sich sogar immer mehr, die einfach taten, was jeweils nötig war, ohne große Konzeption, oft von außen diktiert – ob von Ost oder West –, die das Tagesnotwendige immer zum Gesetz erhoben, verabsolutierten, dabei natürlich mit der Zeit den revolutionären Elan der Leute einfach aufbrauchten – und die anderen, die mehr und mehr das Bedürfnis spürten, über diese Entwicklung nachzudenken, sie in Frage zu stellen, wenigstens Fragen zu stellen. Die Maschinerie, die sich in sich selbst, mit eigener Schwerkraft, zu bewegen begann und alles zermalmte, was ausbrechen wollte: Apel.

Schwierigkeit, etwas davon in Christa-Gesch. durchblicken zu lassen, ohne sie über Gebühr damit zu belasten.

Liegt die Überbetonung der Ökonomie wirklich in den Grundlagen des Marxismus? Ist Chruschtschows Versuch mit dem »Überholen des Kapitalismus auf dem Gebiet der materiellen Produktion«, der noch einmal etwas wie Glauben daran aufflackern ließ – nicht schon ganz hohl, ohne Grundlage gewesen und vor allem ein *falsches Ziel*? Als ob die Ökonomie »das Leben« wäre, als ob sie so viel besagen würde – trotz der Macht, die sie hat, trotz der unabsehbaren Folgen, wenn man sie nicht beherrscht.

Eine Möwe, die genau auf der scharfen Linie zwischen Meer und Himmel entlang fliegt.

Manchmal fliegt ein Helikopter die Küste ab, macht Krach.

Gestern hieß es, die Bundesrepublik werde in China Raketenbasen bauen und dann auch Raketen liefern. »Wenn der nächste Krieg kommt«, sagte Maria Sergejewna, »dann geht er diesmal von China aus.« Das scheint die allgemeine Meinung zu sein.

Anfang für einen Aufsatz: Es muß einen doch erstaunen, mit welchem

Anspruch auf Unfehlbarkeit manche Kritiker und Literaturbetrachter auf Jahre hinaus die Tatsache übersehen, daß das, was sie »Wirklichkeit« nennen und als den Stoff der Kunst ansehen, von den verschiedenen Künstlern bis zur Unkenntlichkeit verschieden behandelt wird. Sie verteidigen ihre eigene Vorstellung von der Wirklichkeit gegen die Wirklichkeit in den Kunstwerken.

Jeden Morgen um 9.30 Uhr fährt das Flügelboot vom Landungssteg in Alt-Gagra ab. Es ist weiß und schnell.

Jetzt ist Vollmond. Er kommt jeden Abend hinter den Bergen hervor, ebenso wie früh die Sonne. Daher wird es erst zwischen halb acht und acht hell, und noch später sieht man an dem Schein auf der rechten vorgelagerten Bergkuppe, ob ein schöner Tag sein wird oder nicht.

Der junge Mann, der zwei Zimmer weiter wohnt mit seiner Frau, wir halten die beiden für Esten oder so etwas. Er ist immer mit schweren, finsteren Gedanken beschäftigt und sitzt schon früh, wenn wir alle aufstehen, arbeitend in seiner Laube. An den Strand geht er nur kurz, um zu baden.

Unsere Nachbarn, die uns zur Verzweiflung bringen, weil sie mit zwei Freunden den ganzen Tag und einen guten Teil der Nacht in ihrer Laube sitzen und Karten spielen, dabei gar nicht auf die Idee kommen, daß sie stören könnten.

Unser Telefonat neulich – eine Geschichte für sich. Nach ausgedehnter Sekt- und Wodka-Partie kommen wir an, die Dewotschka [Fräulein an der Rezeption] empfängt uns mit Vorwürfen, warum wir nicht eine Stunde eher da waren für das Gespräch aus Moskau, dahinein will Bunjak mir unbedingt auf englisch erzählen, daß in Suchumi ein Schiff mit deutschen Touristen angekommen ist. Schließlich wird nachgefragt, was mit dem Berlin-Gespräch ist, es heißt, man wisse nichts davon. Dafür muß ich sofort mit Moskau sprechen, mit Krymow, der ausgerechnet jetzt einen Artikel über die deutsche Jugend haben [will], ich mache ihm klar, daß das nicht geht, da hinein ruft immer das Telefonfräulein auf russisch, ob ich ein Gespräch nach Berlin angemeldet habe, ich sage ja, sie: Wir sollten unser Gespräch beenden, Krymow will aber immer noch auf seinem Artikel beharren; es war ein heilloses Durcheinander. Schließlich hörte ich ganz fern Muttis heisere Stimme, dann auch Annette, wie ein Hauch. Ich stopfe mir den Finger ins Ohr und kann doch nur mehr erraten als hören, was sie sagen. Von Winterschuhen ist die Rede, ich erwidere naiv: Aber es ist doch Sommer!

Maria Sergejewna war das ganze letzte Jahr in einem Massenprozeß gegen eine Diebesbande. Es ging um Werte von 40 Millionen alter Rubel, man hatte gefürchtet, der Anführer werde zum Tode verurteilt. Aber er bekam 15 Jahre, »und alle waren glücklich«. Sie hat aber das Geld noch nicht, das ihr für diesen Prozeß zusteht, hat Schulden machen müssen und war neulich ganz aufgekratzt, als ihre Freundin ihr in einem Vers-Brief ankündigte, daß das Geld nun bald angewiesen werde. – M. S. sagte neulich, sie hat keine Lust mehr auf die Arbeit, es sei ermüdend, langweilig ... »Ich verteidige nicht gerne einen Menschen, der einen anderen totschlägt, um zehn Rubel zu bekommen.« »Kommt es oft vor?« »Nun ja, ziemlich oft. Die Menschen sind doch alle verrückt geworden.«

»Leute bleiben Leute« sagte sie ein andermal.

Plötzlich hin und wieder längere und kürzere Durchblicke von Offenheit. Über die Kritik an unseren Filmen – sie findet sie unmöglich – auf die Zustände überhaupt. Daß man hier vor sechs, sieben Jahren freier geatmet habe. Das neue Gesetz, bis zu drei Jahren. »Ob man uns auch noch so drückt, wir sind die lustigsten Menschen der Welt.« Nach der Arbeit geht man nicht schlafen, trifft sich, trinkt, lacht ... »Nun, was soll man machen.«

Ventile. Die Zusammenkünfte ziemlich inhaltslos mit der Zeit, wir merken es schon hier, wo jetzt fast jeden Tag irgendeine fête sich ergibt. Gestern bei einem Advokaten, der sich wunderbarerweise auch noch eingefunden hatte, nach und nach zehn Leute auf dem Zimmer. Kaffee auf gekauftem Kocher, dann wurde Kognac geholt.

Vietnam spielt hier keine Rolle. Die Chinesen. M. S. ahmt haßvoll ihre Schlitzaugen nach. Die Vorbehalte gegen die »Hiesigen«, die nicht arbeiten und durch Handel ein leichtes und schönes Leben führen. Gestern durch zwei Witze auch das Mißtrauen gegen die Hilfe, die man den Afrikanern erweist. (Der dritte sowjetische Spezialist wird nicht gefressen, weil er mit dem Häuptling zusammen die Lumumba-Universität beendet hat. – Die afrikanische Regierung, der man die Unabhängigkeit gegeben hat, fällt vor Schreck von der Palme.)

Man will jetzt hier endlich selbst leben, hat die Entbehrungen um irgendwelcher Ideen willen gründlich satt.

Die Zustände in Mittelrußland, wenn man mit dem Auto durchfährt: barfuß, schmutzig, betrunken. »Was brauchen diese Menschen? Eine Flasche Schnaps!«

»Wenn die Chinesen losgehen, werden wir ganz allein sein. Ich glaube, die Amerikaner werden uns nicht helfen.«

Auf einer breiten, nicht sehr von Kultur durchdrungenen Unterschicht liegt die verhältnismäßig dünne Schicht der Städte.

»Wir haben eine gute Jugend: gebildet, klug. Aber man versteht nicht, was sie braucht, und daß man ehrlich mit ihr reden muß. Sie ist skeptisch.«

Sie will nichts mehr vom Krieg und Kampf sehen, sie ist müde.

Der Prozeß vor 1 Jahr. Ihr Klient ein Arzt, der sich an dem Massendiebstahl beteiligte. 12 Jahre. »Er hat von 10 Jahren geträumt ...«

»Manchmal weine ich, wenn ich abends vom Gericht nach Hause komme. Wenn ein Mensch unschuldig ist und man das dem Gericht nicht klarmachen kann ...«

Ist nicht vielleicht dieser innere Kampf um die Erhaltung der Persönlichkeit eine typisch westliche Erscheinung, ein Ideal, auf wenige europäische Länder beschränkt? Und sonst überall geht es einfach um das nackte Leben? Schon hier unten, wenn man sich die Leute ansieht ... Gestern in Suchumi zum Beispiel.

Da hat natürlich auch der Kommunismus andere Varianten. Nicht mehr die Gesellschaft, die jedem einzelnen ermöglichen soll, seine Fähigkeiten zu entfalten ...

Man fühlt hier deutlich wie nie, daß alles weitergeht, auch wenn man nicht dabei ist, und daß man das in Zukunft nicht vergessen sollte.

Ninotschka mit ihrem deutschen Freund, der plötzlich im Gespräch ist. Er wohnt in Rostock, und sie will darüber nicht sprechen. Wie sie Süßigkeiten futtert und Wein trinkt und den Jura nur bis an einen gewissen Punkt kommen läßt.

Ljowa, immer bereit mit seinem blauen Wandertäschchen.

Wie ich beinahe mit Hosen nicht ins »Gagribsch« gekommen wäre.

Mutter von M. S. halb Deutsche, halb Armenierin. Ihre Vorliebe für die Schlager der 20er Jahre: Was will der Meier auf dem Himalaja – und: In der Nacht ist der Mensch nicht gern alleine – und: Ausgerechnet Bananen und: Was machst du mit dem Knie, lieber Hans, beim Tanz.

Der Kurde, der sich immer verbeugt und den ich immer im Verdacht habe, betrunken zu sein.

Die Leute sind listig geworden, um zurechtzukommen.

»Glauben?« sagt M. S. »An nichts mehr. Als junges Mädchen habe ich das alles ja geglaubt. Umso bitterer war dann die Enttäuschung.«

Mögliche Ehrlichkeit von Funktionären.

»Wissen Sie, darauf ist mir schwer, genau zu antworten. Jedenfalls, wenn ich in der Partei wäre, hätte man mich schon vor langen Jahren hinausgeworfen. So lebe ich als parteilose Frau, mache meine Arbeit, und nichts weiter.«

Eine Hoffnung noch: daß allmählich doch alles etwas besser wird.

Liebt Pasternak, Paustowski, Kasakow, Dostojewski. Traut nicht der Ehrlichkeit Ehrenburgs, Simonow wird wohlwollend zur Kenntnis genommen: »Aber man kann doch nicht das ganze Leben über den Krieg schreiben, man kann doch nicht nur von Erinnerungen leben.« Scholochow wird als schlechter Charakter verachtet: Früher war er ehrlich, dann kam er hoch und wollte oben bleiben, wurde ein Säufer, hat ja auch nichts mehr geschrieben.

Die Anpassungen der Leute werden genau registriert. M. S. hatte neulich die Kosmopolitismus-Artikel von Ehrenburg in der Hand ...

Bestimmte Witze werden nicht übersetzt. In größerem Kreis bleibt das Gespräch bei Unverbindlichkeiten.

Kosík über das Verhältnis von empirischen Verhältnissen und vergänglichen oder lebenden Werten, von Relativem und Absolutem zueinander, höchst aktuell in einer Zeit von »entleerter, entwerteter Empirizität«. Aus diesem Widerspruch muß sich doch ein großer Konflikt herauslösen lassen!

Funktionäre als zum großen Teil überflüssige, unproduktive Schicht. Wenn historischer Vergleich gesucht wird, muß man leider immer wieder auf die katholische Kirche und ihr Priesterheer zurückgreifen.

Eine geistige Erneuerung des Marxismus wird aus der SU wahrscheinlich kaum kommen – zuwenig Gärung, zuviel Resignation. Zuviel Leiden wahrscheinlich hinter ihnen, sie sind erschöpft. Zu groß die Trägheit des riesigen Landes, die sie ja bei jedem Schritt hinter sich herzerren müssen.
Geläufige Wörter: Aber die Menschen ändern sich doch nicht! Menschen bleiben Menschen. Sie wollen ihre Ruhe haben und wollen leben – und haben sie nicht recht?
Da man nebenan in einer fremden Sprache Karten spielt, stört es mich nicht.

»Der neue Mensch« existiert gar nicht – das war die raffinierteste und vielleicht den Täuschern selbst unbewußteste von allen Täuschungen.
Es gibt keine großen Charaktere mehr, die, wenn sie einsehen müssen, daß sie nicht alles haben können, das, was sie doch besitzen, hinwerfen und ihren Beraubern ihr verächtliches »Nichts!« zurufen. Es gibt nur verschiedene Stufen der Anpassung an das Mögliche – jedenfalls jetzt. Wir haben noch gesehen, wie durch Nichtanpassung an das Mögliche das Banal-Mögliche bis auf das scheinbar Nicht-Mögliche erweitert wurde. Das können wir nicht vergessen, wollen uns nicht abfinden mit dem jetzigen Zustand, über dem unsichtbar die Losung steht: Bewahre das Vorhandene!
Die Kunst auf »Parteilichkeit« gründen wollen hieße, sie auf etwas Abgeleitetes zu gründen – wo sie doch gerade Kunst wird, wenn sie vom Ursprünglichen ausgeht. Das geschieht aber wohl heute nirgends mehr.

4. 11.
Vorbereitung zu den »праздники« [»prasdniki« – Feiertage] besteht im Anbringen von Losungen – sehr hoch und sehr lang –, im Kalken der Raseneinfassungen, Abwaschen der Tore usw.

Maria Sergejewna, Nina, Sola, Mark, Gerda sind abgefahren. Eigenartig, wie sich nach und nach doch die Charaktere enthüllten. Mark, der erst in den letzten Tagen zu reden begann, wenn auch knapp, über seine Zeit in Deutschland, ein Jahr hat er in Berlin-Weißensee gewohnt, in einem Zimmer, an dessen Decke eine Blindgänger-Bombe hing, die entschärft war. In der Frankfurter Allee hat er ein Mädchen gehabt. Über Oberst Petershagen, der die Stadt nicht hätte dem Feind übergeben sollen. Am letzten Abend avancierte er zum Haupthelden in meiner Geschichte, der nichts sagt als »солнца никогда не будет« [»solnza nikogda ne budet« – die Sonne wird niemals scheinen]. Er habe sich, sagte er, damit abgefunden, daß alle Leute denken, er habe es wirklich gesagt. Plötzliches überraschendes Einverständnis. Gegenseitige Anziehung, die darauf beruhte, daß er fühlte, ich habe eine Ahnung von ihm (vielleicht von ihm, wie er früher war), und er erinnerte sich plötzlich wieder der verschütteten eigenen Ahnung.

Am letzten Mittag machte Sola ihm eine gräßliche Szene: weil er sich nicht von seinem Kartenspiel mit einer Dichterin - unsere Nachbarin - losreißen konnte. Es mußte ihm sehr peinlich sein, sie verlor vollständig die Beherrschung, aber er blieb ganz ruhig. Nachher kam er sich verabschieden mit den Worten: »Пусть всегда будет солнце« [»Pust wsegda budet solnze« – »Möge die Sonne immer scheinen«, bekanntes russisches Lied von 1962] und: er würde hierbleiben, wenn er könnte. Wir standen eine Minute schweigend und verlegen herum, bis er seine Zigarette aufgeraucht hatte.

M. S. am letzten Abend: »Das ist überhaupt die Kraft der russischen Menschen, daß sie zusammenkommen, fröhlich sind usw.« Sie erzählte von der Familie, von der sie schon vier Mitglieder verteidigt hat, und wie sich der Ruf eines Verteidigers von Mund zu Mund fortpflanzt.

Nina am Abend beim Abschied über ihren deutschen Freund: Er heißt Dietrich, und sie wünscht, daß er immer gesund sein soll. - Nina und der Bär Jura, der sie am liebsten vernaschen wollte, aber sie ließ ihn nicht.

Der blonde estnische (?) Dichter, der mit seinem ganzen Benehmen ausdrückt: Ich kann nicht anders. Der im Bademantel sitzt und arbeitet, Freiübungen macht, ins Meer springt, ernsthaft mit seiner netten jungen Frau zum Essen geht. Heute sagte er zu unserer großen Überraschung sehr freundlich: »Morjen« zu uns.

Deutsche Worte im Russischen: »бутерброд« [Butterbrot], »шлагбаум« [Schlagbaum], »парикмахерская« [parikmacherskaja – Perückenmacher = Friseur], »маршрут« [Marschroute].

Interessante Überbleibsel aus der Franzosenzeit von 1812: »шаромыжник« [scharomyshnik]: von cher ami, so haben die hungrigen Soldaten die Bauern angebettelt, jetzt ist ein »шаромыжник« ein Mensch, der überhaupt nichts hat, ein Verlorener.

»шваль« [»schwal« – Gesindel, Lumpenpack]: Von cheval, Pferd: die Pferde lagen tot herum, шваль ist ein Haufen Dreck, etwas Zugrunde-gegangenes, Verkommenes.

Hier ist das Stillerwerden, Gleichgültigerwerden und Sich-Anpassen der Leute vielleicht noch stärker als bei uns.

Vorgestern früh war es plötzlich ganz schwül und bedeckt. Ich fühlte mich schlapp. 25° schon am Morgen, dabei ziemlicher Wind. Gegen Abend ging die Schwüle zurück, gestern vormittag Regen, nachmittag immer stärkerer Wind, die Wellen so hoch wie nie. Wir stiegen den Berg hoch, kamen in eine wilde Ecke, fast so viele Hunde wie Kinder, die Schweine liefen auf den Wegen rum. Heute früh kühl, nur 15°, Wasser immer noch mit Brandung, aber schwächer, und ganz klarer Himmel mit wunderbarer Sonne.

Ich habe, ohne es natürlich genügend durch Beispiele stützen zu können, das Gefühl, daß die geschichtliche Rolle, die die Sowjet-Union auch in Zukunft wird spielen müssen, ob sie will oder nicht, wenig noch durch den Willen ihrer Einwohner unterstützt und getragen wird. Man hat durchaus genug von »Geschichte«, die sich, wie man erfahren zu haben glaubt, zum normalen, im gewöhnlichsten Sinn menschenwürdigen Leben notwendigerweise so sehr in Widerspruch setzt.

Auch zu sehen, wie die nach ihren Möglichkeiten doch ungeheuren Produktivkräfte dieses Landes nur an wenigen Punkten wirklich zusammengefaßt und ausgenutzt werden, das Übrige lässig liegengelassen wird – wie hier in den Kaukasus-Wäldern die Kastanien verkommen … Es ist, als fehle dieser riesigen Menschenmasse etwas wie eine Durchorganisierung durch produktiven Geist, oder als habe er jedenfalls erst einen geringen Teil dieser Masse erfaßt, und die übrigen sind in aller Ruhe noch auf andere Ziele aus. Aber gerade das ist auch wieder für uns anziehend, die wir aus einem durchorganisierten Ländchen kommen, in dem zwar produziert wird, aber immer mehr der Geist verlorengeht.

5. 11.

Neulich im Kino unter den satirischen Vorfilmen einer, bei dem man eine ältere Frau mit viel Gepäck durch Moskau schickte und mit versteckter Kamera aufnahm, ob ihr jemand helfen würde. Man fragte sogar jüngere Leute, warum sie nicht halfen, und kriegte anscheinend ziemlich patzige Antworten. Am Ende kam eine ebenso alte Frau und nahm ihr einen Koffer ab. – Der Reporter seinerseits versuchte bepackten alten Frauen Gepäck abzunehmen und wurde überall mißtrauisch abgewiesen.

Gestern, wie üblich, eine uralte Wochenschau vom August. 10 Minuten lang die berühmtesten Redner von der damaligen Sitzung des Obersten Sowjet. Das Publikum wurde leicht unruhig. Danach ein Film vom Len-Film-Studio »Девочка и мальчик« [»Maltschik i dewotschka« – »Der Junge und das Mädchen«], in Farbe, wie ein sympathischer Leningrader Junge ein Küchenmädchen auf der Krim verführt, ihr dann nicht mehr schreibt, sie mit einem Kind, von dem er wohl nichts weiß, sitzen läßt, große Gretchentragödie, überhaupt keine Handlung, sie kriegt eben das Kind und bleibt allein. Ab und an fährt unmotiviert ein Schiff über den Horizont, und alle haben schöne Kleider an, wie es sie hier gar nicht gibt. Das Publikum nahm lebhaft Anteil, und wahrscheinlich sind die Filmemacher sehr stolz auf ihren Mut. Funktion eines Aufklärungsfilms, aber man weiß am Ende auch nicht, was er denn nun den Knaben und Mädchen rät. Mit einer Werbung für Verhütungsmittel würde das Ganze gegenstandslos – oder mit einer Änderung dieses Gesetzes von 1944 gemildert.

Lowa heute mit Russenhemd. Er sitzt ganze Vormittage, seinen Fransenhut übergestülpt, schachspielend am Strand.

Unsere kleine Frau, die mich warnt, meinen Badeanzug abends auf dem Balkon hängen zu lassen.

Lenotschka, die alles im Wasser macht: Раз, два, три ... [Ras, dwa, tri – Eins, zwei, drei]. Als sie heute wegfährt, wirft sie wie alle ihre 10 Kopeken ins Wasser, ich schenke ihr einen Hühnergott, und sie mir dafür einen kleinen gemusterten Stein.

Die Medusen, die manchmal draußen im Wasser schwimmen.

Die Frau mit der blaßroten Rose vorne auf ihrem schwarzen Kleid. Am ersten Abend wurde sie immer von dem gleichen Mann zum Tanz aufgefordert, später wich sie ihm wohl aus.

Die Frauen am Strand mit ihren unter die Sonnenbrille geklemmten Nasenhüten.

Die Schiffe, die bei ganz ruhigem Wasser und verschwimmendem Horizont zwischen Himmel und Meer zu hängen scheinen.

Die drei pulloverstrickenden einsamen Mädchen am Strand.

Die Hubschrauber, die direkt über den letzten Häusern vor den Bergen hängen.

Die Dichterin, die den ganzen Nachmittag Karten spielt und dann abends plötzlich Verse skandiert.

Wir haben den Mond hier zu- und wieder abnehmen sehen. Abends kommt er spät hinter den Bergen hervor, aber morgens steht er dafür lange blaß am Himmel.

Als wir kamen, ging die Sonne pünktlich um halb sieben unter, inzwischen versinkt sie kurz nach sechs. Gestern noch lange danach ein unglaubliches und unbeschreibliches Farbenspiel in rot, gold, grün und blau mit allen Schattierungen. Ein Flugzeug zog einen geraden goldenen Streifen eine Handbreit über den Horizont.

Wie heute das Meer flaschengrün war. Die letzten Tage: Helle, starke, aber kaum noch angreifende Sonne.

Wie die Sonne ganz schnell über den Horizont rollt und zum Ende, in der letzten Sekunde, wirklich nicht mehr ist als ein rotschmelzender Punkt.

6. 11.

Gestern abend »Война и мир« [»Woina i mir« – »Krieg und Frieden«].
Der ältere Bauer, von dem wir noch zwei Karten bekamen. Fragte uns
dann, da wir nebeneinander saßen, woher wir kämen, wo wir hier wohnten, und vor allem, was die Putjowka [der Kur-Scheck] gekostet habe,
um das alles getreulich seiner Frau weiterzuberichten.

Der Film selbst nicht so schlecht, wie hier allgemein behauptet wird.
Sogar sehr gute Partien. Am Ende der zweiten Serie, die verfrüht herausgegeben ist, nur noch innere Monologe von Bolkonski, Landschafts-
aufnahmen unterlegt. Das Publikum fing an, rauszugehen.

Erfahrung mit Stimmung zusammenbringen. Abschied vom Sommer –
aber von diesem bestimmten Sommer.

Die Wächterin vor unserem Trakt – Ausdruck des überall herrschenden Formalismus.

Die Berge beginnen sich herbstlich zu färben.

Ein besonders heißer Tag hat den Herbst eingeleitet.

Das Meer beginnt zu tanzen.

Palmen vor brandrotem Himmelssaum.

Die kühle Haut nach dem Baden. Die Wohltat warmer Suppe.

Wie die immer noch heiße Sonne und die nun schon kühle Luft gegen-
einander streiten.

Eine einzelne große, kompliziert gebaute Wolke über dem Berg.

Der blasse Mond verschwindet erst mittags.

Am wunderbarsten, wenn das Meer bewegt wird von einem Wind, der
nicht bis zu uns dringt.

Dasselbe Leben blickt uns aus dunklen Augen und braunen Gesichtern
an. Aber *ist* es dasselbe Leben?

Abends auf der Straße – es ist ja nur eine Straße da – sieht man: Der
Wein sitzt hier locker.

Wenn man den kalten Wein mittags in die Sonne stellt ...

Wenn es zu kalt wird, nachmittags in der Sonne in der Laube zu schreiben, wird es Zeit zu verschwinden.

Die letzten überzähligen Tage geben den Ausschlag.

Völlige Abwesenheit von Zeitungen, fast auch von Nachrichten.

Die besten und heitersten Gespräche waren die über unsere Pläne, aber wir trafen auch Leute, die ohne Wein nicht mehr heiter werden konnten.

Giordano Bruno lesen, der *nicht* widerruft.

Die vielen Hunde, die alle nicht bösartig sind und im Überfluß leben.

Die Lichter in den Küchen, in die man hineinsehen kann, wenn man abends vorübergeht, am Hang. Von ferne jedes Licht ein Punkt.

Mit Erstaunen sieht man, daß man am Ende auf alle Fälle weiter ist als am Anfang, und daß dafür vielleicht gerade die überzähligen Tage den Ausschlag gaben.

Drei Wochen – nicht lang genug für Freundschaft, zu lang, um kalt zu bleiben.

Auch die Kinder werden gut behandelt. Am Hang spielen sie Fußball, wenn sie zur Schule gehen, bindet man den Mädchen weiße Schleifen ins Haar.

Die Versuchung, von dem zu leben, was da wächst – der man unterliegt.

Der Kulturleiter, der heute den ganzen Mittag über Luftballons aufpustet.

Die frisch frisierten und schrecklich duftenden Köpfe der Leute vor den Feiertagen. Hochbetrieb bei den Friseuren.

Am subtropischen Park stehen weiße marmorne Sportlerfiguren, zum Beispiel eine Diskuswerferin, mit Badeanzug.

Am Schwanenteich der kleine Bogenschütze.

Künstler haben es fertiggebracht, im Angesicht der herrlichen Bucht ein gemaltes Abbild davon anzubringen.

Der Berg, auf den man schwer einen Einstieg findet. Die Treppen, die immer bei einem bestimmten Haus enden.

Die Gerüche auf dem Berg: gegorener Wein, Fäkalien, Essen.

Heute abend sahen wir eine Kuh in aller Ruhe Blätter von einem Feigenbaum fressen.

Die Straße, die sich immer weiter in die Wildnis des Berges vorfrißt.

Wie man zur komischen Figur werden kann, allein dadurch, daß man Kaffee verlangt.

Die heimlichen Mandarinenverkäuferinnen vor dem Eingang des Marktes. Nach Kiew fahren und Mandarinen für 4 Rbl. das Kilo verkaufen.

Wie auf dem Berg jeder m² ausgenutzt ist. Die große Mandarinenplantage mit dem Wächter mit Flinte und Hund.

Die große Gleichgültigkeit der Natur, der wir, nach unserer Natur, etwas entgegensetzen müssen.

Ein Gleichnisstück über den Philister moderner Prägung, der alles wegfrißt, jedes Übel zuläßt und nur noch seine Ruhe will. Auf beiden Seiten der Welt anwendbar.

Wir sind hierhergekommen, um etwas zu suchen. Was aber? Und: Haben wir es gefunden?

Wir schleppten soviel wie möglich von uns mit, vergaßen manches davon, und gegen Ende kam es wieder in uns hoch. Der Schlaf wurde flacher.

Heute der Regenguß auf alle die Oktoberlosungen und Plakate.

Der Gruß zum Feiertag: »С праздником!« [»S prasdnikom!« – Frohes Fest!]

Gestern Vorfeier im San. [Sanatorium] »17. Parteitag«. Eine Luxusanlage in jeder Hinsicht. Tanz im Freien, mit »Attraktionen«. Der dortige Kulturleiter – eine Obraszow-Figur. Volkstänze werden inszeniert, Kinder. Tatsächlich taucht auch der Autor von »Пусть всегда будет солнце« [»Möge die Sonne immer scheinen«] auf, und das Lied wird gesungen.

Die Leute brennen auf jedes Vergnügen, aber sie kommen kaum dazu, sich darin auszugeben – außer beim Trinken.

Interessant, daß es keinen Emigrantenroman eines deutschen Autors aus der SU gibt.

Heute früh Musik und Tanz in der Vorhalle.

Ljowa sagt, daß er, obwohl es schwer sei in diesen Zeiten, immer versucht, bei guter Laune zu bleiben. Bei ihm zu Hause hängt das ganze Jahr über ein Bild: Ein schönes Mädchen mit einem Champagnerglas, das zum neuen Jahr gratuliert.

Wer ist Mitchell Wilson? My Brother is my enemy, Life in thunder [»My brother, my Enemy«, »Life with Lightning«].

Man möchte die Zeit festhalten, aber wir müssen sie ausgeben, um mit uns selber bekannt zu werden.

Wir sitzen mit Erinnerungen auf einer Bank.

Die schnellen Wetterumschwünge hier.

An jedem Strand gibt es den Unverzagten, der abends noch mal ins Wasser geht.

Prometheus am Felsen. Später trägt er, um dem Gott Genüge zu tun, nur noch seinen Splitter im Ring.

Dann bricht die Unruhe all dessen herein, was noch zu machen ist. Keinen Tag mehr länger spazieren gehen, baden, in der Sonne liegen.

Die Opfer, die man dann bringt, wenn die Wendung der Sache schon sicher ist: Aus Mitleid mit den Göttern, damit sie nicht als Lügner dastehen.

Hier gelesen:
Madame Bovary
Rahel Varnhagen
Hebbel-Tagebücher
Sterne: Empfindsame Reise
Goethe-Schiller-Briefwechsel
Bachmann: Erzählungen, Gedichte, Hörspiel
Sinn+Form: Fuentes: Der Tod des Artemio Cruz

Die Stunden in dem großen vollen Kino auf den harten, knarrenden Stühlen. –

Als wir ankamen, dachten wir, was man mit dem schmalen Streifen zwischen Bergen und Meer anfangen kann. –

Wir dachten, wir werden unverändert hier weggehen. Aber nicht nur unsere Haut hat sich verändert.

9. 11. 66, Abreisetag aus Gagra, letzter Morgen. Noch einmal Sonne nach zwei regnerischen Tagen. Schon in Moskauer Winterkleidung. Noch einmal mit diesem Heft auf der oberen Plattform.

Gestern, nach dem späten und uns alle überraschenden Zusammentreffen mit Dymschiz, langer Abendspaziergang mit ihm. Vorsichtiges Gespräch mit plötzlichem Ausbrechen zu Offenheit. Olga Bergholz und ihre drei Männer. »Ich weiß nicht, wie sie noch lebt. Sie hat das Schwarze Meer ausgetrunken.« Über »Nowy Mir« [Literaturzeitschrift] und Twardowski: der kritische Teil sei sehr polemisch, zu polemisch, ohne rechten Streitgegenstand. T.s Geschmack sei konservativ im Künstlerischen. Ein bäuerlicher Gesichtspunkt, von dem er ausgehe. In »Lit. Gasjeta« habe von Lifschitz, dem theoret. Kopf von »Nowy Mir«, ein Artikel gestanden, in dem Picasso, Matisse und verschiedene andere einfach unter die Dekadenten gerechnet wurden.

Beginn des Gesprächs vom Film »Крылья« [»Krylja« – Flügel] (Schwingen), den er wie wir interessant fand und der hier den meisten nicht gefallen hatte. Er zeige, daß man im gewöhnlichen Leben nicht mit militärischen Mitteln arbeiten könne (das war nicht unser erster Aspekt bei diesem Film).

»Wir haben jetzt so viele Meinungen – vielleicht, weil es früher nur eine Meinung gab, daß man überhaupt nicht mehr weiß, wie sich durchfinden.«

Daß er schwer getroffen war von der Diskussion um Ole Bienkopp, daß man nicht verstehe, daß eben das der Realismus sei, nicht einseitig, sondern dialektisch. Auf unsere tastenden Erklärungsversuche, bei denen wir hin und wieder eine Spitze heraussteckten, ging er wenig ein. Nur dann, als wir auf der Bank am Meer saßen und von der Grundproblematik sprachen, der Entideologisierung durch den Ökonomismus, stimmte er lebhaft zu und erweiterte dieses Problem auch auf andere Länder. Ich erzählte von meinen Beobachtungen unter den Linden. Er sagte: »Was Sie da sagen, ist hochwichtig und könnte ein bahnbrechendes künstlerisches Thema sein. Ein Mensch, der alles das von einem hohen Standort aus sieht, ein kraftvoller Mensch, ein Ole Bienkopp in der Stadt.« – »Nicht so einfach, das würde sicher ein Einzelgänger sein müssen.« – »Das glaube ich nicht. Er könnte auf die moralischen Reserven im Volk zurückgreifen.« »Die sind vorhanden, besonders in der Jugend. Aber alles das, was ich eben kritisiert habe, ist ja nicht gegen die Partei oder im Selbstlauf entstanden, sondern gerade mit Unterstützung der Partei.« – »Ja, die Partei muß solche Sachen machen, aus ökonomischer Notwendigkeit, denken Sie an unsere NEP-Zeit, da war es dasselbe. Aber sie muß sich moralische Reserven erhalten. Eine andere Frage ist, ob sie sie ausnutzt.«

Er erzählt über viele Filme, war Chefdramaturg des gesamten Filmwesens.

Über »Krieg und Frieden« – zu illustrativ, nicht psychologisch genug. Schlachtenszenen sehr gut, aber wie von Stendhal, nicht wie von Tolstoi.

Mischung zwischen konservativ und fortschrittlich, immer auf ausgewogene Urteile bedacht. Hat Ende des Krieges in Libau/Estl. erlebt, bekam Telegramm, das ihn nach Berlin berief, kam nur bis Posen mit dem Zug. Hat in Leningrad 14 Angehörige verloren. Der ganze Krieg wurde in großem Haß geführt. Aber als er die ersten zivilen Deutschen sah, verhungerte, ausgemergelte Gestalten, Frauen und Kinder, in Waggons zusammengepfercht, da schlug sein Gefühl um: Er bekam Mitleid und konnte in Berlin ohne Schwierigkeiten mit den Deutschen zusammenarbeiten.

Unser Redakteur, der ganz und gar von seiner Hilflosigkeit durchdrungen ist, sich aus den Wellen retten läßt, ohne wirklich in Gefahr zu sein, erzählt, wie wenig er und wieviel sein Chef verdient – der auch anwesend ist –, sagt, wer alles heute so und morgen so redet.

Dymschiz noch: Was für eine schreckliche Situation das mit dem geteilten Deutschland sei, daß an eine Wiedervereinigung gar nicht zu denken sei. Wie denn das Volk denke. Die Jugend. – Nennt unsere frühe Zeit: »romantisch«.

Am Nachmittag mit den drei Litauern. Entschiedene Meinungen. Angehörige eines Volkes, das um seine Existenz kämpft. Das Jonas-Problem. Wie sie den Film »Niemand wollte sterben« sehen. Daß die historische Wahrheit noch nicht ausgesprochen werden kann. Nennen eine ungeheuerliche Zahl von 25 Millionen. Keine lit. Familie sei verschont. 3 Mill. Einwohner, davon 1 Mill. Russen, Polen, Juden, in den Städten sehr gemischte Bevölkerung, auf dem Lande litauisch. »Jedes Volk will leben.« Fürchten die Assimilation weit stärker als den Nationalismus. Erreichen aber die Welt sowieso nur über das Russische, keine Frau, die auf dem Dorf Lehrerin ist und nebenbei Russisch studiert.

Heute früh lange über einen künftigen möglichen Plan gesprochen, einen Stoff, der wirklich national wäre und eine Chance hätte, so in das

Volk einzudringen wie »Krieg und Frieden« hier. Was alles wir uns bis jetzt durch enges Klassendenken haben entgehen lassen. K. W. [Konrad Wolf] als Hauptgestalt, oder als eine Kristallisationsfigur. Notwendige Suche nach der künstlerischen Klammer. Gegenfigur, die ins Pragmatische abgleitet. Plan systematisch bearbeiten und erweitern, anreichern. Er ist die eigentliche Ausbeute dieser Wochen. Nicht mehr in dumme andere Kämpfe hineinziehen lassen. Die Bedingungen schaffen, daß man das machen kann. »Mann kehrt heim« und »Preisgericht« als Vorstadien. Reife, die man erworben hat, ausnutzen. Lesen. Leute ausholen. Arbeiten.

Dünne, blasse Sonne. Das Meer blinkt. Es hat seine zehn Kopeken. In 20 Minuten fahren wir. Bcë. [»Wsjo« – Das war's].

Gerhard Wolf zur vierten Reise

Wir reisten auf unsere Initiative und mit dem Honorar für die russische Ausgabe von »Der geteilte Himmel« (deutsch 1963; russisch »Расколотое Небо« – »Raskolotoje nebo«, 1964) in ein Erholungsheim in Gagra, Georgien/Swanetien, das auch von Gästen des Schriftstellerverbandes der UdSSR besucht wurde. Zuvor trafen wir in Moskau den Übersetzer der Buchausgabe des »Geteilten Himmels«, Nikolai Bunin. Ferner besuchten wir die 70 Kilometer nordöstlich gelegene historische Stadt auf dem Goldenen Ring, Sagorsk, die heute wieder Sergijew Possad wie im 18. Jahrhundert heißt. Dort befindet sich das zum UNESCO-Weltkulturerbe gehörende Dreifaltigkeitskloster Troize-Sergijewa Lawra. Einen ausgedehnten Spaziergang in Moskau – Christa hat es nicht festgehalten – machten wir mit Lew Kopelew (1912-1997). Er informierte uns über das literarische Leben in der Stadt, über Dichter und Schriftsteller, die in den offiziellen Gesprächen mit den Mitarbeitern des dortigen Schriftstellerverbandes diskriminiert oder gar nicht zur Kenntnis genommen wurden. Seitdem liefen unsere Begegnungen auf zwei verschiedenen Ebenen, der privaten und der offiziellen.

Kopelew trafen wir zum ersten Mal bei einem seiner Besuche in Ost-Berlin 1965 in der Wohnung von Anna Seghers. Er schreibt dazu in seinem Tagebuch vom 27. Juli 1965: »[...] Eingehend fragt sie nach Brodskij. Sie geht hoch, wenn ich schlecht von Ehrenburg rede. ›Er ist mein Freund, der hat 1940 in Paris meine Familie gerettet, wenn du so über ihn reden willst, dann geh‹. Rod schaltet sich ein, beruhigt uns. Er bewirtet uns mit schwerem ungarischen Rotwein. Bei Anna lernte ich Christa und Gerhard Wolf kennen.« Seitdem standen wir, bis zu seinem Tod 1997, in freundschaftlicher Beziehung. Mit Kopelew verabredeten sich nicht nur Korrespondenten westdeutscher Medien, um sich über die kritischen Köpfe der russischen Verteidiger der Menschenrechte zu informieren; bei ihm war auch Anna Seghers zu Gast, wenn sie offiziell in Moskau war. So beschreibt Kopelew im Tagebuch vom 30. Oktober 1966, als ihn Heinrich Böll besuchte, eine Begegnung, die bisher kaum bekannt ist: »Anna hat gestern mit Heinrich gesprochen: Man will ihm den Leninpreis verleihen, auf Vorschlag von ihr und Aragon. Die meisten

Jury-Mitglieder sind dafür. Heinrich entschieden: ›Bitte nicht. Ich werde diesen Preis nicht annehmen, solange hier zwei Schriftsteller im Lager sitzen. Ich will und kann diesen Preis nicht annehmen.‹ Anna: ›Aber wir können doch keinen politischen Druck auf die Sowjetregierung ausüben.‹ Heinrich: ›Ich will keinen Druck. Ich möchte einfach keinen Preis von einem Staat annehmen, der so mit seinen Schriftstellern umgeht.‹«

In Gagra erlebten wir zum ersten Mal den Süden, wie es Christa Wolf in ihren Aufzeichnungen festhielt. Wir lernten dort neben anderen Moskauer Juristinnen vor allem Maria Sergejewna kennen, eine streitbare Rechtsanwältin, die uns viele bisher unbekannte Aspekte des Landes offenbarte; sie war Ende der 1920er Jahre in Berlin gewesen und sprach ein recht gutes Deutsch, das mit Wörtern aus dem damaligen Berliner Jargon und Phrasen aus Schlagern durchsetzt war; wir freundeten uns mit ihr an und haben sie auch bei späteren Moskau-Aufenthalten immer wieder besucht.

Christa Wolf arbeitete in dieser Zeit an ihrem Buch »Nachdenken über Christa T.«. Sie übermittelte Wladimir Steshenski im Jahr nach der Gagra-Reise den Text, den er enthusiastisch begrüßte, um sich für die Übersetzung ins Russische zu engagieren. 1969 mußte sie ihm dazu eine Absage erteilen, weil das Buch – 1968 erschienen, danach kritisiert, Nachauflagen wurden in der DDR untersagt, erst 1972 wurde es wiederaufgelegt – in den sozialistischen Ländern nicht veröffentlicht werden konnte. Eine russische Fassung erschien 1979 in dem Band »Isbrannoje« (»Ausgewählte Werke«) in der Übersetzung von Sofja Fridland.

Unerwartet begegneten wir Alexander Dymschitz (1910-1975). Er war nach 1945 sowjetischer Kulturoffizier in Berlin mit damals undogmatischen Initiativen (zu Brecht u. a.), aber später von konservativer Haltung, besonders gegenüber Dissidenten.

Ein Schriftsteller, wir vermuteten, er käme aus Estland, sprach uns gegen Ende des Aufenthalts an: Kasis Saja (geb. 1932) aus Litauen, der an einem Stück »Jonas« schrieb, nach der biblischen Legende von Jona, der vom Walfisch verschluckt und wieder ausgespien wird: »Ihr versteht, Jonas ist Litauen, der Walfisch die Sowjetunion.« Saja gehörte 1990 zu den Mitunterzeichnern der litauischen Unabhängigkeitserklärung.

12 Juri Bondarew bei Christa Wolf in Kleinmachnow,
Mai 1968

Der von uns mit dem Regisseur Konrad Wolf geplante Film »Ein Mann kehrt heim« über die konfliktreiche Geschichte eines Spätheimkehrers aus der Sowjetunion, Sohn deutscher Emigranten, hatte nach dem vorliegenden Treatment nicht realisiert werden können: Es war eine Spätfolge des 11. Plenums der SED vom Dezember 1965, des »Kahlschlag-Plenums«, auf dem Christa Wolf als einzige Widerspruch eingelegt hatte. Einen geplanten Roman »Preisgericht« hat sie abgebrochen; ein Manuskript liegt als Fragment im Archiv der Akademie der Künste in Berlin.

Christa Wolfs Reisen weckten zusehends ihr Interesse an der russischen Literatur und deren gegenwärtigen Autoren. So trafen wir in Berlin Juri Kasakow (1927-1982), dessen Erzählungen ohne die aufgesetzten Ambitionen des Sozialistischen Realismus »der Biographie des Innenlebens« seiner Gestalten »den Vorrang« gaben. Das nahm Christa für Kasakow ein, so daß sie zu einem Band seiner ausgewählten Erzählungen (»Larifari und andere Erzählungen«, 1966) ein Vorwort »Das Eigene« schrieb. Für einem Rundfunkbeitrag, gewidmet der Oktoberrevolution 1967, nahm sie sich das wenig bekannte und völlig unkonventionelle Buch von Vera Inber (1890-1972) »Der Platz an der Sonne« von 1928 vor. In ihrem Beitrag betonte sie auf ihre Weise den »Sinn der neuen Sache« und »eine große Lust an allem, was menschlich ist, eine große, produktive Sehnsucht«.

Juri Bondarews (geb. 1924) Romane über Krieg und Nachkrieg wie »Vergiß, wer du bist« (1962) und »Die letzten Salven« (1959) stellten die Ereignisse jener Zeit in ein neues kritisches Licht; er besuchte uns auf unsere Einladung 1968 in Kleinmachnow.

Moskau, 20.12.67

Liebe Christa!

Ich bin ganz begeistert von Deinem »Nachdenken über Christa T.«. Ich finde, daß es wirklich große Literatur ist, die selten erscheint. Sehr, sehr gut! Molodez! (Hoffentlich hast Du die russische Sprache nicht ganz vergessen.) Und man wird letzte Idiot sein, wenn man gegen diese Erzählung dumme Einwände haben wird. Ich habe schon gehört, daß jemand bei Euch sagte, daß diese Erzählung zu wenig optimistisch sei. Wollen wir hoffen, daß der Vernunft das letzte Wort sagen wird und nicht die Dummköpfe.

Wie geht es Dir? Familie? Bei uns waren viele Deiner Landsleute, gabs eine Diskussion 2 Tage lang. Der erste war stinklangweilig, aber der zweite in manchen Hinsicht interessant. Näheres kannst Du von Ewa Strittmatter erfahren, die übrigens gut gesprochen hat, mit eigenen Gedanken usw.

Vielleicht fahre ich Mitte Januar nach München: »Komma-Klub« hat eine Gruppe unserer Schriftsteller eingeladen.

Deine Erzählung habe ich in die Redaktion »Inostrannaja literatura« (an Gen. Tschernikowa) gegeben. Sie wollen sie selbst lesen und zensieren lassen.

Mit herzlichsten Grüßen
Dein Wolodja

CHRISTA WOLF AN WLADIMIR STESHENSKI

Kleinmachnow, den 15. 6. 69

Lieber Wolodja Iwanowitsch,

weißt Du noch, wie Du mir mal eines von Euren schönen russischen
Sprichwörtern so genial übersetzt hast: Bist du Pilz, spring ins Korb? –
Na gut, ich bin Pilz, und daher spring ich eben immer wieder »ins
Korb«, obwohl ich irgendwann ja mal genug davon haben sollte.
Denk nicht, daß ich besonders trübe gestimmt bin, im Gegenteil. Ich
finde, mir geht es gut wie wenigen Menschen. Der Haß, dem ich be-
gegne, wird auf der anderen Seite durch Liebe mehr als aufgewogen.
Gerade in diesen Wochen bekomme ich viele Leserbriefe, die zum Teil
erschütternd sind. Die Leute öffnen mir ihr Herz, erwarten Hilfe in ihren persönlichsten Angelegenheiten, schenken mir Vertrauen wie dem
nächsten Menschen. Arbeit habe ich für die nächsten Jahre mehr als genug, und auch sonst: Alles in Ordnung. Was will ich mehr? Nach einem
trockenen und überwindigen Plätzchen hab ich mich ja nie gesehnt.
Eins tut mir leid: Ihr werdet das Buch nun nicht bringen können. Das
hätte ich wirklich sehr gerne gehabt, ich glaube, bei Euch hätte ich gute
Leser dafür gefunden. – Hier wird übrigens in der nächsten Woche der
Rest der Auflage ausgeliefert, und eine ganze Menge ausländischer Ver-
lage haben sich auch schon angemeldet.
Hast Du schon einen Titel für Deine Anthologie? Wie wäre es denn mit
»Spuren im Morgengrauen«? Vereinigt das nicht Optimismus und tiefere Bedeutung?
Im Sommer fahren wir mit der ganzen Familie 14 Tage nach Ungarn an
den Plattensee. Wenn ich großes Glück habe, komme ich im September
mit [dem] PEN-Club nach Frankreich. Zwischendurch muß ja auch
was geschrieben werden. Das nächste wird ein Eulenspiegel-Film, den
ich mir sehr schön und lustig vorstelle. Ich gebe meinen Kritikern vollkommen recht: Heitere, starke Helden brauchen wir, die durchkom-
men!
Du fragst nach Anna. Ihr geht es nicht gut. Schon auf dem Kongreß
kam sie mir so hinfällig vor, jetzt, vor ein paar Tagen, ist sie in ihrer
Wohnung gestürzt, hat sich, soviel ich gehört habe, die Oberlippe auf-

geschlagen und liegt jetzt wieder im Krankenhaus. Das bedeutet, sie hat wieder so eine Durchblutungsstörung gehabt. Ich mache mir große Sorgen um sie.

Lieber Wolodja, wenn Du nicht dieses Jahr zu uns kommst, dann wird es nichts werden mit einem Wiedersehen. Hoffen wir auf nächstes Jahr.

Grüß mal alle, die ich kenne, besonders Irina und die Töchter. Bleibt gesund und lustig!

Grüß Dich herzlich,

Christa

CHRISTA WOLF: DAS EIGENE (1966)
Juri Kasakow

»Meine Erfahrungswelt ist offenbar die der meisten meiner Altersgenossen. In der Kindheit der Krieg, ein Leben, düster und von Hunger
beherrscht, dann Schule, Arbeit, Studium ... Kurz, eine Erfahrung, die
sich nicht durch besondere Mannigfaltigkeit auszeichnet. Aber ich neige dazu, der Biographie des Innenlebens den Vorrang zu geben. Für
einen Schriftsteller ist sie besonders wichtig. Wer in seinem Innern eine
reiche Entwicklung durchgemacht hat, der kann sich in seinem Schaffen dazu erheben, seiner Epoche Gestalt zu verleihen, obwohl er ein
an äußeren Ereignissen armes Leben geführt hat ...«

Kasakows Prosastücke bewegen sich auf jener Grenze, die zwischen der
herkömmlichen Prosa als dem Bericht von etwas Geschehenem und
der Poesie, dem Instrument für feine, kaum noch registrierbare Vorgänge, aufgerichtet zu sein scheint. Kasakow respektiert diese Grenze
nicht. Er weiß: Poesie hängt nicht von einer literarischen Gattung ab,
nicht etwa von Rhythmus und Reim; sie wird nicht durch die Kunst er-
zeugt und dem Leben »künstlich« aufgesetzt, um es »schöner«, erträglicher zu machen. Poesie ist nicht an die Kunst gebunden, sondern an
die Menschen, an ihr Zusammenleben als Arbeitende, Liebende, einander Stützende, Kämpfende, voneinander Lernende. Die Kunst kann
Poesie nicht machen, nur finden. Sie ist da, wo wahrhaftige menschliche Beziehungen sind. In schwerer Arbeit, sogar in Kummer und Tränen, kann Poesie sein. Nur vor Verlogenheit und Roheit zieht sie sich
zurück.

Poesie lebt im schwermütigen Gesang des Bojenwärters, eines Säufers,
und in der verhaltenen Zärtlichkeit eines Mädchens, das mit ihm ist;
sie lebt in der Sehnsucht jenes jungen Burschen am nächtlichen Lager-
feuer nach »wahrer Reinheit« in der Musik: »Aber ein Lied, besonders
wenn es lang ist, muß seinen eigenen Duft haben wie der Fluß und der
Wald dort.«

Einen Interpreten braucht Juri Kasakow nicht. Seine Geschichten versteht jeder, obwohl sie alles andere als simpel sind. Der heute neunund-
dreißigjährige Autor hat sie vor 1965 geschrieben. Sie konnten erst in

dieser Zeit entstehen – in dieser Zeit, da die sowjetische Literatur, da besonders die jüngeren Schriftsteller, zu denen Kasakow gehört, begannen, wie von neuem unvoreingenommen um sich zu blicken. Zu ihren Entdeckungen gehören feine, komplizierte Vorgänge im Innern des Menschen, schmerzende Zurückgebliebenheit und neue Einsichten in die oft scheuen, einfachen, ja alltäglichen Glücksvorstellungen der Leute, auf die man zu achten hat.

Rußland und der Norden sind die Landschaften der Kasakowschen Prosa. Einer ihrer größten Vorzüge neben Sensibilität ist Konkretheit. Dieser Autor, möchte man meinen, hebt einfach ein sorgfältig – aber auch wieder nicht zu sorgfältig – abgestecktes Stückchen Erde mit allem, was auf ihm lebt und kriecht, behutsam hinüber auf die Seiten seines Manuskriptes. Er scheint das Mittel zu kennen, wie man diese schwierige Operation bewerkstelligt, ohne den Lebensnerv seines Gegenstandes zu verletzen, ohne ihn zu töten oder zu verfälschen. Was vorher lebte, lebt sein wunderbares und manchmal sonderbares Leben weiter, unbekümmert um die Betrachter, die nun nicht ausbleiben (diese typisch russischen Geschichten wurden in den letzten Jahren in fast alle europäischen Sprachen übersetzt). Der Mann, der die Operation gemacht hat, scheint sich selbst herauszuhalten. In Wirklichkeit aber – denn das ist das »Mittel« – gibt er sich jedesmal zu dem Stück Menschen-, Tier- und Pflanzenwelt ganz und gar dazu. Manchmal läßt er es durchblicken und nennt sich »Ich«: »Ich war glücklich in jener Nacht, weil mit dem nächtlichen Dampfer sie kommen würde.« Dann wieder, viel öfter, erlegt er sich Abwesenheit auf zugunsten anderer, sogar zugunsten eines Tieres.

Das »ihm Eigene«. Es ist ein Schlüsselwort für Mensch und Tier in diesen Erzählungen. Kasakows Gestalten sehnen sich nach dem ihnen Eigenen, sie suchen es, sie sind unglücklich seinetwegen und froh, es zu finden oder wenigstens zu ahnen. Darin und nicht nur darin erinnern sie an Gestalten, die wir zu kennen glauben: Gestalten Tschechows, Gorkis, Prischwins, Bunins oder Paustowskis. Ja, auch das »alte Rußland« scheint noch einmal aufzustehen mit rechtgläubigen Sektierern, mit Wallfahrern, Jägern, Fischern, Dorfleuten, mit Nachtwächtern und sehnsüchtig sich hingebenden Mädchen. Dazwischen Krymow, dieser

Moskauer Mechaniker. Er und seinesgleichen, zu denen der Autor sich zählt, sind das unerläßliche Ferment von Gegenwart in diesen Geschichten. Des Autors Blick auf seine manchmal fast urtümlichen Figuren ist ein Gegenwartsblick: direkt, aufrichtig, unromantisch, unbestechlich und nüchtern, dabei liebevoll, nachdenklich, behutsam, staunend und aufmerksam. Er sieht die zarten Züge in scheinbar stumpfen Menschen, wie er die zynische Grobheit des Burschen sieht, der sein Mädchen beim Abschied von sich stößt, ohne Grund, nur um ihr weh zu tun.

»Große« und »kleine« Themen, von denen man oft hören kann, gibt es nicht. Jedes Thema kann großzügig oder kleinlich behandelt werden. Natur kann zur Idylle, Liebe in Liebelei, Trauer in Sentimentalität, Glück in Wohlbehagen verzerrt werden. Doch zu den kleinlichen Naturen gehört dieser Schriftsteller nicht. Er analysiert selten, er deklamiert nie; aber er versteht; er versteht selbst jene Regungen und Aufwallungen der Menschen, die sie selbst nicht begreifen: Den dumpfen Ausbruch jener Moskauerin am Grab der Mutter in ihrem Heimatdorf zeigt er als vielleicht letzten Durchbruch von Gram über ein versickerndes Leben, das unmerklich in andere Gleise geglitten ist, als das junge Mädchen es sich einst erträumt haben mag.

Alles, was mich an Kasakow fesselt, tritt mir am deutlichsten in einer seiner jüngsten Erzählungen entgegen: »Herbst in den Eichenwäldern«. Stärker als jede andere hat sie »ihren eigenen Duft«. Das Erlebnis, die Ankunft des geliebten Mädchens, unverhüllt und doch verhalten dargeboten, nimmt die Farbe aller Dinge an, die nicht als einfache Zeugen, sondern als Mithandelnde zu ihm beitragen: die Farbe jenes Abends, des Motorengeräusches von diesem Dampfer; es verbindet sich mit dem schwankenden Lichtkreis der Laterne. Diesen Weg vom Fluß hinauf glaubt man gegangen zu sein, dieses Haus hat man doch betreten, vor diesem Kamin haben auch wir gelegen, dieses stockende Gespräch haben auch wir geführt.

Und das ist auch wahr. Der Mann und das spröde Mädchen aus dem Norden sind, wenn wir jeden pathetischen und deklarativen Sinn aus dem Wort nehmen, unsere Zeitgenossen. Ihren Wald an der Oka kennen wir nicht, wenn wir uns nun auch nach ihm sehnen. Aber diesen

Weg sind wir doch wirklich gegangen, diese schwankende Laterne hat uns doch geleuchtet, dieses Feuer gab es doch, und diese Gespräche haben wir miteinander gehabt. Das Ferment Gegenwart – nirgends spürte ich es so stark. Noch in die Unbeholfenheit, die Schwierigkeit ihrer Liebe folgen wir den beiden. Sie durch Grobheit zu verletzen, würde bedeuten, unsere eigene Erinnerung grob herabzuziehen.

Was passiert denn eigentlich? Nichts. Nicht viel: Die geliebte Frau kommt an, vielleicht für immer, und er holt sie ab. Das ist, so genau es beschrieben sein mag, nur Vorwand – so wie ich alle diese Geschichten von Kasakow für Vorwände halten möchte: legitime Vorwände eines Schriftstellers, seine Haltung zur Welt auszudrücken. Das ist es, was ihn zum Schreiben drängt, mehr als die unscheinbaren, fast zufälligen Erlebnisse, die ihm auf seiner Wanderschaft zuteil werden. Die Suche nach dieser Welthaltung, ihre Überprüfung, ihr Reifwerden – das ist die einzige Dramatik, die der Leser in diesem Buch finden wird.

»Aber ich neige dazu, der Biographie des Innenlebens den Vorrang zu geben ...«

Und Einsichten wird er finden, unscheinbar wie die äußeren Ereignisse, Einsichten der Art, wie sie das häßliche Mädchen, aus ihrer Demütigung sich aufrichtend, fand: »... daß sie trotzdem ein Herz hatte, eine Seele, und daß derjenige glücklich sein würde, der das verstand.«

CHRISTA WOLF: DER SINN EINER NEUEN SACHE (1967)
Vera Inber

Aus der großen und umfangreichen sowjetischen Literatur siebzehn Seiten aussuchen und dazu erklären, warum – eine solche Wahl muß fast zufällig sein. Oder nicht?

Den »Platz an der Sonne« habe ich lange nach »Zement« oder dem »Stillen Don« gelesen, der Name Vera Inber war mir noch unbekannt, als Gladkow und Scholochow schon geläufig waren. Das Büchlein – hundertvierzig Seiten – fiel mir zufällig in die Hand, fast fünfunddreißig Jahre nachdem es – 1928 – in der Sowjetunion erschienen war. Zehn oder auch nur fünf Jahre früher hätte ich es kaum beachtet. Wie Menschenbekanntschaften gibt es auch Buchbekanntschaften zur rechten oder unrechten Zeit.

Vera Inber ist damals achtunddreißig Jahre alt. Ein neues Bedürfnis läßt sich nicht abweisen: sich früherer Erfahrungen zu versichern. Damit verquickt der Wunsch, Vergangenes möge nicht vergangen, nicht tot sein, es möge sich nicht ein für allemal verfestigen. Das Mittel dagegen ist die Neuerschaffung der Vergangenheit, die allerdings auch nicht zu jedem beliebigen Zeitpunkt möglich ist, sondern nur genau in jenem vergänglichen Moment, da die undurchsichtige Gegenwart so weit zurückgetreten ist, um durchsichtig, dem Erzähler verfügbar zu sein; aber noch nah genug, daß man nicht damit »fertig« ist: »In einer südlichen Stadt kamen im Jahre des Bürgerkriegs im Herbst herrliche Tage, das Meer erstrahlte in ungetrübtem Blau, und der Wind schlief, zusammengerollt wie ein Ankertau.«

Eine junge, literarisch gebildete, bürgerlich erzogene Frau erlebt die Bürgerkriegszeit in Odessa: »Die Nächte waren dunkel und bebten mit den fallenden Sternen.« In diesem Sinn ist »Der Platz an der Sonne« ein Erinnerungsbuch. Dieses Haus am Stadtrand von Odessa wird es gegeben haben, der Winter wird so trostlos kalt gewesen sein, und der Frühling kam im letzten Moment, »wenn der Mensch in Verzweiflung geraten ist«.

Ich liebe Bücher, deren Inhalt man nicht erzählen kann, die sich nicht auf die simple Mitteilung von Vorgängen und Ereignissen reduzieren lassen, die sich überhaupt auf nichts reduzieren lassen als auf sich selbst. Was Vera Inber mitzuteilen hat, kann auf keine andere Weise mitgeteilt werden als auf diese, kein anderer hätte es erzählen können als sie – obwohl, natürlich, ihre Erfahrung nicht einzigartig ist.

Was rührt uns denn an dem großen, kalten Haus am Rande jener unbekannten Stadt, das allmählich einfriert und nur durch den schwachen, bangen Atem von drei Menschen notdürftig am Leben gehalten wird? Wahrscheinlich hat man doch auch schon in solchem Haus gewohnt, muß wohl die Sorge kennen, es könnte einem den Atem verschlagen. Es – nicht nur die Kälte. Die Zeit, die da angebrochen ist, der Weg, der da bevorsteht.

Das Wort »Revolution« kommt selten vor. Muß nicht vorkommen, da ohne sie das Buch nicht geschrieben, die Frau, die da behutsam und zurückhaltend von sich erzählt, keine Dichterin geworden wäre. Was sie erzählt, ist ja gerade – zwischen den Zeilen allerdings –, wie ihre Begabung herausgefordert wird durch den Einbruch von Wirklichkeit, wie sie produktiv wird durch den jähen Abbruch des sanften, wahrscheinlich mühelosen Lebens. Es ist nicht wahr, daß rauhe Verhältnisse immer im Gegensatz zur Poesie stünden, weil Rauheit nicht Roheit bedeutet und, wie sich zeigt, Zartheit nicht ausschließt. So geht, scheinbar merkwürdig, in ungünstigen, turbulenten Zeiten in der tiefsten Schicht der Menschen, im innersten Innern, der schwierige Prozeß einer Geburt vor: alte Häute werden abgestoßen, oder abgerissen, neue müssen wachsen, der Zwang, das nackte Leben zu sichern, bringt den Zwang mit sich, sich diesem Leben zu verbinden, das in Gestalt höchst eigenartiger Menschen ihr gegenübertritt. Es reizt sie zuerst, im doppelten Sinne des Wortes, es belustigt sie sogar, zieht sie an wegen seiner Ursprünglichkeit. Am Ende hat sie ihm Rede und Antwort zu stehen, wenn auch von keiner anderen Instanz als vor ihrem eigenen Innern: es gibt kein Außen und kein Innen mehr, die Revolution ist überall. Bessere Bedingungen zum Schreiben kann es nicht geben.

Neue Sinne entwickeln sich, weil sie gebraucht werden, um hinter den Sinn der neuen Sache zu kommen. Der Aufbau neuer Empfindungen vor unseren Augen. Wir erleben noch einmal den Reiz, der im wirklich Neuen liegt: Die erste, frühe Spur im Staub der noch unbefahrenen

Straße. Der einfache, wahre Gedanke, wenn er einen zum erstenmal ergreift: »Wichtig sind: wir. Wir sind viele, und das Leben ist groß.« Teilnahme an einer Schöpfung: Vielleicht ist es das. Das Haus am Rande Odessas kann ja nicht verfallen und zerbröckeln, weil jeder Leser es wieder aufbaut, wie er sich auch den Strand erschafft, an dem einen Sommer lang die duftenden Fischsuppen gekocht werden, das Büro der Eieraufkaufstelle und den Genossen Schuljak, der bekümmert an die Stirn der ungeschickten jungen Frau tippt: Was summt denn da? Sie alle können nun nicht mehr sterben und verderben, da man immer wieder nach ihnen fragen wird. Nach ihnen mit Haut und Haar, als Ganzes, ohne Rest. Denn da bleibt nicht jener miese Rest, keines jener sorgfältig gehüteten Reservate, vor denen unsichtbar die alte verfluchte Tafel steht: »Privat!« Keines Menschen Eigentum sein. Sich selbst in Besitz nehmen, mit Haut und Haar. Wie denn? Arbeitend. Anders ist es nicht möglich.

In diesem Buch gibt es keinen kleinlichen, verkümmerten Satz, weil es keine kleinlichen, unehrlichen, verkümmerten Gefühle gibt. Sondern Klugheit, Nachdenklichkeit, eine stille Art von Humor, viel Selbstironie, Lebensfreude und eine große Lust an allem, was menschlich ist, eine große, produktive Sehnsucht.

Ein kleines Buch. Es braucht sich nicht zu scheuen, in diesem Jahr neben die großen Bücher seines Landes gelegt zu werden.

FÜNFTE REISE 1968

Auf der Wolga nach Gorki und über Moskau nach Leningrad und Vilnius,
17. Juni bis 3. Juli 1968

17. 6.: 17 Uhr: Abflug nach Moskau.
      Dauer: 2 Std. 20 Minuten.
      Шереметьево [Flughafen Scheremetjewo]: Lidija.
      Hotel »Россия« [»Rossija« – Rußland].

18. 6.: Spaziergang ums Hotel. Die kleinen Kirchen, teilweise schon renoviert.
Mit Anna Iwanowna in Pirosmanaschwili-Ausstellung.
14 Uhr: Maria Sergejewna. Kolatschi [süße Teigtaschen], Wermut.
15 Uhr: Genossin Mletschina v. »Lit. Gasjeta«.
16 Uhr: Empfang d. Ausländer im Schriftstellerverband.
18 Uhr: zum Flußhafen. Abfahrt der »Gogol«.
Essen mit Oserow u. Frau.
Abends Trinken mit d. Armeniern.
An Bord: Max Frisch, Günther Weisenborn u. Frau, Watten (Kanada) [Sheila Watson], Finkelstein (USA), Mulk Raj Anand (Indien), Rumänen, Bulgaren, Tschechen, Rafael Alberti, María Teresa León, Südamerikaner, ein Jugoslawe, ein Libanese, Bolstad (Norw.), ein Däne, Sergej Michalkow, Toper, Sutschkow, Rjurikow, Bieliauskas, Sewuns, Oganesjan (?), Markow.

MOSKAU, 17. 6.

Bummel um den Roten Platz allein. Sommernacht. Viel Volk, das sich ergeht in einer Weltstadt; Landvolk. Hochhäuser jetzt wie im Westen. Mädchen in nicht allzu kurzen Röcken, aber kürzer als vor zwei Jahren; Männer tragen weiße Hemden ohne Jacke. Sonntag. Ich finde kein einziges Café im Freien. Man kann nur schlendern. Dann und wann ein Liebespaar auf einer öffentlichen Bank; sie halten einander schweigsam die Hand. Keine Licht-Reklame, aber die Straßen sind hell; es ist schade, daß ich Durst habe. Einmal ein Faß auf zwei Rädern mit einem Esel davor, Leute stehen Schlange, Ausschank von Quas. Die schicke Uniform junger Soldaten mit asiatischem Gesicht; sie sind hier auch nicht zuhause.

18. 6.

[...] Einschiffung nach Gorki:
Ein Schiff voller Schriftsteller, aber: ein Schiff ist immer etwas Schönes, und das ist meine erste Schiffahrt auf einem Strom. Heißer Sommerabend. Ich kenne niemand an Bord außer Günther Weisenborn. Ich begrüße Christa Wolf (DDR) und spüre Mißtrauen. Der Lautsprecher liefert Musik aus einem französischen Film. Möwen. Wir gleiten –

13 Die »Gogol«. Personengruppe auf dem obersten Deck, halbrechts:
Max Frisch, Christa Wolf, Gerhard Wolf

19. 6.

Auf der Wolga. Die vielen Schleusen. Dörfer u. Kirchen, die vorbei-schwimmen; über 30° Hitze. Manchmal erweitert sich die Wolga durch Stausee zum Meer, man sieht kaum Ufer.

»Rund-Tisch-Gespräch« über Gorki unter den Sonnensegeln. Extrem langweilig u. problemlos. Jeder liefert seins ab.

Nachmittags frei: Hitze in der Kabine. Herumgehen und -stehen auf den Rundgängen. Mittagsgespräch mit Joy Weisenborn über ihren Mann.

Nachtgespräch mit Max Frisch, fast bis 3 Uhr. Ausgehend von seinem Satz: »Es gibt keine terra incognita für den Erzähler mehr.« Er bezeich-net Rolle des Schriftstellers mit »produktiv oppositionell«. Er habe »Hemmungen gegenüber der DDR«. Er ist ein bißchen dick, gemüt-lich. Sein Plan, einen Club der Selbstmörder zu gründen: Leute, die sich verpflichten, sich selbst umzubringen, wenn sie merken, daß es Zeit ist. Komödienstoff: Als alte Tattergreise werfen sie sich noch ge-genseitig vor, daß keiner sich umgebracht hat.

F. sieht ein Problem in der Verlängerung des Lebens über die produk-tive Grenze hinaus.

Viel getrunken an dem Abend, am nächsten Morgen ist mir sehr schlecht. Frisch fragt: Grüßen wir uns eigentlich noch?

WOLGA, 19./20. 6.

Kabine zusammen mit einem finnischen Schriftsteller, der russisch spricht; keine gemeinsame Sprache. Er weckt mich und zeigt mit dem Finger nach oben, dann in den offenen Mund: Frühstück.

Wolga –

Schriftsteller aus aller Welt, aber kein bekannter Name außer Alberti. Leider gibt es keine Liste. Man fragt sich langsam herum. Niemand aus Frankreich. Ein Gorki-Übersetzer aus Italien; kein Moravia, kein Pasolini, kein Sanguinetti. Ein altes Faktotum aus den USA, ein anderes aus Norwegen. Keine Jungen. Niemand aus England; ein Dichter aus Island, der schweigt. Kein Schriftsteller aus der Tschechoslowakei; eine frohe Gorki-Übersetzerin und ein alter Herr aus Prag, Kritiker, glaube ich. Inder in ihrer schönen Tracht; ihre Würde, der Ernst ihrer dunklen Augen. Ein Schriftsteller aus Australien, der sich anschließt, da ich Englisch verstehe. Einer aus Uruguay; eine kleine Gruppe, die spanisch spricht, bleibt unter sich und scheint sehr lebhaft. Ungarn laden nach Ungarn ein, Bulgaren nach Bulgarien. Mitteilungen durch den Lautsprecher nur russisch. Sofija sorgt für Kontakt mit sowjetischen Schriftstellern; es sind Funktionäre. Die sowjetischen Schriftsteller, deren Namen uns geläufig sind, fehlen alle ... Betriebsausflug; die Firma bittet um Begegnung von Mensch zu Mensch. Aber dazu fehlt's an gemeinsamer Sprache, es rotten sich Sprachgruppen zusammen. Der Vorsitzende des Schriftstellerverbandes von Weimar, der nur deutsch spricht, ist trotzdem glücklich, daß er dabei ist; er gibt seine Kamera, damit jemand ihn fotografiert, wie er zwischen Indern sitzt, ich muß mich dazusetzen: Schriftsteller aus aller Welt. [...]

PLENUM auf Deck:

Man sitzt mit Kopfhörern; Möwen; jeder Redner sagt dasselbe über Maxim Gorki, die Übersetzung aus dreizehn Sprachen erübrigt sich, Maxim Gorki als proletarischer Schriftsteller, Meister des sozialistischen Realismus, nach und nach verstehe ich's (ohne Kopfhörer) auf Spanisch, Rumänisch, Portugiesisch, Finnisch, sogar wenn ich nicht einmal errate, welche Sprache. Maxim Gorki und sein Konflikt mit Lenin, sein Exil nach der Revolution, Maxim Gorki und Stalin, Schriftsteller und

Staatsmacht, davon kein Wort. Als ich weggehe aufs vordere Deck, bin ich nicht der einzige, der das Plenum schwänzt; auch Funktionäre finden's langweilig, aber die Firma verlangt das.

Abends wieder Wodka.

Gespräch mit Christa Wolf und ihrem Mann bis vier Uhr morgens, draußen die helle Nacht über Wolga und Land. Labsal: daß man Widerspruch gelten lassen kann. Lange Zeit saß ein sowjetischer Genosse dabei, der zuhörte, aber mich nicht störte. Er scheint berichtet zu haben: heute wissen meine Funktionäre, daß es ein sehr interessantes Gespräch gewesen sein soll, das wir geführt haben.

Empfang in Gorki:

auf der Mole stehen Kinder mit Blumen, Frohsinn in festlichem Weiß mit roten Schleifen, jeder progressive Schriftsteller aus aller Welt bekommt einen Strauß, ich bekomme auch einen, Pfingstrosen, dazu Angina.

20. 6.

Weiter round table. Ich liefere mein bißchen Rede ab, 7 Minuten. Sehr langweilig das Ganze.

Wolga. Wenn man die Augen zumacht, fahren die Ufer vorbei.

Gespräch mit Mulk Raj Anand.

Festliches Abendessen mit allen Schikanen.

Frisch fängt plötzlich an, von Ingeborg Bachmann zu reden: daß er sie gerne wiedergetroffen hätte (sie wollte eigentlich kommen). Daß eine Ehe zwischen zwei Schriftstellern nicht gut gehen kann; daß sogar kleine Eifersüchteleien darüber, wer nun der Bedeutendere sei, eine Rolle spielen.

Im Osten sieht man noch um Mitternacht einen rötlichen Streifen.

Sutschkow fängt mit Marcuse an. Ob man eine neue Revolutionstheorie brauche, »Intellig. mehr berücksichtigen«.

21. 6. 68 – Freitag

Nachts die Lichter von Gorki, den Berg hinauf. Wir fahren erst früh zurück in den Hafen.

9 Uhr Ankunft in Gorki. Pioniere mit Blumen. Der Stadtreporter: Mehr Bewegung mit den Händen! Der Inder, der im Rhythmus mit den Pionieren tanzt. Die Leute von Gorki oben am Berg, klatschend und winkend. Mit Bussen zum Hotel »Россия« [»Rossija«]. Der Blick vom Hotelzimmer aus über einen der Kreml-Türme und die Wolga-Ebene.

11 Uhr Plenum-Beginn. Rede v. Rjurikow, lang und langweilig. Gehen nach 12 Uhr weg.

Nachmittag: Stadtbesichtigung. Zusammenfluß von Oka u. Wolga. Das Kaschirin-Haus, in dem Gorki bei seinen Großeltern gelebt hat. Rotbraun, kleiner als erwartet. 4 Räume. Kleine Färberei auf dem Hof. Das Kreuz, unter dem Zigeuner erschlagen wurden.

Abends Freiluftkonzert. Viele Frauen in der Kapelle. Der junge Schmierenkomödiant als Kapellmeister. Die eingeschnürte Undine-Sängerin mit den Goldfäden im Kleid. Die Leute, die den Weg hochkommen und an uns vorbeigehen. Wunderbare junge Pärchen.

Zum Kulturhaus. Zwei Journalisten: der eine nimmt an, daß er ein

14 Christa und Gerhard Wolf an Bord

15 In der Mitte der Thüringer Schriftsteller Franz
Hammer, rechts Max Frisch

Kind in Mecklenburg hat, von 45. Der andere, Salomon, fragt nach dem Antisemitismus bei uns. Glaubt nicht, daß es ihn in der Jugend nicht gibt. (»Die Juden sind ein Volk, in dem es sehr gute und sehr schlechte Menschen gibt.« Er hat etwas Selbstquälerisches.)
[xxx] 2 oder 3 Vorfilme. Nicht besonders stark.

16 Am Gorki-Denkmal in Gorki (Nischni Nowgorod)

21. 6.

Ich habe jetzt drei russische Mütter: das dicke Zimmermädchen und eine Krankenschwester, die zum Hotel gehört, und dann die Ärztin, die sich aufs Bett setzt und mich beklopft, alle aus Besorgnis zärtlich, ein Zimmer voll molliger Mütter. Keine gemeinsame Sprache. Man wäscht mir den Nacken, und ich brauche nur das Bein zu strecken, um eine Fußwaschung zu haben. Später bringt das Zimmermädchen ein Geschenk: drei russische Puppen. Der Sowjetische Schriftsteller-Verband wird ebenfalls mütterlich; mein Funktionär: Sie verpassen nichts, wenn Sie das Plenum verpassen. Auch Sofija kommt öfter und bringt Grüße. Die lange Geschichte, die das mollige Zimmermädchen erzählt, und ich verstehe kein Wort, aber es verdrießt sie nicht. Herr Wolf bringt Lektüre, SINN UND FORM, ich lese Prosa von Christa Wolf. Ein sowjetischer Kritiker (der bei jenem Nachtgespräch mit Christa Wolf zugehört hat) besucht mich mit einer Frau: beide sehr informiert über die Literatur der kapitalistischen Welt. Plötzlich ein offeneres Gespräch. Ich sollte, so meint er, Novosibirsk sehen, die Stadt der Wissenschaftler, das fortschrittliche Rußland. Er spricht deutsch, sie dagegen spricht englisch; dabei tut er, als verstehe er nicht englisch, sie tut, als verstehe sie nicht deutsch; so spricht sie und so spricht er sozusagen unter vier Augen: nicht offiziös. Sie bleiben lang, ich habe den Eindruck, sie sind froh um diese Stunde abseits des Verbandes. Als Sofija kommt, wird das Gespräch wieder offiziös; ich kann nicht leugnen, daß ich Schluckweh habe, leider.

22. Juni

10 Uhr Plenum. Später Zusammenkunft mit d. Vorsitzenden d. Gebietssowjets (Iwan Iwanowitsch) und dem jungen Vorsitzenden des Stadtsowjets (Alexander Alexandrowitsch).

16 Uhr Abschluß d. Plenums. Gang durch die Stadt. Alte Häuser u. Straßen. Hitze, Hitze.

Abends Empfang im anderen Hotel. Frisch, Weisenborns, Sutschkow an unserem Tisch. Nebenan die vieltrinkenden Grusinier.

Stesh. [Steshenski], der viel trinkt: Warum hast du Angst? Das versteh ich nicht. Man muß das schreiben, was man muß. – Es kommt noch einmal die alte Vertrautheit auf. Spricht von seinem Eindruck beim Lesen d. »Christa T.«: »Alle deine Sachen haben mir sehr gefallen, weil ich dich liebe, aber das ist objektiv gut.« – Erzählt von der illegalen Wandzeitung, die er als 16jähriger gemacht hat und die sein Direktor nach oben verschwieg (es war 1937!), er habe über Nacht graue Haare gekriegt. Seine Tochter nun, der er sein Tagebuch aus dieser Zeit gegeben hat, macht ebenfalls eine illegale Schülerzeitung und bekommt einen Verweis.

Er habe nie Angst. Er habe seine Braut im Krieg in einem Lager besucht, als er auf Urlaub kam, und keinen Augenblick an die Gefahr gedacht. Er würde auch niemals einen Freund verraten.

Eine Diskussion kommt auf, was »anständig« ist. Weisenborn: Wenn man sich zu anderen fair verhält. Frisch: Das ist systemgebunden, unter den gegenwärtigen Bedingungen. Wenn man einem Freund treu bleibt. (Fr. begriff ziemlich genau, was los war.)

Stesh. erzählt, wie die sowjet. Offiziere d. Militäradministration nach 45 in Berlin von einem ehemaligen Grafen geschult wurden. Einer seiner Ratschläge: Meerrettich essen, dann verträgt man den Wodka besser.

22. 6.

[...] Abends großes Bankett an langen Tischen, Flaschen in Griffnähe überall, Trinksprüche, die trotz Lautsprecher niemand hört, alle trinken sofort, die Stadt Gorki und der Schriftsteller-Verband der Stadt Gorki begrüßen die Schriftsteller aus aller Welt, Hitze im Saal, man zieht die Jacken aus, Kaviar, Sulze zerfließt, schätzungsweise fünfhundert Leute in Turner-Frohsinn, ich sitze bei den Deutschen, die stiller sind, Georgier dröhnen vor Leben, Umarmungen, ein beflissener Rumäne erinnert durch den Lautsprecher nochmals daran, daß Maxim Gorki ein proletarischer Schriftsteller war und ist und bleibt, der alte Herr aus Prag versichert dasselbe, ein Inder bestätigt es, Selbstbedienung, eine Kapelle spielt Wien um die Jahrhundertwende, mein Funktionär hebt sein Glas auf meine Genesung. Beifall für den Inder, viele gehen umher, um anzustoßen, der Weimarer will auch ans Mikrophon, Grüße an die Brudervölker, aber er muß warten, zuerst das Faktotum aus den USA, Gesang der Georgier unter sich, ein Ungar setzt sich neben mich, aber man versteht kein Wort, also stoßen wir an, der Weimarer kommt ans Mikrophon, Grüße an die Brudervölker, man versteht kein Wort, aber er kommt zufrieden an den Tisch zurück, er hat in der Geburtstadt von Gorki gesprochen, meine Betreuerin trinkt, Weisenborn ersetzt Wodka insgeheim durch Wasser, ich beobachte Christa Wolf, manchmal versinkt sie, dann gibt sie sich wieder Mühe, wir heben das Glas auf Distanz, ohne es zu leeren, ein Kinderfest, aber es sind nicht Kinder, sondern Bären, Trinkspruch auf Trinkspruch, Wodka gut, der Mensch auf Urlaub vom Staat, Du ein Mensch, ich ein Mensch, es ist nicht Suff, aber Feierabend vom Katechismus, lauter gute Menschen, plötzlich die Frage: Was ist ein anständiger Mensch? Ich schlage vor: Ein anständiger Mensch ist ein tapfrer Mensch, einer, der sich und andern die Treue hält, das ist hierzuland ein tapfrer Mensch. Einverständnis, wir kippen das Glas, und ein Funktionär füllt sofort nach, kommt um den Tisch herum, während die andern weiterreden, und nennt den Namen eines Menschen, ja, wir kennen ihn beide; der Funktionär sagt: Ein anständiger Mensch! wir trinken auf einen, der in Ungnade ist, weil er sich für Daniel und Siniawsky eingesetzt hat, ausgestoßen aus der Partei und aus seinem Lehramt entlassen und von dem Schriftsteller-Verband, der hier feiert, schwerstens gerügt; der Funktionär: Ihr Freund auch mein Freund! ... Es ist unheimlich. Ich reise vorzeitig nach Moskau zurück, um eine Aufführung zu sehen. Sofija hängt ihren Arm ein. Eine ältere Genossin, die im selben Nachtzug reist, betreut meine Betreuerin; sie nimmt die Beschwipste in ihr Abteil und füllt sie vollends mit Wodka.

23. Juni

10 Uhr Mit »Rakete« auf Wolga, Ausflug, baden in einer Nebenbucht. Große Hitze u. Schwüle. Toper auf dem Schiff – vorsichtig wie immer, skeptisch. Er fühlt sich nicht zum Redakteur berufen. Möchte am liebsten aktiv in einer Bewegung sein, »aber in windstillen Zeiten wie jetzt ...«

Nachmittags zum Autowerk, ein Riesenbetrieb mit angeblich 100 000 Arbeitern. Kulturhaus besichtigt (alles trägt hier den Namen »Gorki«).

Anschließend eine Veranstaltung, auf der ausländische Dichter sprachen und sehr beklatscht wurden. (Die Sprüche von Ramsul ...) Nettes, meist junges Publikum.

Gorki: Sehr ausgedehnte Stadt. Abends 22 Uhr zum Bahnhof, Zug nach Moskau. Enge Viererabteile, heiß.

24. Juni, Montag

5.45 Ankunft Moskau. Irrwege auf d. Bahnhof. In Bussen ins »Ukraina«.

12.30 bei »Советская Женщина« [»Sowjetskaja Shenschtschina«, politisch-literarische Zeitschrift] bei Genossin Smirnowa, 59 Rubel abgeholt, weiß nicht, wofür.

Nachmittag: Spaziergang mit Weisenborns: Arbat, Gorki-Straße.

19 Uhr Tamara Motylowa holt uns im Hotel ab. Bei ihr zu Hause. Erste Lektion über Interna. Kop. [Lew Kopelew], sein Leben, Gründe f. s. Parteiausschluß. (Bei ihr ein Gedicht v. Böll als Dank f. Geburtstagsgratulation; keine Muse). Ganz offen. Der Fall Solshenizyn. Zum erstenmal über die beiden Manuskripte, die kursieren. Über Ginsburg, deren Ms. auch gegen ihren Willen im Westen gedruckt ist, mit der T. M. befreundet ist. Die Prager Presse geht von Hand zu Hand. T. M. liest mir ihr Gutachten f. meine Erzählung vor.

25. Juni

Ab 10 Uhr unterwegs mit Bunin. Ausstellung »Natur u. Phantasie« in dem kleinen Kirchlein am Kalinin-Prospekt. Donskoi-Kloster. Wir erfahren z. 1. Mal, daß Bunin im Lager war (bis 54), weil er in dt. Gefangenschaft geriet – schwer verwundet –, aus d. er sogar nach Frankreich floh. Er spricht auch offener als sonst.

Der Pappelsamen überall.

Niemand habe Respekt v. Reg. [vor der Regierung], Koss. [Kossygin] sei irgendein Stellvertreter unter Stalin gewesen, Bresch. [Breschnew] persönlich nicht sauber. Die Jugend politisch desinteressiert.

Gegen Abend holt Ginsburg uns in seinem unsagbaren Auto ab. Essen mit ihm und Trifonow im Schriftstellerclub. Gedrückte Atmosphäre. Tr.: Wir sind noch nicht auf dem Tiefpunkt angelangt. Er hat ein Büchlein über seinen Vater geschrieben, einen alten Kommunisten, der im Lager endete. Wurde nur in »Nowy Mir« besprochen.

Die Majakowski-Serie in »Ogonjok« [Wochenillustrierte], die beweisen will, daß »die Briks« und andere jüdische Intellektuelle Majak. umgebracht haben. G.: »Bis jetzt waren wir von gelber Presse verschont ...«, »Nächstens werde ich schuld an seinem Tode sein, weil ich, ein kleiner, fixer, schwarzhaariger Junge, ihm im Vorbeigehen die Zunge rausgesteckt habe.«

Bei Trifonow ein Schluck Cognac. Seine und Ginsburgs Tochter.

Abend bei Stesh., die Valentina, die auf Hausfrau macht, Platte mit Novella Matwejewa.

Telefongespr. mit d. Kindern.

Mittw., 26. Juni
Früh treffen wir [Siegfried] Pitschmann.

10 Uhr Puschkin-Museum, Kop. [Kopelew], die frz. Impressionisten. In Metro z. Kop. Geredet, geredet. Die Wohnung. Die Bilder b. ihm. Vened. Kaffee in d. Küche. Wie man die Unterschreiber zu erpressen sucht. Am selben Tag in »Lit. Gas«. Artikel gegen Solshenizyn. »Es hätte noch schlimmer kommen können.«

Mittags im Club d. Schauspieler. K. soll dort eventuell eine Ausstellung bekommen.

17.15 mit Nina u. Maria Sergejewna getroffen, Spazierfahrt z. d. Leninbergen, dann b. ihr zu Hause. Kartoffeln, Fisch, Eis. Das Basket-Ball-Spiel im Fernsehen. Serjoscha, ihr Bruder Petka. Sie hat gerade Berufungsverhandlung in einem Prozeß gegen Bestecher verloren. Arbeitet

17 Christa Wolf bei einem Gespräch in Moskau

viel, um nächstes Jahr höchste Rente zu kriegen. (»Man kann doch nicht sagen, was man denkt, das ist doch schwer ...)

11.55 Abfahrt nach Leningrad, in bequemen Zügen. Mit Lidija, die mir Solshenizyn-Artikel übersetzt. Gespräch: Sie hat Angst, das alles könne d. SU schaden, die es sowieso schwer genug hat. Am Ende sagt sie: »Schriftsteller haben es schwer, wir einfachen Leute können versuchen, unsere Sache so gut wie möglich zu machen, und im übrigen ruhig zu sein.«

Donnerstag, 27. Juni

8 Uhr Ankunft Leningrad. Hotel »Moskowskaja«, ein Intourist-Hotel, wo nur große Gruppen abgespeist werden.

10-14 Uhr Stadtbesichtigung.

Puschkin-Museum (hinten rein, weil vorne Schlangen standen).

Das braune Ledersofa, auf dem er gestorben ist.

Newa-Kai, Winterpalais, Eremitage, Aurora.

Das 1. Haus v. Peter I., Holz, jetzt mit Steinhaus umgeben (gerade war ein Baum auf das Dach gefallen). Stadion. Der Blick üb. Finnischen Meerbusen.

Peter-Paul-Festung.

Nachmittags: Puschkin – »Царское Село« [die Stadt Puschkin, bis 1918 Zarskoje Selo]. Das Palais war fast vollständig zerstört.

Sehr müde.

Abends noch durch Stadt. Um 8 Uhr ein Licht, wie bei uns nachmittags um 4. Eingekauft, auf d. Zimmer aus d. Papier gegessen.

Unvorstellbarer Krach v. d. Straße her.

Freitag, 28. Juni

Vormittags Eremitage. Anna Iwanowna Lifschitz führt. Die beiden Donnen da Vincis, Vasen aus Malachit u. Lapislazuli, Rembrandt: Portrait d. Anna Dohren (?) [Portrait der Bartgen Martens Doomer], Danaë; Heimkehr d. verlorenen Sohnes, Abschied Davids v. Junifan (?) [Jonathan]. Van Dyck: Selbstbildnis. Frühbild des jungen Raffael [Portrait eines jungen Mannes]. Spanier: Velázquez, Murillo (Jacobs Traum). Rubens: Skizzen. Frz. Impressionisten: Renoir, Monet, Pissarro, Cézanne, Gauguin, Matisse, Derain, Picasso.

Über abstrakte Malerei. Über Pop-Art. Umgekehrte Perspektive usw.
A. I. [Anna Iwanowna] kennt jeden Nagel, sie ist 50 Jahre da.
Jährlich an 750 000 Besucher. Manchmal täglich 10-20 000.
Nachmittags:
mit Etkind und Fjodor Andrejewitsch [Andrej] Dostojewski durch Do-
stojewski-Stätten; regnerischer Nachmittag.
Сред. Подьяческая ул. [Srednaja Podjatscheskaja ul.] 45 hat die Wucherin gewohnt. Wir treten in den Torweg ein, gehen rechts die Treppe
hoch (man muß ein paar Schritte über den Hof gehen). F. A. zeigt
uns die Tür, hinter der »damals«, als Raskolnikow hier ging, die Maler
gearbeitet haben. Er zeigt uns die Wohnungen, die leer standen. Er re-
petiert im Gehen Raskolnikows Gedanken (er hat ein französisches
Buch in der Hand, in dem es Fehler geben soll). Dann klopft er an
die Tür im dritten Stock (jetzt Wohnung 76). Eine junge Frau öffnet.
Wir sind nicht angemeldet, aber sie ist daran gewöhnt, Fremde herein-
zulassen. Die Küche ist nicht aufgeräumt. Die Bretterwand, die »damals« noch Küche und einen Vorgang voneinander getrennt hat, ist inzwischen abgerissen. (Hinter der Küche ist noch ein kleiner Raum, den
»Dostojewski nicht gekannt haben konnte, weil er ihn nie betreten
hat«.) Wir treten ins Schlafzimmer: Ein Bett, Schrank, Tisch, Stühle,
alles sauber u. aufgeräumt. »Hier an dem Fenster hat die Wucherin gestanden, als Raskolnikow sie erschlug. Hier durch die Tür ist Lisaweta
hereingekommen ...«
Etkind fragt inzwischen die junge Frau, die ein rundes, geduldiges Gesicht hat und eine »mittlere Person« zu sein scheint: »Ist es Ihnen nicht
komisch, hier zu wohnen?« Sie antwortet: »Man gewöhnt sich daran.«
Wir bedanken uns und gehen die Treppe wieder hinunter, fremde Vö-
gel in dieser Umwelt.
»Von hier aus«, sagt F. A., »730 Schritte bis zu Raskolnikows Wohnung.« Er erklärt uns, daß R. dem Hofverwalter aus verständlichen
Gründen »eine falsche Adresse angegeben« habe, zeigt uns auch im
Vorbeigehen dieses »falsche« Haus des Raskolnikow, der für F. A. völlig
auf gleicher Stufe mit seinem Schöpfer, dem »wirklichen« Dostojewski, steht. Wir fahren die bekannten »730 Schritt« mit dem Auto. Die

Straßen sind mit Katzenkopfpflaster gepflastert, manchmal gibt es tiefe Löcher, der Fahrer (Etkind, der unaufhörlich redet) muß aufpassen.

Wir kommen zu dem Haus, in dem Raskolnikow »gewohnt haben muß«. Beweise: Es ist ungefähr 730 Schritt vom Haus der Wucherin entfernt. Es ist ein Eckhaus (Dostojewski selbst habe nur in Eckhäusern gewohnt, möglichst mit Blick auf eine Kirche); es ist das Haus Гражданская [Grashdanskaja ul.] 19. An seinen Ecken steht über einem Markierungsstrich in Deutsch und Russisch »Gedenke des hohen Wassers am 7. November 1824«.

Wir steigen rechts im Torweg die Treppe hoch, kommen an den Treppenabsatz, auf den Küchenfenster und -tür von »Raskolnikows Wirtin« hinausgingen, an denen R. so ungern vorbeischlich. 13 Stufen zum Boden: Dort war früher R.s Kammer. Ein paar Frauen kommen mit Wäsche aus einer Tür und verschwinden hinter der Bodentür. Man sieht durch das Küchenfenster, daß die heutige Wohnungsinhaberin ähnlich wohnen muß wie dazumal Raskolnikows Wirtin.

Aus dem Flurfenster blicken wir hinunter in den Hof, dort ist es jetzt leer, bis vor einem Jahr war dort die Werkstatt eines Stellmachers. Die Treppe hinunter: Hier im Torweg hat R. gestanden, als ihm die Sache mit dem Beil aus der Küche seiner Wirtin mißglückt war. Hier gegenüber ist die Tür zur Kammer des damaligen Hofknechts – »früher ging sie nach der anderen Seite auf«. Da hat er das Beil blinken sehen, dorthin hat er es wieder zurückgestellt.

Woher hat Dostojewski dieses Haus so gut gekannt? Er war damals in einer schrecklichen materiellen Lage und hat wahrscheinlich selbst bei der Wucherin Pfänder abgegeben, ebenso hat er sich wahrscheinlich vor den Gläubigern aus seiner Wohnung in die Kammer geflüchtet, um sein Buch schreiben zu können, das ihn nicht losließ.

Weiter zu Dostojewskis damaliger Wohnung, Казначейская [Kasnatschejskaja ul.] 7. Wir stehen auf dem gegenüberliegenden Bürgersteig, es regnet stärker. Eine Frau winkt uns aus einem Fenster zu. Keine Gedenktafel. Wir gehen in den Torweg. Ob die Leute hier wissen, in was für einem Haus sie wohnen? Die Antwort: Kaum. Innen soll alles umgebaut sein, das Haus wurde auch um ein Stockwerk aufgestockt.

18 Dostojewskis Enkel Andrej, St. Petersburg, 1967

Dann zu dem letzten Wohnhaus Dostojewskis, an dem noch seine Wit-
we eine Tafel hat anbringen lassen. Während wir dort im Regen stehen
(es ist wieder ein Eckhaus), bumst ein rückwärts fahrender Lieferwa-
gen gegen Etkinds Auto. Der Fahrer beschimpft einen, der hinten drin
sitzt und durch das Rückfensterchen hätte aufpassen sollen: »Ёб твою
мать!« [»Job twoju mat!« – ein Mutterfluch], Palaver, Adressenaus-
tausch. – Hier soll es in Kürze ein Dostojewski-Museum geben, das
bis jetzt noch nicht besteht. Ein Gasthaus in d. Nähe soll »Zu den Brü-
dern Karamasow« heißen.
Zur Adelsschule, in der D. erzogen wurde. Das Fenster im 2. Stock,
hinter dem er seine ersten Schreibversuche machte. Das Gerichtsge-
bäude (grün) auf d. anderen Seite d. Kanals, zu dem er geführt wurde,
als man ihn staatsfeindlicher Umtriebe anklagte. (Etkinds Kommentar
mit Broz.) [Iossif Brodski].
Dann noch der alte Bahnhof, auf dem Fürst [Myschkin], der »Idiot«,
angekommen ist, Jugendstil. Wandbilder, wie er früher aussah.
Vor dem Bahnhof verabschieden wir uns. (F. A. sagt, er könne nichts
aufschreiben, weil er keine Zeit dazu habe.)

G. und ich gehen noch von 11-1 Uhr nachts zum Newa-Kai, wo die Leningrader Schüler ihren Schulabschluß feiern. Tausende sind unterwegs. Mädchen trotz der Kühle teilweise in weißen Kleidern, das soll obligatorisch sein. Ein paar Kapellen, auch ein bißchen laut. Harmlose Vergnügungen. Ein paar Leuchtkugeln. Ein paar rot angestrahlte Segel auf d. Newa. Eis essen, Würstchen. Ein schwimmendes Restaurant ist für die Jugend reserviert. Es bleibt hell, trotz der Bewölkung. Als wir nach Hause gehen, wird der Himmel wieder heller. Wir warten nicht, bis um 2 Uhr die Brücken hochgehen, um die Schiffe raus aufs Meer zu lassen.

Sonnabend, 29. Juni
Wir fliegen nach Vilnius. (Drei Frauen bleiben unseretwegen weinend zurück: Unsere Flugkarten waren in Ordnung, aber: Plätze belegt. Wir werden als erste in das vollständig leere Flugzeug geführt.) Abgeholt von Gudaitis, Aldona, Bieliauskas u. zwei Sekretären des Verbandes.
Hotel Gintaras (Bernstein): neu und modern.
Mittagessen, höchst umfangreich, Ruhe. –
Dann eine Ausstellung angewandter Kunst in einer neuen Ausstellungshalle im Zentrum. Einmalig schöne Teppiche und Glasplastiken, z. T. von hinten erleuchtet. –
Dann Innenstadt. Die Kirche mit der wundertätigen Maria (Aldona ist katholisch), die Leute, Alte, Junge, Kinder, die andächtig davor knien. Das gemalte, geneigte Gesicht der Maria ist ganz mit einem goldenen Metallkranz umgeben. Ringsum an den Wänden silberne Herzen, Arme, Beine, gestiftet von dankbaren Gläubigen, denen sie geholfen hat. – Beim Runtergehen: Ein Kind wird vom Großvater angehalten, den Fuß eines Christus zu küssen. Auch außen in den Kolonaden knien Frauen u. Männer, auf dem bloßen Stein.
Vilnius: sauber, anheimelnd, europäisch (alt) anmutend, renovierungsbedürftig. Die Hofeinblicke. Die alte gotische Backsteinkirche. Leere, stille Plätze, wenig Verkehr. Leninallee – Hauptstraße. Dort in einem Kaffee sollen wir zu Abend essen. Der Sekretär des Verbandes erwartet uns, mit einem Arzt-Dramatiker, der die ganze Zeit unaufhörlich auf uns einredet, seine Begeisterung für Deutschland, für Walther v. d. Vo-

19 In Vilnius. Von links: Lidija Gerassimowa, Kasis Saja, Christa Wolf, Gerhard Wolf

gelweide, alte Burgen, die Wandervögel, eine Leipzigerin aus der Deutschen Bücherei, den Internisten aus Erfurt usw. bekundet. Karl May gehört auch dazu: »Ein Meister des Sujets.« Aldona am nächsten Tag: »Unter den Ärzten ist er ein Dramatiker, unter den Dramatikern Arzt.« – Ich esse wenig, beginne zu husten, friere. Wir gehen bald.

Stg., 30. Juni
10.45: Kasis Saja holt uns ab, nach Trakai. Unterwegs erzählt er die Geschichte der Burg, die das Stammschloß d. frühen litauischen Könige war. Sage und Überliefertes gehen durcheinander. Besichtigung d. Burg. Einmalig schöne Ausblicke aus d. Fenstern und v. Aussichtsturm. See, Wald, Felder, Dörfer. Flachhügelig. Starker Wind, blauer Himmel, schnell treibende weiße Wolken.
Schaschlik-Mittag bei einem Freund v. Saja, der eine grüne Laube in d. Nähe d. Sees hat (Journalist). Schaschlik am Spieß auf Holzkohlenfeuer. Selbstgemachtes Bier aus Nordlitauen, v. Sajas Onkel. Unter einem Haselnußbaum. Festliche Stimmung.
Heimfahrt, noch ein Gang durch die Innenstadt, besonders die Höfe d.

alten Universität. Bildergalerie. Peter-Paul-Kirche, reicher Barock. Bei
Sajas. Milda, Aldona, Kaffee.

Abend bei Gudaitis in seiner neuen Wohnung. Seine junge Frau. Der
2½jährige Sohn mit Plastik-Maschinenpistole. Atmosphäre gehoben,
Gespräch etwas mühsam, aber freundlich. Im Staatswagen nach Hause. (Der »weiße Traum«.)

Montag, 1. Juli

Nach Kaunas (früher: Kowno). Mit einem Berichterstatter v. »Lit. Gasjeta«. Sehr müde an diesem Tag. Kaunas an d. Memel, Zusammenfluß
von Neris u. Memel. Fahren mit Drahtseilbahn auf einen Berg, um das
Panorama zu sehen. Vorher: Im Museum 2 bedeutende Eindrücke: Die
litauische Plastikerin aus dem Volke, deren Plastiken man erst nach ihrem Tode fand, und Čiurlionis, den frühen Surrealisten, dessen Bilder,
mit Tempera und Wasserfarben gemalt, langsam verblassen.
Literaturmuseum, Donelaitis, Bilder der Jungen, die wir z. T. kennen.
Schöne Schriftstellerinnen. Das alles im Hause eines Schriftstellers,
der es als Stiftung hinterlassen hat und dessen Rollstuhl noch dasteht.
Gang durch Hauptstraße. Alles provinzieller, auch schmutziger als in
Vilnius. Wohl mehr polnische Bevölkerung. Wind weht den Staub durch
die Straßen, die z. T. sehr löchrig sind.
Zurück, fast ganz schlafend.
Abends b. Aldona. Das Haus, von Blumen umgeben. Kleine, vollge-
stellte, gemütliche Zimmer. Madonnen, Palmwedel, Volkskunst: Extra
für uns eine Ausstellung. Geschenke. Die Tafelrunde: Wir vier, Aldona,
ihr Mann (Arzt), Kasis, Milda, 2 Töchter von Aldona (blond), d. schwarz-
haarige Schwiegersohn, am Ende noch ein Maler. Trinksprüche, viel
Essen, am Ende wieder eine ungeheure Torte. Wir gehen noch in die
Kellerwerkstatt eines Bernsteinbearbeiters und in das Bodenatelier des
Malers. Überall Geschenke.

Dienstag, 2. Juli

Früh zurück nach Moskau mit Flugzeug, eingekauft auf der Горького
[Gorkowo ul.]. 16 Uhr bei »Inostrannaja literatura« mit Toper und
5 Damen, darunter die Abteilungsleiterin Anna Pawlowna mit Knoten

und Tamara M. [Motylowa]. Zwei Stunden lebhaftes und lustiges Gespräch, ich muß über mein Ms. [Manuskript] erzählen usw. Am Ende frage ich, ob es nun gedruckt wird. A. P.: Gestatten Sie, daß ich Ihnen darüber schreibe. Wir haben einen großen Redaktionsbeirat, der wirklich arbeitet, er braucht lange Zeit ...

In »Österr. Volkszeitung«: Das Manifest der 2000 Worte ist in Prag erschienen. Wir sind besorgt.

Legen uns ein Sparbuch über 150 Rubel an.

Abendessen im »Ukraina« mit Weisenborns, Steshenskis, Fradkin u. Frau, noch ein gelehrter Herr f. kurze Zeit.

Mittw., 3. Juli
Sehr früh z. Flugplatz, Abreise 7.30, 8 Uhr in Schönefeld.
Während d. Reise gelesen:
Saroyan: Menschliche Komödie
Salinger: Hebt den Dachbalken hoch, Zimmerleute
Gorki-Biogr. v. Rowohlt
[...]

[Berlin] 4. 7.
Nach der Sowjet-Union-Reise. Der Plan war unterirdisch immer da. Ich werde das wohl schreiben müssen. Der erste Satz müßte sein: »Ich beginne mit Angst.« (F. Dostojewski: »Ich schreibe mit Angst und Begeisterung.«) Gefühl, daß es mein Stoff ist.

Überall begegneten wir indirekt den Solshenizyn-Manuskripten: Kopelew, Motylowa, Trifonow, Ginsburg, Bunin, Stesh. [Steshenski], sogar Saja sprachen davon. Es gibt zwei, »Krebsstation« und »Der erste Höllenkreis«. Das letzte ist ein früheres und wird von ihm jetzt überarbeitet. Leider ist es schon wieder im Westen und wird dort (wie auch »Krebsstation«) gedruckt. T. Motylowa: Im »1. Höllenkreis« handelt es sich leider um Staatsgeheimnisse: Verhaftete Wissenschaftler, die im Lager an einer Erfindung arbeiten (es handelt sich wohl um die Möglichkeit, Stimmen am Telefon zu identifizieren – wichtig für den Abhördienst!). Ein Arbeitstag Stalins soll beschrieben sein. – Die meisten waren dafür, »Krebsstation« zu drucken. Es war bei »Nowy Mir« schon im Satz, wurde dann verboten. Fedin soll sich auf d. entspr. Vorstands-sitzg. d. Verbandes sehr konservativ verhalten haben. Brief von Katajew an Fedin: Er verrate ihre gemeinsamen Jugendideale usw.

S. [Solshenizyn] lebt in Rjasan, bescheiden, wahrscheinlich hauptsäch-lich von den Einkünften seiner Frau. Man sagt, er habe einen »eisernen Willen«. Andere wieder: Das kenne man ja – auch Majakowski habe einen eisernen Willen gehabt, und plötzlich habe er sich umgebracht. (Etkind) S. verlangt immer wieder »nur«, man solle ihn drucken. (Gu-davičius: Seine Kritik ist schonungslos, läßt nichts Gutes übrig, steht »hinter der Barrikade«. Immer wieder: das Wahrheitsproblem.)

Offene Gespräche, überall auf Anhieb, Aufregung über die Majakow-ski-Serie in »Ogonjok«. Man will beweisen, daß M. nicht an den Wider-sprüchen d. Gesellschaft u. s. Liebe zu Lilja Brik zugrunde gegangen ist, sondern von einer Literatenclique, zu der Ossip Brik u. andere jüdische Intellektuelle gehörten, in den Tod getrieben wurde. (Ginsburg: »Schließlich kommt noch heraus, daß ich es gewesen bin: Ein kleiner, fixer, schwarzhaariger Junge, der in seiner Nähe wohnte, steckte ihm einen Tag vor seinem Tod die Zunge heraus. Das gab ihm den Rest.«)

60seitiger Brief des Akademie-Mitglieds Sacharow kursiert (angeblich »Vater der Wasserstoff-Bombe«), in dem er von den Bedingungen d. Menschheit zum Überleben spricht. Sieht als die zwei größten Gefah-ren: Ausrottung d. ganzen Menschheit durch nukleare Waffen und sprunghafter Bevölkerungszuwachs auf d. Erde. Demokratie als Bedin-gung des Überlebens, nicht starres Einandergegenüberstehen in Macht-blöcken. Informationsfreiheit.

[...]

Die. 6. 8. 68

In Frischs Tagebuch das Stück, das er »Autobiografie« nennt: (mit ca. 25 Jahren): »Immerhin war es ein Schock, zum erstenmal die ernst-hafte Vorstellung, daß das Leben mißlingen kann.« ... »In einer Welt, *die auf Vorurteile verhext* ist, scheint mir das eigene persönliche Anschau-en äußerst wichtig.«

Juli 1948 meditiert Frisch über Europa, das für seine Herrschaft über die übrige Welt einen Preis gezahlt hat: »Das ist die natürliche Folge jeder langen Herrschaft, nicht nur der europäischen, daß sie ihre Waffen langsam aus der Hand gibt. Durch Errungenschaften vieler Art, die europäisch gewesen sind, hat die Welt, von Europäern beherrscht, sich in einer Weise verändert, die eben dieses alte Europa, dank der Ausfuhr seiner Errungenschaften, ein für allemal aus dem Rennen geworfen hat ... Entscheidend ist, daß Europa für die Dinge, die es ausmachen, einen Preis hat zahlen müssen, den jene entdeckten und erweckten Kolosse nicht übernehmen, einen Preis an Geschichte, an Blut, an Lebenskraft. Es kostet Kraft, die Welt zu erforschen, zu erfahren, zu erwecken. Eine Erfindung machen oder eine Erfindung benutzen, sie allenfalls ausbauen und auf neue Art anwenden ... Auch wer es nicht erfunden hat, kann mit dem Flugzeug fliegen, er lernt die Griffe, die bereits vorhanden sind, und hat nicht Jahrhunderte lang ins Leere gegriffen. Die ganze Fliegerei, im Grundsätzlichen einmal erfunden, kostet ihn nichts als Benzin und Öl, Arbeit, Intelligenz, aber keine Historie, keine vitale Substanz, und bald fliegt er besser als der Erfinder, denn er fliegt mit jüngeren Nerven: Zum Beispiel mit russischen oder amerikanischen Nerven. (Bei Thornton Wilder: Der Vater, Mister Antrobus, hat soeben das Rad erfunden, und kaum hat der Junge eine Minute damit gespielt, macht er dem Vater einen Vorschlag: Papa, da könnte man einen Sessel drauf stellen!) ... Es handelt sich weniger um eine Rangordnung, glaube ich, sondern um einen Vorgang, einen Ablauf.

Die jüngeren Nerven, der Mangel an geschichtlicher Erfahrung, an Skepsis, das sind natürlich die Voraussetzungen, wenn man das väterliche Rad besitzen und damit die Welt beherrschen will. Mangel an Skepsis, Mangel an Ironie, das ist es ja auch, was uns an ihrer Physiognomie zuerst befremdet ...

Was Europa zu hoffen hat: Zu sein, was Griechenland ist unter Alexander, was Italien ist für Europa, das zu werden für die Welt von morgen.«

Hat doch Frisch tatsächlich schon 1948 geschrieben, daß man den Brecht'schen V-Effekt auf das Prosaschreiben übertragen müßte! ... Genießen das höhere Vergnügen, daß wir eingreifen können, produzierend in der leichtesten Weise, denn die leichteste Weise der Existenz (sagt Brecht) ist in der Kunst. Es wäre verlockend, all diese Gedanken auch auf den erzählenden Schriftsteller anzuwenden: Verfremdungseffekt mit sprachlichen Mitteln, das Spielbewußtsein in der Erzählung, das offen Artistische, das von den meisten Deutschlesenden als »befremdend« empfunden und rundweg abgelehnt wird, weil es zu »artistisch« ist, weil es die Einfühlung verhindert, das Hingerissensein nicht herstellt, die Illusion zerstört, nämlich die Illusion, daß die erzählte Geschichte wirklich passiert sei usw.

Frisch: »Warum gibt es so oft eine große Schauspielerin, so selten eine große Dichterin? Der erotische Drang, Quelle jeder Künstlerschaft, hat eine weibliche und eine männliche Spielart. Weiblich ist der Drang, zu sein; männlich ist der Drang, zu tun. Die interpretierende Kunst ist immer näher beim Weiblichen.«

Zu viele Wiederbegegnungen mit Eigenem bei Frisch. Woher? Der gleiche Kulturkreis? Etwa eine Begabungsvariante? Aber wieso dann er umso viel bewußter, durchstoßender? Nur durch das höhere Alter? Sein Tagebuch hat er mit 37 Jahren geschrieben, ich bin mit 39 viel unfertiger. Man muß einmal untersuchen, warum unsere Generation in Deutschland – speziell in der DDR – so lange braucht, um »fertig« zu werden. Der schreckliche Umweg über zwei ausschließliche – alles andere und leider auch die eigene Beobachtung ausschließende – Ideen.

Ich weiß, daß ich nun endlich Ernst machen muß mit der Arbeit. Bald wird mir kein anderes Vergnügen bleiben. Bei Frisch die Schinz-Skizze: der normale Rechtsanwalt, dem »der Geist« begegnet ist, und dem nun nichts anderes übrigbleibt, als für seine Umwelt für verrückt zu gelten. Alles recht abstrakt, bleibt gedanklich im Mittelfeld, genau wie die Harlekinade, aber sauber formuliert, geschmeidig, genau, wie ich es nicht kann.

Bei Frisch: »Zufälle«: »Aber wir erleben keine, die nicht zu uns gehören. Am Ende ist es immer das Fällige, was uns zufällt.«

Gerhard Wolf zur fünften Reise

Mit der »Gogol« fuhren wir auf der Wolga nach Gorki (früher und heute wieder Nishni Nowgorod) zu den Feiern aus Anlaß des 100. Geburtstages von Maxim Gorki. Danach ging es über Moskau nach Leningrad und Vilnius und schließlich zurück nach Moskau. Die Wolga-Reise, an der aus der DDR, unabhängig von uns, nur der Autor Franz Hammer teilnahm, wurde uns zum besonderen Erlebnis, weil wir Max Frisch kennenlernten. Wir kamen mit ihm in lebhaften Gedankenaustausch, woraus sich eine intensive Freundschaft entwickelte. Frisch führte parallel zu Christa Wolf über die Reise Tagebuch, aus dem hier Auszüge wiedergegeben sind. Christa Wolf erinnert in »Begegnungen. Max Frisch zum 70. Geburtstag« (1981) an die Wolgareise; sie hatte bereits 1975 über Frisch in ihrem Essay »Max Frisch, beim Wiederlesen oder: Vom Schreiben in Ich-Form« geschrieben.

Wir trafen auf der Wolga weiterhin Günther Weisenborn mit seiner Frau Joy, er hatte mit Bertolt Brecht Gorkis Roman »Die Mutter« zur Musik Hanns Eislers 1932 als Stück auf die Bühne gebracht. Als Vorsitzender des Schriftstellerverbandes der UdSSR war der uns bereits bekannte Sergej Michalkow mit an Bord, außerdem der litauische Romancier Alfonsas Bieliauskas (geb. 1923) und der russische Autor Georgi Markow (1911-1991), später Vorsitzender des Verbandes. In Disput kamen wir mit den Kritikern und Autoren Pawel Toper (geb. 1923), Lew Oserow (1914-1996), Boris Sutschkow (1917-1974) und Boris Rjurikow (1909-1969). Von international namhaften Autoren waren uns der spanische Dichter Rafael Alberti (1902-1999) und seine Frau María Teresa León (1903-1988) vertraut und der Inder Mulk Raj Anand (1905-2004) ein Begriff.

Daß wir mit Gorki eine »geschlossene Stadt« besuchen konnten, die von Sowjetbürgern nur mit Sondererlaubnis aufgesucht werden konnte, wurde uns ausländischen Gästen nicht mitgeteilt. Wir bewegten uns in der Stadt auch meist nur in Begleitung, fuhren zum Kaschirin-Haus, wo Gorki seine Kindheit erlebt hatte, wurden in das große Autowerk geführt, in dem man den »Wolga« baute, und tagten zum Abschluß der Feiern in einem Hotelsaal, wie ihn Max Frisch beschreibt. Gorki war von 1980 bis 1986 der Verbannungsort für den Regimekritiker Andrej Sacharow (1921-1989), mit dem Lew Kopelew freundschaftlich verbunden war.

Wieder zurück in Moskau, trafen wir Tamara Motylowa (1910-1992), sachkundig-verständnisvolle Kritikerin der Bücher von Christa Wolf in russischer Übersetzung. Sie berichtete kenntnisreich über offiziell nicht genannte Manuskripte von Alexander Solshenizyn, über das nur im Westen erschienene Buch »Gratwanderung« von Jewgenija Ginsburg, informierte über den Parteiausschluß Lew Kopelews, und sie war über die Ereignisse des Prager Frühlings 1968 im Bilde.

20 Lew Kopelew und Raissa Orlowa in Moskau

Lew Kopelew besuchten wir zum ersten Mal, dann wiederholt in seiner Wohnung; er sprach ausführlich über das Protestschreiben von Schriftstellern gegen die Verhaftung der Autoren Juli Daniel und Andrej Sinjawski. Er erzählte uns von Efim Etkind in Leningrad, der sich vor Gericht gegen die Verurteilung des Lyrikers Iossif Brodski einsetzte. Brodski wurde 1964 in der UdSSR wegen »Parasitentums« zu Zwangsarbeit verurteilt und später ausgebürgert. 1987 bekam er – er war inzwischen

US-amerikanischer Staatsbürger – den Literaturnobelpreis. An Kopelew erinnert sich Christa Wolf in »Stadt der Engel oder The Overcoat of Dr. Freud«: »Wie er, ein großer Mensch, in den kleinen Zimmern seiner Moskauer Wohnung umhertigerte, die immer überfüllt war mit Besuchern, die bei ihm Rat und Unterstützung suchten, von denen einige ihn wohl auch bespitzelten. Wie er dem auf dem Boden stehenden Telefon einen Tritt versetzte: Du kleiner Verräter, du!« Kopelew las unsere Bücher und schrieb dazu, privat oder wenn er in der Sowjetunion veröffentlichen konnte. Unsere Korrespondenz mit ihm wurde über wechselnde zuverlässige Boten ermöglicht, die verhinderten, daß die Behörden die Post mitlasen. 1969 schickte Christa Wolf Kopelew ein Exemplar von »Nachdenken über Christa T.«; noch vier Jahre später tauschten sich beide über die Thematik des Buches und die Problematik des Schreibens aus.

Im Literaturclub des Schriftstellerverbandes im Zentrum Moskaus, einem palastartigen Gebäude mit Restaurant, Garten und Hof, aßen wir mit dem Übersetzer Lew Ginsburg (1921-1980). Er übertrug deutsche Balladen ins Russische sowie Bücher von Arnold Zweig, Stephan Hermlin und Johannes R. Becher; über die Situation der DDR-Dichtung wußte er gut Bescheid. Empört war er über einen widerlichen Artikel in der Zeitschrift »Ogonjok«, in dem behauptet wurde, daß Majakowskis jüdische Freunde Lilja und Ossip Brik schuld an dessen Tod seien.

Ginsburg machte uns an diesem Abend mit Juri Trifonow (1925-1981) bekannt, der uns durch seine Romane, die kontinuierlich in der DDR erschienen, sympathisch war. Er erzählte von seinem neuen Buch »Widerschein des Feuers«, Thema ist das Schicksal seines Vaters, der in Stalins Lagern umkam. Christa Wolf sagte in einem Interview der Zeitschrift »Woprossy literatury«, Trifonow »habe den Felsblock des Stalinismus wie ein Bergmann mit dem Preßlufthammer unermüdlich und zielstrebig aufgebrochen«. Wir standen mit ihm in freundschaftlichem Austausch und sprachen oft über die Bedeutung unserer Literatur für die Menschenwürde.

Wir fuhren nach Leningrad und trafen dort zum ersten Mal Efim Etkind (1918-1999), der uns mit dem Enkel Fjodor Dostojewskis bekannt machte. Dieser wiederum führte uns zu den Schauplätzen des Romans

»Schuld und Sühne« und bestand darauf, daß nur so, in der Übertragung vom Ablauf des Geschehens vom Autor auf seinen Helden Raskolnikow, die Tat, die Ermordung der Wucherin, stattfinden konnte. Christa Wolf schreibt dazu in ihrem Essay »Lesen und Schreiben« (1972):

»Tiefer, unheimlicher kann die Verquickung von ›Stoff‹ und ›Autor‹ nicht sein. Erst aus dieser Verquickung geht ein Drittes hervor, die neue Realität des Buches, die ›wirkliche‹ Häuser, Straßen, Wohnungen und Treppen mühelos mit sich führt, aber natürlich des Beweises, daß eben diese Häuser und Kämmerchen genau so vorhanden sind, wie sie beschrieben wurden, keineswegs bedarf. Denn die Realität von ›Schuld und Sühne‹ erschöpft sich nicht in der Topographie einer Stadt. St. Petersburg – gewiß. Aber kann noch jemand zweifeln, daß es dieses Petersburg, das wir doch alle zu kennen meinen – dieses düstere Menschenbabel –, niemals gegeben hätte, hätte nicht die überhitzte Phantasie eines unglücklichen Dichters es gesehen? Seine Veranlagung, seine furchtbare Lebensgeschichte, seine fast krankhafte Empfindlichkeit für die moralischen Widersprüche seiner Zeit – sie waren es, die ihn zwangen, einen Raskolnikow aus sich herauszustellen, eine Welt um ihn zu errichten, die nur scheinbar aus den Bausteinen der materiellen Welt gemacht ist; in der er, Dostojewski, als ein Besessener mit Schattenfiguren durchspielen und bis zu einem gewissen Grad überwinden kann, was ihn in der ›wirklichen‹ Welt an den Rand der Vernichtung oder Selbstvernichtung gebracht hat.

Von dieser Art sind die Stoffe der Prosaschreiber.«

Unser Weg führte uns weiter nach Vilnius, wo wir Kasis Saja besuchten, den wir in Gagra kennengelernt hatten. Wir begegneten der Kinderbuchautorin Aldona Liobytė (1915-1985), mit der wir uns anfreundeten, später besuchten uns ihre Kinder in Kleinmachnow. Vom Besuch der sagenhaften Stammesburg Trakai und unseren Grillfeuern im Garten in Vilnius wäre zu berichten, auch von den Verfolgungen und Schwierigkeiten der Litauer in der Sowjetunion, die uns authentisch vermittelt wurden.

Wir fuhren nach Kaunas auf den Spuren des litauischen Nationaldichters Kristijonas Donelaitis (1714-1780), dem Johannes Bobrowski in seinem Roman »Litauische Claviere« ein Denkmal setzt, nach dessen Vorlage ich später das Libretto »Litauische Claviere – Oper für Schauspieler« (1976) verfaßte. Wir bewunderten die surrealen Aquarelle des Malers und Komponisten Mikalojus Čiurlionis (1875-1911), die wegen ihrer Lichtempfindlichkeit nur in verdunkelten Räumen zu besichtigen waren und die meist musikalische Titel tragen.

CHRISTA WOLF: BEGEGNUNGEN
Max Frisch zum 70. Geburtstag (1981)

Lieber Max Frisch,
die Orte, an denen wir uns begegnet sind, haben sich in meiner Erinnerung in Inseln verwandelt, gegen die die Flut ansteigt. Sich-Erinnern
wird in unseren Breiten mehr und mehr zu einer Art Rettungsaktion
für Fossilien und Antiquitäten. Darüber sprachen wir eigentlich, ohne
es zu wissen, indem wir über Ihr nächstes Buch sprachen, im Mai 1978
in Stockholm. Ihr nächstes Buch ist inzwischen erschienen, es heißt
»Der Mensch erscheint im Holozän«, und in der Widmung erinnern
Sie sich an dieses Gespräch, in dem wir, G. und ich, den Part des künftigen Lesers mit gewissem Anspruch glaubten übernehmen zu müssen.
Seitdem haben wir uns nicht mehr gesehen, die Inseln sinken, sinken,
man fragt sich, wo das Festland ist, *ein Weg ist ein Weg auch im Nebel*, der
Sog des Unwirklichen, Nichtvorhandenen hat schon viele erfaßt, aus
Lebenden werden solche, die überleben wollen, Trauer wird durch Un-
lust verdrängt. Erst greift es ans Herz, dann wird Ans-Herz-Greifen un-
zeitgemäß, der ergriffene Autor findet sich gestrandet, *die Natur braucht
keine Namen. Die Gesteine brauchen sein Gedächtnis nicht.*
Diese Art Sätze waren in unserem ersten Gespräch, zehn Jahre vor
dem bisher letzten, nicht in Sicht, die Natur hatte Namen - Wolga-
fluß, Wolgaufer -, wir schrieben Mai '68, und das Schiff, das zu Eh-
ren Maxim Gorkis eine Schriftstelleransammlung zu befördern hatte, war die »Gogol«. Wir redeten. Wir saßen uns im Schiffsrestaurant
gegenüber, langsam glitten die Ufer vorbei, die Hitze ließ nach, es
wurde Abend, dann Nacht, der helle Streifen am westlichen Ufer er-
losch, während - nun schon gegen Morgen -, am östlichen Ufer ein
rötlicher Streifen aufglomm, die Einzelheiten waren zurückgetreten,
zuletzt die Umrisse der Zwiebelturmkirchen an der Uferböschung.
Ich habe nun genug Kirchen gesehen, hatten Sie gesagt. - Ein Schiff,
leise stampfend, auf einem dunklen Strom, zwischen dunklen Land-
massen, unter dem Sternenhimmel der nördlichen Halbkugel: Eine
abstrakte Situation, die hätte uns vergessen machen können, wer wir
waren, wo wir waren. Wir vergaßen es keinen Augenblick. Wir wa-

ren uns bewußt, Stellvertreter wenn nicht zu sein, so doch zu scheinen.

»Mißtrauen«, schrieben Sie später, hätten Sie mir bei der Begrüßung angemerkt. Wie unsere Erwartungen unsere Wahrnehmungen lenken. Mißtrauen wäre mir als Letztes eingefallen, aber woher sollten Sie das wissen. Wir hatten, bis zu einem gewissen Grad, Schablonen zu bedienen, ehe wir sie, bis zu einem gewissen Grad, abbauen konnten. Ich mußte Ihnen mißtrauen, wenn es nach der Richtschnur ging, Sie mußten mir Ihre bürgerlichen Freiheiten entgegenhalten, deren Brüchigkeit ich Ihnen nachzuweisen hatte, während nun wieder Sie mir Staatsgläubigkeit unterstellen mußten. Ganz regelrecht funktionierte die Automatik nicht. Was Wein und Wodka können, haben sie dazu beigetragen, aber ein anderer Geist muß noch am Werk gewesen sein, denke ich mir. Denn während die »Gogol« in jener Nacht viele Male hielt, der Fahrtwind aufhörte, Wärme in die offenen Fenster schlug; während sie wieder und wieder in das Becken eines Schiffshebewerkes einfuhr und – wir sahen es an den beiderseits sinkenden Lichterketten – den Höhenunterschied zwischen Moskau und der Stadt Gorki beharrlich überwand, überfuhr sie anscheinend, ohne daß wir hätten sagen können: Jetzt!, Grenzen, die uns sonst gesetzt sind; Gogols Geist ging um, nach Mitternacht fanden wir uns, selbst beredt genug, unter dem Schutzmantel stummer Gefährten aus einer anderen Dimension und begegneten uns regelwidrig und voraussetzungslos auf dem Boden der Utopie. Es sei der Morgenhauch, glaubten wir, aber wer weiß, was uns anblies, daß wir vergaßen, was wir gesprochen hatten, und Sie, als wir uns spät beim Frühstück trafen, vorsichtshalber anfragen mußten: Also wie war das jetzt – reden wir noch miteinander? – Als gewöhnlicher Wolgadampfer lief die »Gogol« in Gorki ein. Der Boden, auf dem wir fest zu stehen glaubten, hat seitdem ein starkes Gefälle bekommen. Manchmal fanden wir uns von allen guten Geistern verlassen, aber geredet haben wir seitdem miteinander.

Ich könnte Ihnen – falls wir noch einmal auf die »Gogol« gerieten, aber das wird uns kaum passieren – jene Stelle auf dem ersten Deck bezeichnen, wo Sie, an die Bordwand gelehnt, den Namen von Ingeborg Bachmann nannten, bedauernd, daß sie noch abgesagt hatte, und in einem persönlichen Sinn. Daß Sie möglichen Gedanken anderer über Sie zuvorzukommen suchen, habe ich dann öfter beobachtet. Damit riskieren Sie, daß andere überhaupt erst anfangen, sich Gedanken zu machen. Die wachsende Offenheit im Privaten – zeigt sie nicht auch an, daß die Grenzen, die die bürgerliche Gesellschaft zwischen privat und öffentlich gesetzt hat, nicht mehr intakt sind? Daß die Person, die schreibend zwischen privat und öffentlich zu vermitteln hat, wenn die Verantwortung für Öffentliches ihr entzogen wird, eine starke Irritation auch in der Sphäre des Privaten erfährt?

Dies hätte unser Thema sein sollen, 1975, in der Kunsthalle in Zürich. So weit kamen wir nicht, wir sprachen über »Montauk«. Zuvor aber, sieben Jahre zuvor, haben wir in vollem Ernst definieren wollen, was ein »anständiger Mensch« sei – ja, das war bei diesem abendlichen Bankett in der Stadt Gorki –, und was Sie vorschlugen, ist nachzulesen: Ein anständiger Mensch sei heutzutage ein tapferer Mensch; einer, der sich selbst und seinen Freunden treu bleibe. – Wir tranken darauf, fürchte ich, und kamen auf diesen Punkt nicht mehr zurück. Er ist aus den möglichen Gesprächsstoffen ausgeschieden. Die Einsicht, daß die Aufgabe falsch gestellt, also nicht zu bewältigen ist, führt über Konflikte hinweg zum Verstummen. Wir gingen, 1975, nach sparsamem Kommentar zu »Montauk«, durch die Spiegelgasse in Zürich. Die fälligen Namen – Büchner, Lenin – wurden genannt, kommentarlos. Die fälligen Häusergiebel betrachtet. Zum Stadtschreiberhaus. Gottfried Keller. Abermals die Bachmann.

Nichts mehr über Moralisches, soviel ich weiß. Es kommt nicht darauf an, daß wir uns als anständige Menschen fühlen können – was immer das heißen mag. Darauf ist es nicht angelegt. Daß wir nicht aufhören können und dürfen, uns daran abzuarbeiten, ist unser einziges wirkliches Privileg, eine Dauerspannung, die unsere Schreibbemühungen hervortreibt, immer öfter aber blockiert. Wir, die osteuropäischen Intellektuellen, kamen, so scheint es mir heute, etwas früher zu der Erkenntnis, daß wir unsere Moral ungedeckt, auf eigene Gefahr betreiben als sie, die westeuropäischen Intellektuellen. Plötzlich kamen wir uns, wenn wir Sie trafen, wissender und erfahrener vor. So daß jenes nächtliche Telefongespräch zwischen New York und Oberlin, Ohio, zwischen einem Hotelzimmer in der Fifth Avenue und dem Arbeitszimmer eines abwesenden Professors, zwischen Ihnen und mir in der Zeit, als es stattfand, eigentlich schon der Vergangenheit angehörte. Eben deshalb fiel es Ihnen womöglich so schwer, es zu beenden. Es war ein Rückfall in die Zeiten, da wir, jeder von uns, für seinen ganzen Staat zu stehen hatten, während Sie, jeder von Ihnen, von der Teilhabe an den Kapitalproblemen seiner Gesellschaft dispensiert war und nur sich selbst vertrat.

Ich habe Ihnen nie erzählt, wie ich am Tag vorher vom Rücktritt des Kanzlers der Bundesrepublik Deutschland erfahren hatte (wir schreiben das Jahr '74): durch einen jungen amerikanischen Lehrer, der mir an seiner Schule Experimente mit Gruppenunterricht zeigte; dem der Name des Bundeskanzlers nicht einfiel, während ich lange mit dem englischen Wort für »Spion« zu tun hatte. Ich fror übrigens im nächtlichen Arbeitszimmer von Professor C. Fünfzehn, zwanzig Minuten lang sagten Sie immer die gleichen Sätze, ich antwortete mit immer dem gleichen Satz: Aber was hatten Sie sich denn gedacht. Ich beneidete Sie um Ihre Entrüstung, aber in den Neid mischte sich ein anderes Gefühl, Kälte. Im Lichtkreis der Schreibtischlampe lag der »Zauberberg«, ich hatte ihn in des Professors Bibliothek gefunden und gierig, aber als ein exotisches Buch gelesen, und ich fürchtete, die Frage, ob man ohne Alternative leben müsse, werde mir zur Formel gerinnen, und ich dachte an den jungen Lehrer, der, bloß um überhaupt irgendeinen Austausch zwischen den unerbittlich getrennt sitzenden schwarzen und weißen Kindern seiner Klasse in Gang zu bringen, eine alte Eskimosage über die Entstehung von Sonne und Mond mit verteilten Rollen hatte lesen lassen: ein schwarzes Mädchen die Sonne, einen weißen Jungen den Mond. Ich dachte an die Fünfzehnjährige, die, auf dringliches Befragen nach irgendeinem Einfall zu dem Stichwort Ost-Berlin, lange aus dem Fenster gesehen und schließlich zögernd herausgebracht hatte: The wall ...

Zeitsprung. Formeln mögen nützlich sein, leben kann man nach ihnen nicht. Sie sahen es wohl, als Sie uns im Dezember '76 in der Friedrichstraße besuchen kamen – aus Freundschaft, und aus Anstand, nichts davon war überholt, und wir dankten es Ihnen. In meiner Erinnerung war es sehr kalt, überaus finster, als wir selbviert zum Check Point Charley gingen. Die Frage war ja, was blieb, wenn die Hilfskonstruktionen zusammenbrechen, eine nach der andern, und welche Haltung dem Stande der Ohnmacht entsprechen mochte, in dem wir uns fanden. Sich zurücknehmen muß nicht Kapitulation bedeuten, doch wie vermeidet man es, daß unterderhand aus der Nicht-Botschaft eine neue Botschaft wird, also eine Täuschung; wie, sich selbstmitleidig in der Enttäuschung einzurichten (sprachen wir von Moral?); wie, mit allem, was wir zu uns nehmen, leiblich und geistig, immer noch, immer wieder jenen funktionssüchtigen Handlanger mitzufüttern, den man uns eingepflanzt hat? Und wie geht man mit der Angst um, die ausbricht, wenn man sich auf den Kampf mit ihm einläßt?

»Literatur in Verkleidung« hieß im Mai '78 das Thema in Stockholm, die Teilnehmer waren gehalten, es ernst zu nehmen. Ein bodenloses Thema. Literatur als Verstellung; der verstellende, sich verstellende Autor, der seine Maske nicht mehr von seinem Gesicht unterscheiden kann und sich nach Griffen sehnt, die keine Kunstgriffe wären. Der also, während er sich als Typ sich schwinden fühlt, gezwungen ist, als Person (»persönlich«) hervorzutreten, merkwürdige gegenläufige Bewegung. Ihre Nervosität, ehe wir unsere beiden Beiträge in der Aula der Stockholmer Universität ablieferten. – Können Sie auch vor Lesungen nichts essen? – Ich aß, Salat und Fisch.

Wann kommt das »Wie« in unser Leben? Die Stockholmer Häuser mit ihren scharfen Umrissen wirken wie aus einem Märklin-Baukasten aufgebaut, wenn man auf einem Schärendampfer an ihnen vorbeigleitet. (Schon wieder ein Schiff.) Die Altstadt von Stockholm wirke, sagten Sie, bei sommerlicher Hitze gegen Abend wie eine italienische Stadt. Wir kennen Italien nicht. Dafür, sagten Sie, sollten wir keine Stockfische sein und miteinander für ein paar Tage nach Lappland fahren, um die Rentiere zu streicheln. Das war ernst gemeint, wir konnten nur lachen. Warum sind wir bloß nicht mit Ihnen gefahren? Hatte der Vorbescheid »unmöglich« uns schon ganz besetzt? Man fuhr nicht einfach irgendwohin, nur weil man Lust dazu hatte. Man gab seinen Launen nicht nach. Man brauchte, auch vor sich selber, für alles einen plausiblen Grund. Die Bar, in der wir saßen, war von Geschäftsleuten und Kongreßteilnehmern besetzt. Kein Geist ging um, keine Unirdischen trieben ihr Wesen. Auch wenn wir mehr hätten trinken können, wir wären stocknüchtern geblieben: auf dem Boden der Tatsachen, hinter denen nichts steckt als sie selbst. Eine Bombe ist eine Bombe ist eine Bombe.

Dieser Satz, den Sie nicht aussprachen, ist Voraussetzung für Ihren Satz: *Die Ameisen ... legen keinen Wert darauf, daß man Bescheid weiß über sie.* – Sie würden ins Tessin fahren, arbeiten. Dazu brauchten Sie Lexika, sagten Sie. Ein alter Mann, sagten Sie, abgeschnitten in seinem Haus durch eine Naturkatastrophe, solle sich mit Hilfe von Zetteln, Auszügen aus Lexika, der Naturgeschichte der Lebewesen versichern, während um ihn die Flut steige. Eine Art zweite Schöpfung im Kopf dieses alten Mannes, der nicht lange mehr leben würde, so glaubten wir zu verstehen. Ein konkreter Vorgang, sagten Sie, detailgetreu beschrieben. Aber doch über sich hinausweisend? fragten wir. Doch nicht das natürlich Vorhandene denunzierend durch Zurücknahme. Eine seltsame Art von Tapferkeit unter der Maske des Starrsinns, mitten im Weltuntergang ... *Ein Weg ist ein Weg auch in der Nacht.* Sagen wir uns doch Du, sagten Sie. Du notiertest ein paar Wörter auf die Innenseite einer Zigarettenschachtel.

CHRISTA WOLF AN LEW KOPELEW

Kleinmachnow, 28. 11. 69

Lieber Lew,

es trifft sich gut, daß wir gleich einen zuverlässigen Briefträger haben,
auch für das kleine Büchlein, das ich Dir reinlege – falls es Anna selber
nicht schon geschickt hat.

Mein Gott, wie lang muß die Bahnfahrt von Erewan nach Moskau sein,
daß Du so einen langen Brief dabei zustande bringst! Übrigens kenne
ich Armenien: Als ich zum ersten Mal in Moskau war, ich glaube 1953,
waren wir in Erewan, auch am Sewan-See. Den Anblick des Ararat habe
ich nie vergessen, und den blauen Himmel, den es da gab, auch nicht.
Ich muß lachen, wenn ich mir vorstelle, daß ausgerechnet Deine
schwarzäugigen Armenierinnen sich um meine »Christa T.« beküm-
mern sollen – ist denn das nicht eine ganz und gar europäische Dame?
Und zwar auf der Grenze zwischen Aufklärung und neuer Empfind-
samkeit, auf der auch einst ein gewisser Herr Werther balancierte und
sich dann umbrachte? Mein Mädchen bringt sich gar nicht um, und
das soll man auch nicht tun, finde ich. Manche Leute hier und besonders im Westen – die überhaupt mächtig aus dem Kaffeesatz orakeln –
wollen die Leukämie partout symbolisch nehmen. Aber diese Frau, die
es ja gab, starb wirklich an Leukämie, und daß ich mich an manchen
Stellen zu sehr an den wirklichen Lebenslauf gehalten habe, ist überhaupt eine der Schwächen des Buches – vielleicht die Hauptschwäche.
Unter uns gesagt. Denn warum soll ich meinen ohnehin eifrigen Kritikern selber noch Material geben?

Umso besser, wenn das Buch manchen Leuten gefällt, es rührt mich.
Ich kriege auch hier aus der DDR viele Briefe, besonders von jungen
Leuten. Aber das Buch hat nun auch mich – besonders durch die dum-
men Reaktionen, die es im Westen ausgelöst hat – wenn auch nicht
zu einem der schwärzesten, so doch zu einem recht grauschwarzen
Schaf gemacht. Das sollte mir egal sein, aber widersprüchlich, wie
der Mensch nun mal eingerichtet ist, reagiert mein Körper gegen meinen (vernünftigeren) Kopf mit allerlei Wehwehchen: Herz und Kreis-
lauf sind nicht intakt. Weißt Du, unserer Generation in Deutschland

(oder jedenfalls in der DDR, von der wir nun mal ums Verrecken nicht lassen können) hat man zweimal die Lebenslinie geknickt. Das war ein bißchen zu viel. Das reagiert nun mit einerseits übertriebener Anpassungsbereitschaft, andererseits mit übertriebener Neurosebereitschaft. Gerd sagte, als er Deinen Brief gelesen hatte: Nimm dir ein Beispiel. Das ist ein Kerl! Nicht klein zu kriegen. – Aber war da nicht auch schon von Herzgeschichten die Rede?

Jetzt lese ich gerade viel Historisches aus dem Anfang des 15. Jahrhunderts. Wir wollen einen Film über den deutschen Till Eulenspiegel machen. Kennst Du das Volksbuch? Es ist ein deftiges Stück. Die Figur muß man eigentlich erst schaffen, und sie ist in diese brodelnde Zeit vor dem Bauernkrieg zu stellen, das reizt mich gerade.

Deine Frau wird noch keine englische Übersetzung der »Christa T.« kriegen – aber demnächst soll sie in den USA erscheinen, auch in Frankreich, Dänemark, Norwegen, Schweden, Finnland, Italien. Ich hätte sie von allen Ländern am liebsten bei euch gesehen, in Russisch. Wann wir mal wiederkommen, weiß ich noch nicht. Wir nehmen Kurs auf das nächste Jahr – aber ob es klappt?

Sei herzlich gegrüßt – auch Deiner Frau, die ich ja noch nicht kenne, einen Gruß

von Deiner Christa Wolf

Gerd läßt grüßen.

LEW KOPELEW AN CHRISTA WOLF

29. Aug 73

Liebste Christa,

in diesem Monat lebt unsere Familie im Zeichen Christa Wolfs – Raja liest englisch aus »Christa T.« und ich »Lesen und Schreiben«, und wir sprechen oft über Dich! Von Raja bekommst Du jetzt einen großen Brief, ich aber werde kaum viel schreiben können, denn die Zeit drängt – wir fahren morgen mittags nach Leningrad und ich muß den Brief noch an Mischka übergeben. Von ihr könnt Ihr auch recht ausführliche Auskunft über uns erhalten.

Und doch muß ich einiges, wenn auch kurz und hastig hier schreiben. »Blickwechsel« und »Zu einem Datum« las ich mit besonderem Gefühl – da hörte ich ganz deutlich Deine Stimme und sah Dich, wie Du an dem Abend bei uns darüber erzählt hast. Das sind gute, wahrhaftig poetische Kurzgeschichten und zugleich Keime eines großen Buches, das Du schreiben mußt und sollst. Deine Erfahrungen – diejenigen Deiner Generation in Deutschland und Deine persönlichen – der Autorin, der Funktionärin, der suchenden, denkenden, glaubenden und hoffenden jungen deutschen Frau der Jahrhundertmitte, der Zeitenwende, der immerdauernden, vielschichtigen nationalen Krise – diese Erfahrungen, die ja bereits Deine beiden guten Romane (nein, Christa T. ist mehr als gut, ist wirklich vortrefflich und bleibend) – entstehen ließen, sind noch bei weitem nicht in den meisten Schichten angezapft. Daß Du, gerade Du, für solch ein vielseitiges lyrisch-philosophisches Epos »das Zeug hast«, beweist mir dieses Buch eindeutig u. a. Selbstinterview, die Essays über Anna S. und Ingeb. Bachmann, das Titelessay am Schluß u. a. Du brauchst nur Dir selbst wirklich eine unbeschränkte Freiheit zu geben, nicht »aus sich selbst«, sondern aus den Dich umgebenden Schranken diverser Tabus und Vorurteile hinauszusteigen. Saltykow-Schtschedrin nannte es den »inneren Polizeiwachtmeister« oder den »inneren Zensor«, den manche seiner literarischen Zeitgenossen und auch er selbst über und in sich walten ließen. (Eine Kleinigkeit im Vergleich zu dem, was seine Enkel und Urenkel eben an »innerer« Zensur erlebten und erleben.) Ich lese gerade jetzt Grass »Aus dem Tagebuch einer Schnecke«. Ein sehr gutes Buch, das u. a. durch die ungehemmt innere Freiheit des Autors fasziniert, manchmal unsereinen sogar befremdet, dann bereits an Exhibitionismus grenzt, als subjektivistische Willkür empfunden wird. Zuletzt behält er Recht – wenn er auch hin und wieder maniriert, kokett, nicht nur künstlerisch, sondern auch gekünstelt sich zu geben scheint. Trotzdem summa summarum überzeugt er, führt mit – das ist eben nicht das thrillerhafte *Mitreißen*, sondern das überlegene *Mitführen* ... Da Du zur Zeit einen sehr großen Platz in meinen Gedanken einnimmst, habe ich immer wieder an Dich denken müssen und glaube, Du brauchst nichts. Du hast nichts von niemandem zu lernen. Du hast bereits Deine eigene Welt, Deine eigenartige Schreib- und Gefühls- und

Gestaltungsart, bei Dir auch kann der »Eindruck des Epigonalen« nie aufkommen (wie Du es so gut bei Bachmann bewiesen hast). Du brauchst einzig und allein Dir selbst nicht Mühe zu geben, und dann wirst Du nicht nur selbst schreiben, sondern auch sozusagen »geschrieben werden«. Das kennst Du ja selbst genug, was soll ich (Dir) da noch weismachen.

Es ist sehr gut, daß Du in dieser Welt da bist. Bitte laßt recht bald wieder von Euch hören. Kommt wieder, schreibt, oder vielleicht gelingt es auch uns mal wieder, nach DDR zu kommen.

– Erwin [Strittmatter] sollte uns einzuladen versuchen. Er ist ja einflußreich. (Gebt ihm einen Wink mit dem Zaunpfahl) – ich möchte ja so gerne noch zu Lebzeiten wieder Weimar besuchen und zum 1. Mal Erfurt und den Harz u. a. m. sehen.

Umarme herzlichst Dich und Gerhard. Seid gesund, Ihr Lieben, Ihr und alle Kinder.

Schreibt bald! Euer Lew

CHRISTA WOLF AN LEW KOPELEW

d. 15. 9. 73

Lieber Lew,

Dein Brief hat mir mein Denken, Rajas mehr mein Gefühl in Bewegung gebracht, beide aber an jenen zentralen Punkten, wo Denken in Fühlen, Fühlen in Denken übergeht: genau da habt Ihr mich getroffen (was, unter anderem, darauf hinzudeuten scheint, daß Ihr ein einander gut ergänzendes Ehepaar seid).

Wir sind in diesen Tagen erregt und bewegt von den Ereignissen in Chile. Es wiederholt sich der Vorgang, daß »man« – man ist aber manchmal die Mehrzahl aller Menschen – ohnmächtig daneben stehen und zusehen soll, wenn unter dem dichten Himmel der Stillhalteabkommen Völker abgemetzelt werden. Es ist unzumutbar, und doch, das schlimmste ist: man hat sich daran gewöhnt.

Dieser Satz führt direkt hinüber in die scheinbar entlegene Schreibproblematik, von der Du so richtig und gut und einfühlsam – eben genau »den Punkt« treffend – schreibst. Ich entsinne mich noch an den Augenblick, an die Umstände, als ich das Gefühl hatte: Jetzt sind mir endgültig die Hände abgeschlagen. Ich ging zwischen Leuten, die meist ganz anderer Ansicht waren, eine Treppe in einem offiziellen Gebäude hinunter. Es war im November 65. Wenn ich daran denke, komme ich heute noch ins Schwitzen.

Ich glaubte, »verstanden« zu haben.

Nun könnte man sagen: ausgezeichnet. Danach ist ja alles eine Kleinigkeit, man ist innerlich frei, kann schreiben wie der Teufel und sich genauso wenig wie der darum kümmern, ob es je einer liest, oder wie es auf den, der es doch liest, wirken mag. Es gibt Leute, auch Schreiber, die sich, halb bewußt, halb unbewußt, vor Informationen hüten, ja, vor ihnen flüchten, um an diesen gefährlichen Punkt und in diesen ziemlich aufreibenden Konflikt niemals zu geraten. Denn ein Konflikt ist es eben doch, weil man doch ganz und gar identifiziert war – und bis zu einem gewissen Grad ist und bleibt – mit dem, was man, wollte man seinem literarischen Gewissen folgen, objektiv und nüchtern, fast wie ein Außenstehender, beschreiben müßte.

Du wirst es Dir vielleicht nicht vorstellen können – aber vielleicht kannst gerade Du es doch –, wie viele Stufen und Varianten dieser Konflikt haben kann und wie der Zustand, daß man selbst in gleicher Person immer Motor und Notbremse sein muß, einen auf die Dauer ermüdet. (Deshalb, weil sie dieser Problematik gegenüber ahnungslos sind, bleiben die meisten West-Kritiken oberflächlich und unwesentlich, während die Kritiken bei uns entweder hämisch genau diesen Konflikt herauspolken – indem sie ihn »Abweichung« nennen – oder höflich sich bemühen, ihn nicht bemerkt zu haben.)

Ich schrieb die »Christa T.«, das ging noch an, mit den Resten meiner vorhandenen Naivität, außerdem unter so einem starken inneren Zwang stehend, daß ich hier und da einfach über die Schranken ging (obwohl das Buch im ganzen natürlich eine Reihe absichtlicher Undeutlichkeiten, Unschärfungen und Verwischungen enthält).

In den Jahren danach wurde das Produzieren immer schwerer. Es entstand einiges, immer – oder fast immer – mit dem Hintergedanken: das

»Eigentliche« ist es noch nicht. Wie lange kann man aber, wenn man 44 ist, noch mit dem Eigentlichen warten?

Du weißt, wie ich mich mit Anna [Seghers] verbunden fühle, auch und gerade mit den tragischen Zügen in ihrer inneren Biographie. Ich glaube sie zu verstehen, akzeptiere auch manches, was andere nur achselzuckend abtun, möchte aber natürlich nicht mich in die gleiche Patt-Situation hineinmanövrieren, in der sie sich befindet und so schwer produktiv bleiben kann. Manchmal reden wir darüber, was Brecht heute täte. Ob er seine Grund-Hoffnung, daß die Arbeiterklasse vom Objekt zum Subjekt der Geschichte wird (die die Grundlage einer Produktivität bei uns hätte sein müssen), hätte aufrechterhalten können. Was aber, wenn nicht? Manchmal denken wir, daß er zur rechten Zeit gestorben ist ...

Dabei bin ich weit entfernt von einem räsonierenden, nörgelnden Geschichtsverständnis. Nur beschäftigt mich unausgesetzt die Frage der Alternativen. Und auch das – daß man nur auf eine Alternative hin glaubt schreiben zu können – zeigt ja, wie man an der These hängt, daß Literatur gleich und möglichst noch politisch wirksam werden müßte. Vielleicht gibt es Jahrzehnte, in denen die Alternative gerade darin liegt, daß eine Reihe von Leuten (die sich selbst als einzelne, sogar Überholte fühlen mögen) einfach darauf bestehen, ihre Erfahrungen auszudrücken. Da aber kommt der für meine Generation typische Bruch unseres Selbstbewußtseins, über den ich andeutungsweise kürzlich einen kleinen Artikel geschrieben habe [»Über Sinn und Unsinn von Naivität« (1974)], für eine Anthologie »Geschichte meines Erstlingswerks«, die beim Aufbau-Verlag erscheinen soll. Dieser Artikel wurde akzeptiert. Ich schicke ihn Dir mit, weil ich nun einmal angefangen habe, Dir etwas von mir zu erzählen – man trifft selten auf jemanden, der zuhören kann –, und nun auch damit fortfahren will.

Es kann übrigens sein, daß dieser ganze Konflikt, der mir das Schreiben so mühsam macht, objektiv längst überholt ist. Für mich sehe ich nur die eine Möglichkeit, daß ich ihn mal darzustellen versuche (mir selbst solle ich Freiheit geben, sagst Du: ach, wenn Du wüßtest!), und das, was ich jetzt schreibe, das Kindheitsbuch, betrachte ich als einen Anlauf dahin.

Natürlich möchten wir so gerne, daß Ihr herkommt. Nur bin ich nicht sicher, daß eine Einladung von uns Dir nützen würde. Andere Möglichkeiten werden wir überlegen und besprechen.

Daß ich noch vieles und ganz anderes, aber mit diesem Thema Zusammenhängendes schreiben möchte, weißt Du. Nun, manchmal soll man doch auf Saltykow-Schtschedrins inneren Polizeiwachtmeister hören, nur muß man aufpassen, daß er sich nur an den Rändern und nicht im Zentrum des Gehirns einnistet. Wir denken viel an Euch, sehen Eure Wohnung, die Bilder in Deinem Zimmer ...

Wir sind alle gesund und leben unverschämt gut. Wir haben einen ganz warmen, sonnigen Herbst. Manchmal stört einen das schöne Wetter beinahe, wenn es zum inneren Wetter zu sehr im Gegensatz steht. Grüß die Deinen, sei umarmt, C.

Ich hänge mich nur kurz an, weil sie natürlich schon alles gesagt hat, was man so schreiben kann. Jedenfalls sind wir eigentlich mit Euch und Moskau verbunden, vielleicht bald mehr, als mancher andere. Um uns aber sozusagen auch in Dein Zimmer reinzudrängeln, schicken wir ein paar Bilder mit, auf dem einen ist C. sogar mit H. [Honecker] während einer Aussprache im hiesigen PEN – und wir beide sitzen vor der Landschaft eines Malers, den wir gern haben. Ein paar Bücher als Grüße, und wir werden überlegen, wie wir es mit der Einladung deichseln können, es muß uns was einfallen. Das sind dürre Worte, aber Mischka kann ja dazu erzählen. Schreib, wenn Du irgend etwas an Büchern oder sonst brauchst, es kommt wohl noch Tamara [Motylowa], sie kanns dann mitbringen. Auf diese Weise stellt sich die Linie Moskau – Kleinmachnow her. G.

SECHSTE REISE 1970

In Leningrad und im Schriftstellerwohnheim Komarowo, 14. bis 29. Juli 1970

Dienstag, 14. Juli, bis Mittwoch, 29. Juli 1970
Leningrad, Komarowo, Moskau
Die Städte. Leningrad, bei strömendem Regen, einem wahren Wolken-bruch, ins Taxi, von Etkinds wider Erwarten empfangen. Fast zwei Stunden Verspätung. Gerade, breite Straßen. Hotel »Sowjetskaja«, neu, erst zwei Jahre vorher erbaut. Zwei Zimmer, je eine Aufbettung, kommt billiger. (Insgesamt am nächsten Tag: 28 Rubel.) Restaurant in der 18. Etage: Modern, ringsum Glas, schöner Blick über die Stadt. Das erste und einzige Mal bei diesem Aufenthalt: Kaviar. Man be-kommt ihn so gut wie nicht mehr. Wodka, Soljanka, ein merkwürdiger Kaffee.
Wir gehen dann noch durch die Stadt, auf Umwegen bis zum Newa-Ufer. Wohnviertel aus dem vorigen Jahrhundert. Gerade Straßen, von den berühmten Kanälen geschnitten (an einem dieser Kanäle liegt Puschkins letzte Wohnung, diesmal konnten wir wegen des großen An-drangs nicht hinein, hier werden jedes Jahr zur Stunde seines Todes Meetings abgehalten). Die Häuser meist abgeblättert, man sieht durch Torwege in finstere Hinterhöfe. Wie immer verwundert mich die gerin-ge Zahl von Geschäften (das ist allerdings anders in anderen Stadtvier-teln Leningrads). Sehr viele Betrunkene, das merkt man am ersten Abend schon, und der Eindruck bleibt. Eine Szene: Direkt an der Stra-ße am Newa-Kai wird ein älterer Mann – wir wußten nicht, ob betrun-ken oder nicht – von einem jungen Burschen mit dem Kopf so auf das Pflaster geknallt, daß es ein widerlich knackendes Geräusch gibt. Eine Gruppe von Jugendlichen verfolgt den Täter, der laut schreiend über die Straße davonläuft. Sie kommen zurück, der Alte liegt immer noch da, zwei Matrosen haben ihn auf eine Bank gelegt. Die Jugendlichen se-hen ihn sich an, gehen weiter. Nach einer langen Weile rappelt er sich auf, setzt sich hin. Später muß er dann wohl davongetorkelt sein. Keine Miliz wurde benachrichtigt, kein Krankenwagen geholt.
Wir gehen am reitenden Puschkin vorbei, im Sommergarten bis zum Winterpalais. Der große, fast leere Platz. Helle Nächte, dieses bleiche

Licht, noch bis 11, 12 Uhr. Mit Glück fangen wir ein Taxi. Wenig Schlaf, Straßenlärm von unten.

Nächsten Vormittag: Geschäftsgänge mit Veronika Spasskaja, die uns am Ende in ein Taxi nach Komarowo verfrachtet. Das Taxi von einer Frau gesteuert, hart, sehnig, die sich verfährt und am Ende freundlich wird, vielleicht wegen des einen Rubel Trinkgeld. Häufig macht auch das die Taxifahrer nicht freundlicher. Hilfe beim Kofferausladen leistet fast keiner.

Von K. aus häufig nach Leningrad, mit einer elektrifizierten Vorortbahn, fünfzig Minuten, bis Finnlandski Woksal. Allmählich wissen wir, welchen Bus, welche Bahn wir in die Stadt nehmen müssen. Immer wieder der Newa-Kai, den wir mehrmals auf- und ablaufen und nun wahrscheinlich nicht mehr vergessen, eines der schönsten Stadtpanoramas wohl. Aurora, die Gerd mit konstanter Bosheit »Potjomkin« nennt. Die Eremitage, grünes Winterpalais, ein erschreckendes Menschengewimmel, ein Irrgarten, mehrere Hektar Wandfläche mit Bildern behängt, schwer finden wir unsere Franzosen: Matisse, das Zimmer mit der falschen Perspektive [»Das rote Zimmer«], ein paar Picassos. Noch ein paar schöne Niederländer fallen uns auf, Brueghel dabei.

In Komarowo rät man uns, auch noch in das Museum für russische Kunst zu gehen, da hätte man Chagalls und Kandinskys im »Reservefonds« und zeige manchmal ein paar. Von den Wächterinnen, die wir fragen, kennt keine den Namen Chagall, eine sagt dann, hier stelle man nur russische Künstler aus. Viel Repin. Eine ganze Reihe Petrow-Wodkins, die wir ja kennen, dann zwei Bilder von Falk und einem anderen, der mir gefällt, in einem Seitenkabinett. Sowjetische Malerei schwach, bis auf die der zwanziger Jahre. Vor dem Museum sitzen wir dann auf einer Bank neben Puschkin, wo Böll – nach seinem Brief – mit Admoni gesessen, schon krank (Diabetes, Hepatitis), ohne es zu wissen, und mit Admoni über die Festigkeit der Seele gesprochen hat ... Auf B.'s Spuren stießen wir überall, manche hatten Briefe von ihm, es wurde von einer Art von Seelenverwandtschaft gesprochen, die alle ideellen Unterschiede überbrücke ...

CHRISTA WOLF: ERINNERUNG AN EFIM ETKIND (2010)

Lew Kopelew, euer Moskauer Freund, hatte Efim zu euch geschickt, eines Tages kreuzte er überraschend in seinem alten Pobeda vor dem Heim auf, um euch abzuholen. Eine Fahrt zu seiner Datscha in Richtung finnische Grenze, du erinnerst dich an Kiefernwald, Krüppelkiefern. Es war Spätsommer. Auf einmal flüsterte Efim: Ducken Sie sich!, worauf eure Köpfe hinter den Autoscheiben verschwanden und ihr unbehelligt an einem Militärposten mit quer über die Brust gehängter Kalaschnikow vorbeikamt. Die müssen nicht wissen, daß ich Sie hierherbringe, sagte Efim, und er brachte euch zu einem Holzhaus mitten im Wald, in dem es bunt und warm und gemütlich war, seine Frau empfing euch freundlich, seine beiden Töchter begannen mit euren Töchtern deutsch und russisch zu reden. Wenn ich mich recht erinnere, gab es zuerst Tee aus dem Samowar und Gebäck, und später wohl Pelmeni. Genau weiß ich noch, daß in der Stube, dort, wo in alten russischen Häusern sonst die Ikone und das Öllämpchen hängen, eine Ekke für Alexander Solschenizyn eingerichtet war: Fotos, Bücher, Briefe, du glaubtest sogar etwas wie ein ewiges Lämpchen zu sehen. Sie kennen ihn? hattet ihr Efim gefragt, und er hatte schlicht geantwortet: Wir sind befreundet. Dadurch war er für euch, besonders für die Töchter, in eine andere Kategorie von Lebewesen aufgerückt. Diese Freundschaft hat ihn und seine Familie die Heimat gekostet, ihm wurde vorgeworfen, Manuskripte von Solschenizyn versteckt und ihre Übersetzung im Westen vermittelt zu haben. Sie konnten es nicht beweisen, aber jeder, der ihn kannte, glaubte, daß sie ihn nicht ganz grundlos verdächtigten, auch ihr glaubtet das, habt ihn aber nie, auch später nicht, danach gefragt. Jedenfalls verlor er seine Arbeit, dann zwang man ihn zur Ausreise. In Paris, in einem hypermodernen Stadtteil, habt ihr ihn nach Jahren wiedergetroffen, seine Wohnung war mit Erinnerungsstücken besetzt und durchtränkt von Heimweh, an dem, wie ich glaube, seine Frau gestorben ist, obwohl die Diagnose lautete: Krebs.
Und während ich mir das alles in Erinnerung rufe und eine Serie von Bildern vor meinem inneren Auge abläuft, habe ich nun auch das Schriftstück gefunden, nach dem ich gesucht habe, natürlich in dem

Koffer mit den Kopien unserer Stasi-Akten, den ich nur selten und ungern öffne. Es ist das einzige Dokument in russischer Sprache unter diesen Akten, ein Bericht des NKWD an die deutsche Gegenstelle, in dem fein säuberlich der Besuch eines jungen Mannes in unserer Wohnung geschildert ist. Der hatte sich in euer Vertrauen eingeschlichen [...], indem er Efims Namen am Telefon nannte, daraufhin natürlich eingeladen wurde und euch dann berichtete, er, der in Leningrad Naturwissenschaften studiere – das mag er nebenberuflich auch getan haben –, habe Efim zufällig in einem Antiquariat getroffen – o diese russischen Zufälle! –, wo dieser Bücher zum Kauf angeboten habe, weil er gezwungen sei, das Land zu verlassen: Das habe er ihm im Vertrauen gesagt, da sie noch eine Weile miteinander gesprochen hätten. Und Efim habe ihn beauftragt, euch zu fragen, ob er vom westlichen Ausland weiterhin mit euch in Kontakt bleiben dürfe oder ob das für euch zu gefährlich sei, und ihr, unheilbar leichtgläubig, beteuertet, daß ihr die Verbindung mit Efim halten wolltet, und botet ihm eure Hilfe an.

So steht es auf russisch in deutscher Übersetzung, versehen mit russischen Stempeln, in den Akten. Efim habt ihr immer wieder getroffen, auf der Straße in Bloomsbury in London, in einer westdeutschen Stadt, wo ihr gemeinsam an einer Tagung teilnahmt, in Potsdam, nun schon nach der »Wende«, wo er zuletzt wohnte, auf seiner Dachterrasse, bei russischem Essen. Er steckte voller russischer und jüdischer Anekdoten, ihr habt viel gelacht, aber er wollte immer auch über die ernstesten Fragen sprechen, ihn quälte eine Unruhe über die Zukunft, die versuchte er aus sich herauszutreiben, indem er unermüdlich rund um den Globus reiste, um Vorträge zu halten, zu unterrichten. Sein Herz war nicht gesund. Irgendwo unterwegs werde er einmal umfallen, dachtet ihr. Dann starb er aber da, wo er es nie im Leben erwartet hatte, in Potsdam.

Aus »Stadt der Engel oder The Overcoat of Dr. Freud«

№ 795/70

С П Р А В К А

С 14 по 24 июля 1970 г. писательница ГДР Криста ВОЛЬФ с мужем и дочерью находилась по приглашению Союза писателей СССР в Ленинградском доме творчества писателей в Комарово.

За время пребывания в Комарово К.ВОЛЬФ держалась настороженно и обособленно, большую часть времени проводила в кругу семьи, общалась только с писателями, занимающимися переводами немецкой литературы, часто выезжала на экскурсии в г.Ленинград, посетила Петродворец.

К Кристе ВОЛЬФ в гости никто не приезжал. В конце пребывания в Комарово она встретилась с некоторыми ленинградскими переводчиками на квартире переводчика Адмони-Красного. На встрече читались стихи советских и немецких поэтов, обсуждались проблемы художественного перевода, политические темы не затрагивались.

Данных о каких-либо политических высказываниях К.ВОЛЬФ не получено.

6/8.70.

21 »Auskunft« des KGB zu Christa Wolfs Aufenthalt in Komarowo in den Akten der Staatssicherheit über Wolf

22 Deutsche Übersetzung der KGB-»Auskunft«

Gerhard Wolf zur sechsten Reise

Es war die einzige Reise, an der auch unsere Töchter Annette und Katrin teilnahmen, ein Urlaub im Heim des Schriftstellerverbandes in Komarowo. Wir fuhren ohne Begleitung im Zug von Moskau nach Leningrad (heute St. Petersburg), und die Töchter waren ziemlich frappiert, als sie auf der Toilette des Bahnhofs ohne Sichtblende auf einer Stange sitzen mußten. Katrin trug sehr kurze Röcke oder Shorts und erregte auf der Straße Aufsehen, so daß sie ihre Kleidung wechselte.

Christas Aufzeichnungen über diesen Aufenthalt sind sehr kurz, vielleicht auch, weil sie über das Treffen mit Efim Etkind und seiner Familie, das während dieses Urlaubs stattfand, nichts unmittelbar festhalten wollte; offenbar wurde es vom russischen Staatssicherheitsdienst nicht bemerkt, denn der Besuch bei Etkind wird in der »Sprawka« (Auskunft) des KGB nicht erwähnt. In »Stadt der Engel oder The Overcoat of Dr. Freud« schreibt Christa Wolf über das Treffen.

Das Schriftstellerheim in Komarowo lag in einem Wäldchen nicht weit vom Ostseestrand. Wir aßen dort das reichhaltige Essen, schon zum Frühstück die beliebte Buchweizengrütze mit Smetana (Schmand) und gebratenem Fleisch. Der Aufenthalt im Heim, in dem wir uns mit einem jüdischen Ehepaar anfreundeten – der Mann war im Lager gewesen –, ist nur durch Fotos belegt, wie auch die Ausflüge zu den Sehenswürdigkeiten, Museen, Palästen und Gedenkstätten der Revolution von 1917 in Leningrad; das war in kurzer Zeit erreichbar.

In Komarowo besuchten wir das Grab von Anna Achmatowa. Sie war 1966 in Domodedowo bei Moskau verstorben, wurde aber dort beigesetzt, wo ihr der Schriftstellerverband Ende der 1950er Jahre eine Datsche zugesprochen hatte: in der Nähe ihrer Wahlheimat Leningrad. Stand Anna Achmatowa im Austausch mit Lew Kopelew und Iossif Brodski, so gab Efim Etkind, der sie ebenfalls persönlich kannte, ihre Gedichte heraus. Unvergeßlich blieb uns der Besuch in der Wohnung des Philologen, Sprach- und Literaturwissenschaftlers Wladimir Admoni (1909-1993). Er war ein Vertrauter Achmatowas und berichtete uns über ihr Leben und Schicksal, die Verfolgungen und ihren Ausschluß aus dem sowjetischen Schriftstellerverband.

23 Besuch in Peterhof bei Leningrad (St. Petersburg)

24 Am Grab von Anna Achmatowa

Im Jahr nach dieser Reise erschien meine »Beschreibung eines Zimmers –
15 Kapitel über Johannes Bobrowski«, wozu mir Lew Kopelew einen
Brief schrieb. Seine Rezension zur »Beschreibung« erschien zuerst in
der Zeitschrift »Freundschaft« (Zelinograd/Kasachstan, 3. März 1973)
und später auch in »Woprossy literatury« (5/1973).

25 Christa Wolf mit Katrin (links) und Annette

26 Gerhard Wolf mit den Töchtern

LEW KOPELEW AN GERHARD WOLF

Lieber Gerhard!

Für Dein Buch will ich Dir aus Herzenstiefe danken, ich habe es heute zum zweiten Mal gelesen (in einer Woche) und will eine Besprechung schreiben. Ich weiß noch nicht für welche Zeitung oder Zeitschrift und wie ausführlich, populär oder »elitär« sie werden soll, aber schreiben muß ich unbedingt. Denn Dein Buch hat mich so beeindruckt, wie seit langem keines von der Art ... Poetisch über Poesie! Und zugleich weit über nur literarische bzw. ästhetische Probleme hinaus reichend, genau so wie Du es mit der Verlebendigung der Sprache meinst: in einer konkreten Bildwelt bleibend »weit über subjektive Eingebung hinausstrebend ... neue Vorstellungen schaffend« (S. 157). Dein Buch will ich nun weit und breit als ein vortreffliches Beispiel vom Eindringen »in Dichters Lande« empfehlen, das zugleich selbst zur Dichtung wird. Die »Beschreibung eines Zimmers« wird zur kritischen Würdigung eines Dichterschicksals, poetische Erzählung über einen – und was für einen! – Charakter und aus dieser »subjektiven Eingebung«, aus all den greifbaren konkreten Dingen, aus dem so durchaus konkret beschränktem Raum – ein Zimmer! – hervorquellend, mündet es in vielschichtigen philosophisch künstlerischen Verallgemeinerungen ... Verzeih mir, bitte, das Gestammel, aber hoffentlich wirst Du doch daraus den Sinn herausfischen können – (da ich jetzt auch noch eine deutsche Schreibmaschine habe, soll es Dir leichter fallen) – Dein Buch ist für mich von enormer Bedeutung ... Johannes Bobrowski hab ich auch früher schon sehr hoch geschätzt, aber mit jedem Jahr wirkt auf mich sein Schaffen immer mehr, immer stärker ... Das ist mit dem zu vergleichen, was ich zum ersten Mal bewußt beim Anblick von zwei Kirchen erlebt habe: die wunderschöne edel schlichte alte Kirche »Pokrow na Nerli« (bei Wladimir) und die »Diwnaja« (d. h. wunderbare) Kirche in Uglitsch erscheinen aus der Ferne bedeutend größer (höher, gewaltiger) als in der Nähe, je weiter man sich von ihnen entfernt, desto großartiger wirken sie. Ich weiß nicht, was die Baukünstler darüber sagen, aber ich mußte mich daran erinnern beim Nachdenken über manche postume Dichterschicksale – es gibt ja genug Autoren, einst berühmt, hochgepriesen und heißumstritten, denen man in Nachrufen die Ewigkeit versprochen, und in Marmor, Erz und stattlichen Festausgaben diese Versprechungen ehrlich zu verwirklichen trachtete, doch trotz allem bleiben sie dann nur für Literaturhistoriker gültig. Entgegengesetzt ein Hölderlin, ein Kleist, Trakl, Kafka, Horváth, ja sogar Brecht, der jetzt 15 Jahre nach seinem Tode der Welt unvergleichlich größer als zu Lebzeiten erscheint. Dein Buch beweist mir eindeutig, was früher manchmal als meine subjektive Übertreibung abgewiesen bzw. bezweifelt wurde, daß J. Bobrowski eine der allergrößten und edelsten Erscheinungen der deutschen und der Weltliteratur ist. Du hast mir jetzt so viel Neues über ihn mitgeteilt, solche neuen Verhältnisse erschlossen, daß ich nun am liebsten möchte, nachdem ich mit meiner großen Arbeit »Goethe und das Theater« fertig bin, eine Bobrowski-Monographie in Angriff zu nehmen. Was mich in seiner Dichtung, in seiner gestaltenden, ton- und schallreichen und rhythmisch mitreißenden Sprache so gewaltig magnetisch anzieht, kann ich heute nicht – und weiß nicht, ob ich's jemals können werde – deutlich definieren. (Will es aber unbedingt versuchen.) Dafür weiß ich aber ganz genau, was mir an seinem Wesen – menschlichem und geistig-dichterischem Wesen – eben heute besonders lieb und wert ist. Die ihm ureigene bodenwüchsige Verbundenheit mit seiner ostpreußischen Heimat (›patria chica‹ nennt man es spanisch, Anna Seghers hat mir einst diesen Begriff sehr schön erklärt) – seine tiefe Verwurzelung in der konkret heimatlichen Tradition, die ja zugleich eine der lebenskräftigsten Traditionen der neuzeitlichen deutschen Kultur ist – ist ebenso natürlich und konkret mit litauischen, russischen, polnischen, jüdischen, europäischen und asiatischen geistigen-künstlerischen, mythologischen, musikalischen, sittlichen u. a. Traditionen verwachsen. Es ist keine romantisch utopische Idylle, von ihm erträumt, sondern die ungekünstelte, herbe, ja tragische Wirklichkeit, poetisch verkörpert und dem Poeten – dem Christen und Menschenfreund in allen ihren Widersprüchen bewußt, auch als Sprache ... »auf dem endlosen Weg zum Hause des Nachbarn«. Das macht ihn, den höchst eigenartigen ästhetisch und existentiell manchmal esoterischen deutschen Dichter, ganz besonders aktuell und weltbedeutend im Zeitalter der Nationalismen und Chauvinismen aller Art, die kreuz und quer auf unserem Planet von Irland bis Bengalien, von Kanada bis Südafrika so gefährlich wuchern und gären.

Und außer all dem, muß ich Dir gestehen, daß ich mich auch noch sehr persönlich an ihn gebunden (›wahlverwandt‹?) fühle. Daß Du als folgerichtiger Materialist nicht lachst, aber unsereiner wird mit dem Alter so gut wie anfällig für mystische Empfindungen: seit Jahren wollte ich Bobrowskis Werke gründlich studieren, nicht nur weil sie mich künstlerisch und weltanschaulich ansprachen, sondern auch noch darum, weil ich am selben Tag (9. 4.) geboren wurde, und weil ich als Student und Aspirant besonders an Hamann, Herder und Klopstock interessiert war (meine erste größere germanistische Arbeit war über Sturm und Drang) und weil im Kriege wir uns direkt gegenüber standen (am Ilmensee), und weil, als ich kurz nach der Wiederkehr zur Germanistik (1955-56) mich mit Paul Flemings Rußland-Lyrik befaßte, begeistert darüber, daß die ersten poetischen Werke über Moskau und Nowgorod u. a. russische Orte aus deutscher Feder stammten, da hörte ich eigentlich auch zum ersten Mal den Namen Bobrowski ... Ich muß gestehen, daß ich nicht sofort den richtigen Zugang zu ihm fand, ich brauchte noch einige Jahre, um die vulgär-ideologischen-dogmatischen Vorurteile zu überwinden, die mein Denken und Fühlen recht lange verkrüppelten, aber um so stärker wurde nachher das Verlangen, Bobrowskis Beziehungen zu Rußland zu ergründen, sie sind mir ganz außerordentlich wichtig und lieb: sie entwickeln sich eigenartig weiter und vertiefen die alten deutsch-russischen und russisch-deutschen, geistig-ästhetischen Verbindungen – (was mich bei P. Fleming – dessen Namen ich übrigens in Deinem Buch vermisse – und bei Rilke immer wieder anzieht) – Du hast sehr gut darüber geschrieben (S. 79-82). Und J. B. beweist überzeugend: was wirklich und fruchtbar national ist, muß auch wirklich und fruchtbar inter-national sein, international an Quellen sowie ›Mündungen‹. Er würde es wohl mit den Begriffen ›heidnisch-christlich‹ ausdrücken, aber letzten Endes ist es genau dasselbe.

So kannst Du Dir nun vielleicht doch vorstellen, *wie* dankbar ich Dir bin, daß Du dieses treffliche Buch geschrieben hast – und *so* geschrieben, in solcher Übereinstimmung von Thema und Gestaltung, und daß Du es mir schicktest!

Beide Male, als ich in der DDR war (1964 und 65), wollte ich Bobrowski sehen, doch es kam nicht dazu und ich hoffte: na, dann beim nächsten Mal ... Nun ist Dein Buch für mich zu einer unverhofften Begegnung mit ihm geworden ... Traurig und doch schön und das Schöne
wird überdauern.

Viele liebe Grüße für Christa, wann bekomm ich auch von ihr was zu lesen?
Seht Ihr Anna? Wie geht es ihr? Seit langem höre ich nichts von ihr.
Grüßt bitte sehr herzlich sie und Rodi. Raja grüßt und ich umarme her-
lichst Euch beide

Dein Lew

P. S.
Wäre es möglich, Schallplatten mit J. B's. Stimme zu erhalten? Was ist
von seinem Nachlaß noch unveröffentlicht? Die letzten vier Titel v. d.
Klappe – (*Boehlendorff* u. a.) hab ich noch nicht. Da steht »vergriffen«!
Gibt's keine Möglichkeit, sie zu kriegen?

SIEBTE REISE 1973

In Moskau zur Majakowski-Ausstellung, 14. bis 29. Juli 1973

30. 7. 73

Als wir [in Berlin] im Taxi zurückfuhren, informierte uns der Taxifahrer von Ulbrichts schwerer Krankheit und äußerte die Vermutung, man werde ihn über die Weltfestspiele »auf Eis« legen, falls er jetzt mittendrin stürbe – weil man ja keine Staatstrauer gebrauchen kann. Die Bilder, die von Moskau bleiben: Das Zimmer im Hotel »Warschawa«. Gesichter in der Metro, müde. Die Rücken u. Profile der Präsidiumsmitglieder vor und neben mir im Präsidium d. Majakowskifeier im Schriftstellerhaus. Ihre Rücken, eitel, wenn sie am Rednerpult standen. Der Club, in dem wir aßen, holzgetäfelt. Das Museums-Zimmer von K. [Lew Kopelew]. Am Fenster das Portrait von Frida Wigdorowa, der »besten Frau, die er gekannt hat«. Die große Wohnhöhle bei seiner Tochter Swetlana, ihr schiefhalsiger Mann, der Sprachwissenschaftler. Das Schriftbild des Böll-Briefes (... gefährdet durch den Ruhm (wie wir alle)). Maria Sergejewna mit ihren dicken Armen, mir gegenüber. Simonows zwei Gesichter: das straffe öffentliche und das alte, kranke. Der Blick auf die Birken aus seinem Fenster ... Das Atelier von B. [Boris Birger]. Simonows westlich gepflegte Frau. Der eitel-pathetische Rezitator bei der Eröffnung d. Majakowski-Ausstellung. Die gespielte Ergriffenheit der Umstehenden.

Gerhard Wolf zur siebten Reise

Leider liegen über diese Reise, an der auch ich teilnahm, nur kurze rückblickende Aufzeichnungen von Christa Wolf vor, die wenig von der äußeren Dramatik des Aufenthaltes wiedergeben. Christa Wolf war vor allem für die Zeitschrift »Neue Deutsche Literatur« wegen eines Interviews mit Konstantin Simonow nach Moskau gefahren. Das Interview berührte grundlegende Lebensfragen. Wir kannten Simonows Romane und sein unvergessenes Lied »Shdi menja« (»Warte auf mich«), die Anrufung der Frauen, ihre im Krieg kämpfenden Männer nicht zu vergessen, das weithin gesungen wurde.

Wir wußten auch, daß Simonow eine Ausstellung über Wladimir Majakowski (1893-1930) wieder ins Leben gerufen hatte – »20 Jahre Arbeit« –, die Majakowski, kurz bevor er sich eine Kugel ins Herz schoß, als letzten großen Auftritt inszeniert hatte. Die Ausstellung wurde, genau in der Anordnung, wie sie der Dichter 43 Jahre zuvor gestaltet hatte, in denselben Räumen wiederaufgebaut und es wurde eigens dafür auch eine zugemauerte Tür wieder geöffnet. Wir konnten an der Eröffnung der Ausstellung teilnehmen, zu der auch Majakowskis Geliebte Lilija Brik, oft geschmäht, als alte, aber ungebrochene Dame in Schwarz erschien. Daß Christa Wolf auf der folgenden festlichen Abendveranstaltung reden sollte, an der auch ausländische Kenner von Majakowskis Werk auftraten (ich kannte nur den tschechischen Übersetzer Jiři Taufer aus Prag), hatten wir nicht gewußt. Sie wurde zu einem Sekretär des Moskauer Schriftstellerverbandes, Surkow, dirigiert, der sie verpflichtete, unbedingt als Vertreterin der DDR zu sprechen. Auf ihren Einwand, daß sie kaum an einem Tage eine angemessene Rede zustande bringen könne, replizierte er sarkastisch: »Majakowski kann nichts mehr schaden.«

Wir besorgten uns mit Hilfe unserer treuen Dolmetscherin Lidija Gerassimowa eine deutsche Ausgabe von Gedichten Majakowskis (wohl in der Übersetzung von Hugo Huppert) und gingen zu Werke. Christas Rede am Abend war, wie ich mich entsinne, die einzige, die den Selbstmord des Dichters erwähnte.

Leider ist von dem improvisierten Manuskript nichts erhalten geblieben,

ЮБИЛЕЙНАЯ КОМИССИЯ
СОЮЗА ПИСАТЕЛЕЙ СССР
ПО ПРОВЕДЕНИЮ
80
ЛЕТИЯ
СО ДНЯ РОЖДЕНИЯ
В. В. МАЯКОВСКОГО
ПРИГЛАШАЕТ ВАС ПОСЕТИТЬ
ВЫСТАВКУ
ДВАДЦАТЬ ЛЕТ РАБОТЫ МАЯКОВСКОГО
ВЫСТАВКА ВОЗОБНОВЛЯЕТСЯ В ЗДАНИИ СОЮЗА ПИСАТЕЛЕЙ СССР
В ТЕХ ЖЕ ПОМЕЩЕНИЯХ, В КОТОРЫХ БЫЛА УСТРОЕНА САМИМ
ПОЭТОМ
В ФЕВРАЛЕ 1930 ГОДА
ул. Воровского, 52.

27 Einladung zur Majakowski-Ausstellung

hingegen Notizen zu dem Gespräch mit Simonow, das an einem der darauffolgenden Tage in dem Arbeitszimmer seiner Datsche in Peredelkino bei Moskau mit Hilfe von Lidija als Übersetzerin stattfand. Simonow war stark erkältet und trug ein Stirnband mit heilenden Tinkturen. Wir waren von dem ganz mit westlichen Geräten ausgestatteten Haus beeindruckt, besonders von den originalen Bildern des berühmten naiven Malers Niko Pirosmanaschwili an den Wänden. Das Interview fand später große Beachtung.

Zwei Monate nach der Reise besuchte uns Juri Trifonow in Berlin, was Christa Wolf in ihrem Eintrag zum 27. September 1973 in »Ein Tag im Jahr« festhält. Seitdem standen wir mit ihm in Kontakt auch über seine Bücher, die im Ostberliner Verlag Volk und Welt erschienen, darüber hinaus auch im Westen (1978 erhielt er etwa den »Premio speciale« der Jury des italienischen Premio Mondello).

Lew Kopelews vorbehaltloser Aufsatz zu »Kindheitsmuster« (1976) impliziert eine Polemik gegen den Verriß von Marcel Reich-Ranicki, der sich vor allem auf die vier Zeitschichten des Textes bezieht (»Christa Wolfs trauriger Zettelkasten«, »Frankfurter Allgemeine Zeitung«, 19. März 1977), wie auch gegen Hans Mayers Einwände gegen die Wahrheitssuche der Autorin. Kopelew griff damit, ähnlich wie Heinrich Böll, in die kritische Kontroverse zu diesem Buch ein, das vor allem in Frankreich große Zustimmung fand.

28 Wladimir Majakowski 1930 in seiner Ausstellung
»20 Jahre Arbeit«

CHRISTA WOLF: Genosse Simonow – aus dem Umkreis dessen, worüber man sprechen könnte, versuche ich ein paar Themen herauszunehmen, bei denen es durch unterschiedliche Erfahrungen Reibungsflächen zwischen uns geben könnte; oder Fragen, die mich gerade beschäftigen und auf deren Beantwortung durch Sie ich neugierig bin. Wir sind von unterschiedlicher Nationalität, von unterschiedlichem Alter. Diese wichtigen Unterschiede müssen auf unsere Arbeit – die wir gemeinsam haben – einen großen Einfluß ausüben. Interessieren Sie als Schriftsteller eigentlich die Deutschen?

KONSTANTIN SIMONOW: Es fällt mir schwer, den Schriftsteller vom Menschen, der ein ganz bestimmtes Leben durchlebt hat, zu trennen. Als Mensch meiner Generation waren meine Gefühle und der Charakter meiner Interessen für die Deutschen zu verschiedenen Zeiten recht unterschiedlich.

Die persönliche Geschichte dieser Interessen geht bis in die Kindheit zurück, als ich sieben, acht Jahre alt war. Meine ersten Kindheitserinnerungen an Deutschland, an die Deutschen, stützen sich auf Gespräche bei uns zu Hause, zwischen meinem Stiefvater und seinen Genossen, Kommandeuren der Roten Armee: Ob wir den Hamburger Aufstand unterstützen werden und wie wir ihn unterstützen werden; es handelte sich dabei um militärische Unterstützung.

Natürlich sind das Kindheitserinnerungen, ich will sie nicht modernisieren. Trotzdem besinne ich mich recht deutlich auf das, was gesagt wurde: Dort bei den Deutschen in Hamburg ist Revolution; wie ist das – können wir helfen oder können wir das nicht? Und wie wird das alles weitergehen?

Ich erinnere mich auch an den Gesangsunterricht in der Schulzeit und dabei besonders an das Komintern-Lied von Eisler:

»Verlaßt die Maschinen, heraus, ihr Proleten!
Marschieren, marschieren, zum Sturm angetreten!«

In den Übergangsjahren vom Pionier- zum Komsomolalter (wenngleich ich weder Pionier noch Komsomolze war, sondern im Jahr einundvierzig direkt in die Partei eintrat – aber ich meine ja die Altersstufe) kleideten wir uns nach Art des »Roten Jungsturms« – das war die jugendlich variierte Uniform des deutschen »Rotfrontkämpferbundes« –, das Koppel umgeschnallt, wir trugen die »Thälmannuniform«. Das war Ende der zwanziger, Anfang der dreißiger Jahre, als die Erwartung, in welchem Land es noch zu einer Revolution kommen wird, für mich Fünfzehnjährigen vor allem mit Deutschland verbunden war.

Um mir meine Gefühle von damals ins Gedächtnis zurückzurufen: Wer von den ausländischen Kommunisten stand für mich an erster Stelle? Natürlich Thälmann! Um so stärker war die Erschütterung, als der Faschismus zur Macht gelangte, die Frage, wie das alles geschah; wie das plötzlich trotzdem geschehen konnte. Für mich war das eine sehr große moralische Erschütterung.

CHRISTA WOLF: Als der Faschismus zu Ende war, hatte ich, soviel ich mich erinnere, den Namen »Thälmann« noch nicht gehört. Ich war sechzehn Jahre alt.

KONSTANTIN SIMONOW: [...] Nach Beendigung des Krieges interessierte mich außerordentlich, was die Deutschen zu all dem, was vorgefallen war, meinten. Meine Tagebücher aus dem Jahre fünfundvierzig bezeugen das. Im Winter fünfundvierzig kam ich nach Schlesien und sprach dort mit den verschiedensten Leuten: mit Geistlichen, ehemaligen Kommunisten, mit Kleinbürgern und anderen Einwohnern. Alles, was ich erfuhr, schrieb ich sofort auf. Diese Aufzeichnungen habe ich jetzt als Buch veröffentlicht, und vielleicht wäre es für Sie interessant, wenn man Ihnen gleich vom Blatt einiges davon übersetzen würde.

Das Buch heißt »Kurz vor der Stille«. Natürlich gibt es dort nicht nur diese Gespräche mit den Deutschen, aber sie sind eben ein Beweis für mein damaliges riesiges Interesse für Deutschland, für die Deutschen, für die Frage, wie es mit ihnen weitergehen wird. Festgehalten in diesem Buch sind auch meine Schlußfolgerungen aus jener Zeit: Warum kam der Faschismus an die Macht? Wer sind sie eigentlich - die Deutschen, was wird aus ihnen? Vieles wurde von mir damals nicht richtig erkannt, vieles extrem gesehen - aber ich beließ für das Buch alles so, wie es in den Aufzeichnungen war. In den Anmerkungen zu dieser Veröffentlichung führte ich aus, warum: damit unsere deutschen Genossen heute sich veranschaulichen können, welch eine Distanz in unseren Gefühlen gegenüber den Deutschen von uns seit jener Zeit überwunden werden mußte.

CHRISTA WOLF: Es scheint, daß Sie jetzt eine andere Methode eingeschlagen haben, mit Ihrem Tagebuchmaterial umzugehen. Sie haben doch auch früher schon Aufzeichnungen, Tagebücher Ihren Romanen zugrunde gelegt, aber als eine Art Rohstoff, der verarbeitet wurde. Diesmal nehmen Sie die Aufzeichnungen direkt, als Dokumente. Welchen Grund haben Sie dafür?

KONSTANTIN SIMONOW: Nach dieser Methode arbeitete ich von Anfang an. Außer einigen Kürzungen, vorwiegend persönlicher Art, korrigierte ich meine Tagebuchaufzeichnungen lediglich in literarischer Hinsicht, da sie im Grunde genommen in aller Eile, wenn auch in Klarschrift, niedergeschriebenen Stenogrammen glichen, die nicht immer für den Leser verständlich waren.

CHRISTA WOLF: Ja – aber soviel ich weiß, haben Sie auch für Ihre Romane Tagebücher gebraucht.

KONSTANTIN SIMONOW: Natürlich. Ich habe meine Tagebücher auch für meine Kriegsromane verwertet. Für die einen mehr, für die anderen weniger. Jetzt schließe ich gerade damit ab, alle meine Kriegstagebücher in zwei große Bände zusammenzufassen; das mache ich parallel zur Arbeit an meinen Romanen – vom Beginn des Krieges bis zu seinem Ende. Aus dem Text der Tagebücher geht klar hervor, was ich damals geschrieben habe, in den Tagen des Krieges, und was ich jetzt aus der Erinnerung hinzugefügt habe.

Meine Romane stützen sich, wie gesagt, in einem bestimmten Maße auch auf meine Tagebuchaufzeichnungen – denn ich hatte ja nur ein Leben!

CHRISTA WOLF: Das eben ist meine Frage: Das Verhältnis von autobiographischem Material – von dem, an was man sich erinnert; was man *nicht* aufgeschrieben hat, damals vielleicht nicht aufschreiben wollte – zu dem Tagebuch, das man schon wie ein fremdes, zeitgenössisches Dokument behandeln kann. Ich stelle mir vor, daß diese Methode – je weiter man sich zeitlich von den Ereignissen entfernt, über die man schreibt – immer komplizierter wird. [...] Ich frage so genau danach, weil mich das für meine eigene Arbeit methodisch augenblicklich besonders interessiert. Sie sagten eben, es sei Ihnen heute noch schwer, über den Krieg zu sprechen. Genauso ist es uns heute noch schwer, über den Faschismus zu sprechen – wenn auch aus ganz anderen Gründen. Ich weiß, daß meine Generation, deren Kindheit in die Zeit des Faschismus fiel, dieses Erlebnis noch nicht wirklich »verarbeitet« hat. Ich schreibe ein Buch über eine solche Kindheit in dieser Zeit. Natürlich habe ich da keinerlei Tagebuchmaterial. Ich versuche authentisch zu sein dadurch, daß ich mich auf meine Erinnerung stütze und dann diese Erinnerung an Dokumenten überprüfe, die mir zugänglich sind. Da mache ich manchmal überraschende Entdeckungen, die auch ein Beitrag zur Psychologie des Gedächtnisses sein mögen – so daß das Buch, um »realistisch« zu sein, mehrere Ebenen bekommen muß.

KONSTANTIN SIMONOW: Da bin ich mit Ihnen ganz einig. Nach meiner Meinung ist das eine richtige literarische Verfahrensweise und eine richtige Methode. Mir stehen sie jedenfalls sehr nahe. Ich selbst mache mein jüngstes Buch – ich bereite jetzt einen Band Tagebücher aus dem Jahr zweiundvierzig zum Druck vor – so, daß erstens meine Tagebuchaufzeichnungen aus jener Zeit, zweitens die von mir eingefügten Dokumente – Briefe und ähnliches mehr – und drittens meine heutigen Erinnerungen an damals sowie meine Kommentare jeweils eine andere typographische Gestaltung aufweisen. [...]

Ich gehörte der ersten sowjetischen Kulturdelegation an, die nach dem Krieg Deutschland besuchte. Und bei uns hier in Moskau, im Schriftstellerverband, befaßte ich mich mit dem Empfang der ersten deutschen Schriftstellerdelegation, die von Kellermann geleitet wurde. Damals schloß ich meine ersten Bekanntschaften und Freundschaften mit meinen deutschen Kollegen: mit Weisenborn, Claudius, Hermlin. Hier in Moskau traf ich mit Ernst Busch zusammen, und zum ersten Male nach dem Krieg hörte ich, wie er singt. Das war der Beginn neuer Verbindungen und neuer Beziehungen.

Und noch eines: Schriftsteller bleibt Schriftsteller, und wenn man bei den Lesern Interesse für die eigenen Bücher spürt, weckt das auch ähnliches Interesse für die Leser. Für mich bedeutet es sehr viel und ist psychologisch sehr wichtig, daß deutsche Leser meine Bücher über ein für sie und für mich so kompliziertes Thema wie den vergangenen Krieg lesen.

Denn es ist doch so, daß ein solches Stück Leben, wie es dieser Krieg war – mögen die Beziehungen hier auch nicht die allerbesten gewesen sein –, dennoch ein gemeinsames Stück Geschichte für uns und für die Deutschen darstellt. [...]

CHRISTA WOLF: Gibt es bei Ihnen Probleme, Konflikte – in Ihrem Leben als politischer Mensch –, über die Sie glauben, nicht schreiben zu können oder nicht schreiben zu sollen: nicht, weil Sie als Schriftsteller den Stoff nicht bewältigen könnten, sondern weil Sie glauben, es wäre schädlich, darüber zu schreiben, oder es würde vielleicht niemals zu Ihren Lebzeiten erscheinen können – eine Art Selbstzensur also.

KONSTANTIN SIMONOW: Natürlich gab es die. Mir scheint, hier sollte man unterscheiden zwischen dem Roman, dem rein belletristischen Werk überhaupt, und, sagen wir, dem Tagebuch oder der Memoirenliteratur. Bei einem Roman treffe ich sofort meine Entscheidung: entweder ich schreibe ihn oder ich schreibe ihn nicht. Mit den Memoiren ist das schon etwas komplizierter. Zum Beispiel schreibe ich jetzt an meinen Erinnerungen an Alexander Twardowski. Seit seinem Tod ist noch nicht sehr viel Zeit vergangen. Die Mehrheit derer, die in meinen Erinnerungen vorkommen, lebt noch, ist noch aktiv tätig. Ich habe zu vielen Problemen und zu vielen Menschen, die in meinem Buch vorkommen, meine ganz eigene persönliche Beziehung. Obgleich ich alles hintereinander niederschreibe, nehme ich mir bereits vorher sehr bestimmt vor, für die Veröffentlichung nur das auszuwählen, was ich zum gegebenen Zeitpunkt für möglich, für moralisch gerechtfertigt halte. Das übrige lasse ich aus, mag es inzwischen liegen. Ich fürchte solche Erinnerungen, wo der Autor das eine aufs Papier bringt, das andere aber »für später« aufbewahrt, in seinem Kopf. Ich bejahe Erinnerungen, wo der Autor zunächst einmal alles aufschreibt, was er aufzuschreiben für notwendig hält, dabei aber weiß, daß er davon nicht alles veröffentlichen wird.

CHRISTA WOLF: Was die Literatur meines Landes und meiner Generation betrifft: ich bin verfolgt von dem Gefühl, daß die wichtigsten Erlebnisse – innere und äußere –, die wichtigsten Entscheidungen und

Konflikte, die unsere Entwicklung bestimmt haben und uns seit bald drei Jahrzehnten bewegen, nur schwach und gar nicht in unserer Literatur sichtbar werden. Ich möchte gerne wissen, ob Sie ein solches Gefühl auch kennen.

KONSTANTIN SIMONOW: Ja. Ich habe zum Beispiel auch das Gefühl, daß wir in breiterem Maße über die für uns dramatischen Vorgänge der Jahre siebenunddreißig, achtunddreißig schreiben sollten, die die Erklärung liefern für vieles, was in der Folgezeit geschah, insbesondere auch für den für uns zu Beginn erfolglosen Verlauf des Krieges. Darüber müßte mehr und eingehender als bisher geschrieben werden. Wobei das Hauptproblem, glaube ich, darin besteht, diese Jahre nicht allein von den Positionen der Menschen aus, die in Lager geschickt wurden und ungesetzlichen Repressalien ausgesetzt waren, zu beschreiben. Man muß ein umfassendes Bild von der Zeit und der Gesellschaft gestalten. In dieses Bild gehören natürlich auch die Tragödie, die ich erwähnte, und das Drama der Menschen, die das, was geschah, nicht begriffen. Zugleich aber gehören in dieses Bild: die Industrialisierung unseres Landes, in einer Situation, in der man jeden Augenblick mit dem Beginn des Krieges durch die Faschisten rechnen mußte, dieses Empfinden, daß ein Krieg droht, daß die Faschisten uns von Westen her über kurz oder lang angreifen werden, während an der Ostgrenze, schon drei Jahre lang, die Soldaten in den Schützengräben sitzen in Erwartung eines japanischen Überfalls; und gleichzeitig mit alledem die Flüge über den Nordpol, und gleichzeitig Spanien, die sowjetischen Freiwilligen, die Internationalen Brigaden, das Aufflammen internationalistischer Gefühle – und die Bedeutung all dessen für das Leben eines jeden einzelnen von uns.

Wenn man das alles darstellen könnte! Dann käme alles auf seinen richtigen Platz. Solche Bücher über jene Zeit reichen bei uns bislang noch nicht. Und ich persönlich werde mir immer stärker bewußt, daß solche Bücher notwendig sind. Vielleicht höre ich irgendwann einmal mit dem Krieg auf und fange ein Buch über jene Zeit an.

CHRISTA WOLF: Das wäre sehr wichtig, glaube ich. – Empfinden Sie eigentlich für sich als kommunistischer Schriftsteller, weil Sie sich in Disziplin und Verantwortungsgefühl von Grundhaltungen eines bürgerlichen Schriftstellers unterscheiden, manchmal die Gefahr, in der Selbstzensur zu weit zu gehen? Die Gefahr, daß man nicht nur bloß das Erwartete *schreibt*, sondern vielleicht nur noch *sieht*, was von einem erwartet wird? Daß man nicht mehr frisch und ursprünglich sehen und erleben kann, was ja Voraussetzung für alles Schreiben bleibt?

KONSTANTIN SIMONOW: Mir scheint, daß ich im allgemeinen die Dinge recht vernünftig betrachte, ich sehe die Realität des Lebens, und irgendein besonders einengendes Auswahlverfahren in meinen Beobachtungen gibt es bei mir nicht. Gleichzeitig muß ich dabei natürlich manchmal mit dem eigenen inneren Zensor kämpfen. Weil man ja bisweilen selbst überlegt, selbst schwankt: ist es jetzt notwendig, darüber zu schreiben, oder ist es nicht notwendig? Hilft es oder hilft es nicht? Schadet es oder schadet es nicht?

[...] Übrigens möchte ich meiner Antwort auf Ihre Frage nach unserem Verhältnis zu den Deutschen noch hinzufügen, daß ich, ohne zu übertreiben, glaube, daß die historische Nachbarschaft zwischen uns und den Deutschen uns die ganze Zeit veranlaßt, übereinander nachzudenken. Und ich habe von meinen vielen Reisen in die DDR und die BRD den Eindruck gewonnen, daß dieses Interesse gegenseitig und durchaus ernsthafter Natur ist. Man kann sich schwer eine Zukunft Europas vorstellen, wollte man aus seinen Überlegungen das ausschalten, was für uns mit den Deutschen und was für die Deutschen mit uns verbunden ist. Die politischen Kontakte können so oder so sein, über sie kann man mehr oder auch weniger schreiben – unser gegenseitiges Interesse aber ist eine konstante Größe, historisch bedingt und zukunftweisend.

CHRISTA WOLF: Für uns, für meine Generation fingen ja die Beziehungen zu den Russen viel später an als für Sie die Beziehungen zu den Deutschen – nicht nur, weil Sie älter sind als ich, sondern auch aus anderen Gründen. Das Wort »Russe« ist, soviel ich mich erinnere, in meinem Kopf erst seit Beginn des Krieges gegen die Sowjetunion, und zwar als ein Signal für Angst. Der Russe war eine schreckliche Karikatur in Zeitungen und auf Plakaten, ein gefährlicher, dabei weit unter den Deutschen stehender Menschenschlag. Die ersten wirklichen Russen, die ich sah, waren Kriegsgefangene und Verschleppte, Männer und

Frauen. Erst nach dem Krieg, als ich auf einem kleinen mecklenburgischen Dorf lebte und als Schreibhilfe des Bürgermeisters viel mit Offizieren und Soldaten der sowjetischen Besatzungsmacht zu tun hatte – erst da wurden Russen für mich konkrete Menschen. Doch glaubt man nicht, wie lange es dauern kann, bis eine abstrakte Vorstellung von einem anderen Volk – sei es als Gespenst, sei es, später, als Ideal – sich mit Leben füllt, mit einer Menge unterschiedlicher Gesichter, mit Beziehungen, die einem viel bedeuten. Dieser langwierige, wechselhafte Prozeß, in dem sich mir aus einer großen Zahl von Begegnungen verschiedenster Art ein neues, wie ich heute glaube, der Wirklichkeit nahekommendes Verhältnis zu Russen, zum russischen Volk, zur Sowjetunion, bildete, war eine der wichtigsten Erfahrungen in meinem Leben überhaupt, die (wenn auch nicht unbedingt als »Stoff«) für meine Arbeit eine sehr große Rolle spielt. [...]

KONSTANTIN SIMONOW: Wie jeder Mensch, der Humanwissenschaften studiert hat, bin ich mit der deutschen klassischen Literatur vertraut: mit Lessing, Goethe, Schiller ... Weniger mir den deutschen Romantikern, von ihnen habe ich wohl nur E. T. A. Hoffmann von A bis Z gelesen. Bei Heine war die Prosa für mich bedeutungsvoller als die Lyrik, weil nach meinem Empfinden – ich fürchte mich etwas, das zu sagen, da erstrangige Nachdichter seine Gedichte bei uns übertragen haben – Heine bei uns dennoch nicht einen solchen Nachdichter gefunden hat, wie ihn zum Beispiel Burns in Samuil Marschak fand. Aus der neueren deutschen Literatur war Brecht für mich der wichtigste Schriftsteller. Ich habe alles gelesen, was von ihm ins Russische übersetzt wurde: Stücke, Prosa, Aufsätze und Gedichte. Die Gedichte stehen mir dabei am fernsten, weil sie entweder nicht übersetzt oder überhaupt unübersetzbar sind; ich nehme sie nicht unmittelbar mit dem Gefühl auf, für mich sind sie vor allem Verstand, Scharfsinn – aus irgendwelchen Gründen in Gedichtform gefaßt. Überhaupt liebe ich von Brecht alles; von der ersten Lektüre an zwang er mich zu denken, und auch heute noch zwingt er mich zum Nachdenken über viele für mich wichtige Dinge. Übrigens saß ich im Sommer 1946 einmal ein paar Stunden mit Brecht zusammen und unterhielt mich mit ihm. Das war in den Vereinigten Staaten, in Hollywood. Brecht und Feuchtwanger frühstückten bei mir. Feuchtwangers Romane hatte ich in meiner Jugend mit riesigem Interesse gelesen, und ich verehre ihn sehr. Brecht bezauberte durch seinen sprühenden Geist, durch seinen funkelnden Scharfsinn. So verblieb er in meiner Erinnerung durch diese einzige Begegnung.

Die Romane Remarques, die bei uns in den fünfziger Jahren überaus eifrig gelesen wurden, gefielen auch mir, ich bildete da keine Ausnahme unter der Mehrheit seiner russischen Leser. Aber sie verdrängten bei mir nicht sein Buch »Im Westen nichts Neues«, das ich trotzdem für sein bestes halte, sogar für eine bestimmte Markierung in der europäischen Literatur des 20. Jahrhunderts.

Ernst Busch ist in meinem Bewußtsein nicht nur der erstaunliche Sänger, sondern auch eine Erscheinung, die mit der ganzen deutschen antifaschistischen Dichtung verbunden ist, und diese antifaschistische Dichtung ihrerseits ist für mich mit der Vorstellung von den Deutschen verknüpft, die mit der Waffe in der Hand gegen den Faschismus kämpften, auf dem Boden Spaniens, und nicht nur dort. Wenn ich an Busch denke, an die Begegnungen mit ihm, denke ich an die ganze Glut der antifaschistischen Dichtung, an Becher, an Weinert, an Stephan Hermlin, ich denke an Anna Seghers, die ich aufrichtig liebe, ihrer Bücher wegen und um ihrer selbst willen, die ich verehre als hochherzige und wunderbare Menschen. [...]

Was die Schriftsteller betrifft, die die Entstehung des Faschismus, seine Daseinsform und seine Folgen analysierten, muß ich einfach darauf verweisen – denn ich stehe noch ganz unter diesem Eindruck –, welch große Bedeutung für mich in allerjüngster Zeit das neue Buch von Heinrich Böll »Gruppenbild mit Dame« hatte.

Nach meiner tiefen Überzeugung ist das nicht nur das Beste, was Böll geschrieben hat, sondern es liefert auch einen überaus reichen Stoff zum Nachdenken, für Millionen von Lesern – und durchaus nicht nur für deutsche. Die Unversöhnlichkeit gegenüber dem Faschismus ist in diesem Roman in eine komplizierte und analytische Erzählform gebracht, die auch zum rein professionellen Nachdenken über dieses Buch zwingt; mich interessiert dabei besonders, wie das Buch aufgebaut ist, nach welchen Gesetzen eigentlich: das viele Neue, womit dieses erstaunliche literarische Bauwerk errichtet ist.

29 Widmung auf dem Deckblatt von Konstantin Simonows »Der dritte Adjutant« (1942): »Christa Wolf, die ich schon lange sehr verehre, möchte ich dieses Büchlein schenken. Es wurde herausgegeben, als sie noch ein kleines Mädchen war Ihr Konstantin Simonow 1973 – 7. 3.«

CHRISTA WOLF: Wenn Sie wollen, beantworten Sie mir noch eine letzte, vielleicht zudringliche Frage: Gibt es für Sie so etwas wie eine Gefährdung durch den Ruhm? Gibt es Dinge, die man tut oder unterläßt, um diesen Ruhm – die Popularität, an die man sich vielleicht gewöhnt hat – nicht aufs Spiel zu setzen?

KONSTANTIN SIMONOW: Es ist schwer, die Frage nach dem Ruhm eines Schriftstellers oder nach seiner Popularität zu beantworten, ohne dabei zu heucheln. Besser, man antwortet gar nicht erst. Aber – wie man bei uns in alten Zeiten sagte – ich bekreuzige mich und springe dennoch ins Wasser. Ist der Ruhm oder sein Synonym – die Popularität – gefährlich? Nach meiner Meinung gibt es darauf nur eine Antwort: Natürlich sind sie gefährlich. Gewiß muß ein Schriftsteller, der sich bewußt ist, daß er viel gelesen wird, mehr als viele andere an sein Auftreten, seine Verhaltensweise denken, er muß mit größerem Feingefühl alles auswägen, um einen anderen Menschen nicht zu kränken oder zu verletzen, er muß sich an eine ständige Selbstkontrolle gewöhnen. Ich meine, daß man damit leichter fertig wird, wenn man weiter arbeitet, weiter schreibt, nicht aber von den Prozenten eines vor langer Zeit, irgendwann einmal geschriebenen Buches lebt. Überhaupt: arbeitet man viel, bleibt weniger Zeit zum Nachdenken, auch über den eigenen Ruhm oder die eigene Popularität. Hierin liegt noch ein Vorteil beharrlicher Arbeit. Ob es schwer ist, sich von seiner Popularität loszusagen, wenn man einmal daran gewöhnt ist? Das muß schwer sein, und wenn dieses Dilemma einen bestimmten Schritt erfordert, der vom Schriftsteller selbst abhängt, ist es gewiß nicht leicht, sich zu diesem Schritt zu entschließen.

Und schließlich: Fördern wir denn nicht selbst irgendwie unsere eigene Popularität, und sei es von Zeit zu Zeit? Hin und wieder tun wir das, manchmal bewußt, manchmal unbewußt. Und wahrscheinlich bilde auch ich in dieser Hinsicht keine Ausnahme.

Kleinmachnow, Fontanestraße: Besuch von Juri Trifonow

[...] Hotel Unter den Linden, wir telefonieren zu Juri Trifonow hinauf, er kommt. Ich gehe zur Toilette, die Toilettenfrau sitzt auf ihrem Hokker in der Ecke, bittet jeden, die Tür aufzulassen. In der Halle steht Gerd mit Juri, ich hätte ihn erkannt. Breiter geworden, sagt Gerd. (Heute sagt er, er hätte »verloren«, er hätte ihn schmaler und lebhafter in Erinnerung gehabt.) Juri ist erkältet, wir gehen in die Apotheke gegenüber, versorgen ihn mit Halstabletten, Schnupfentropfen, Aminophenazon. Fahren los. Schon im Auto fragen wir, wie das Kolloquium war (Thema: Konflikte im Leben – Konflikte in der Literatur). Er lacht bloß. Ich sage, ich hätte eben gehört, es sei das beste gewesen. – Nun, dann könne er sich vorstellen, wie die anderen waren.

Unterwegs kommt sofort die Rede auf die neuerliche Nicht-Mehr-Störung bestimmter West-Sender in Moskau.

Wir fuhren ins Ermeler-Haus, vornehme Stille, Kühle, Zug, wir sind bis fast zum Schluß die einzigen Gäste in unserem Räumchen. Alle Kellner mit Frack. Uns bedient ein junger mit Kindergesicht und Kindergelock. Wir nehmen Kalbssteak au four, Gerd eine exotische Entenzubereitung. (Wir beginnen in den 1½ Stunden zu frieren.) Am Ende Eierküchlein, mit Ananas gefüllt, die bei Tisch überbacken und gefüllt werden. Das Ganze (ein Cognac, ein Wodka, Juice dazu) am Ende für 90 Mark.

Gespräche bei Tisch: Austausch von Informationen über Solschenizyn und Sacharow (wir stimmen darin überein, daß sich Sacharow durch seinen Appell an die chilenische Junta, Neruda betreffend, geschadet und als politisch naiv ausgewiesen hat. Andererseits sagt Trifonow: Es ist groß, was die beiden, Sacharow und seine Frau, gemacht, was sie in Bewegung gesetzt haben). Was Trifonow in den letzten Jahren geschrieben hat: drei Erzählungen, einen historischen Roman über die russischen Terroristen des vorigen Jahrhunderts, die hier erscheinen sollen. Wie sein geflüchteter Vetter – Djomin –, der im Westen ein Buch veröffentlicht hat und bei »Radio Liberty« arbeitet, ihm jede West-Reise unmöglich macht. Welche Leute die Appelle gegen Solschenizyn,

den Nobelpreis betreffend, unterschreiben: Vornehmlich die Verbands-
sekretäre, zu denen eben leider auch Aitmatow und Bykow gehören.
Warum aber hat es der alte, fast tote Katajew nötig gehabt? fragen wir
uns. Trifonow zitiert den offenen Brief einer Frau (war es die Tschukowskaja?) gegen diese Unterzeichner, die sie im Moment ihrer Unter-
zeichnung für »tot« erklärt ... Wir reden auch, später, über das zweite
Buch von der Mandelstam (»Jahrhundert der Wölfe«), das Trifonow
trotz einiger Ungerechtigkeiten gegen manche Leute auch für ein »großes Buch« hält. (Ebenso wie Maximows »Der sechste Schöpfungstag«.)
Kawerins »Doppeltes Portrait« schätzt er nicht so sehr, es sei zu »literarisch«. Er findet auch nicht richtig, daß Kawerin an die alte kranke
Nadeschda Mandelstam einen grob ablehnenden Brief zu ihrem zweiten Buch geschrieben hat. (Eindruck, daß Trifonow einer derjenigen
ist, die »durch« sind und Verhaltensweisen eingeübt haben, die ihnen
das Leben erlauben, ohne daß ihr Kern noch angetastet und zerstört
werden könnte.) Später, schon bei Annette und Rainer, erzählt er von
dem Konflikt, ob er nach Twardowskis Absetzung weiter in »Nowy
Mir« veröffentlichen soll. Er hat es nach einem Jahr getan. Twardowski
habe ihn verstanden, andere hätten ihn dafür kritisiert.
Am Tisch erzählt er noch von seiner neuen Frau (»ein gutes Weib«), sie
sei auch Literatin, sie wohnten in zwei Wohnungen, und seine Tochter
(21) akzeptiere diese neue Frau nicht. Es sei sehr kompliziert. Sie solle
lieber heiraten, aber das klappe eben auch nicht.
Das Essen ist gut, die Atmosphäre im Restaurant zu exklusiv und leb-
los, lieber hätten wir in ein einfacheres Lokal gehen sollen. Tr. erzählt
von dem Komitee, das jetzt gegründet ist und die Übersetzungspo-
litik bestimmt. Bunin ist in diesem Komitee. Er sei ein »nicht klarer«
Mensch. Tr. gibt ulkige Urteile ab. Über einen Teilnehmer des Kollo-
quiums sagt er: Der ist ein Nichts, Null Komma Null. (Ich berichtige:
Null Komma Null Eins.) Über den Prozeß gegen Jakir und Krassin: Das
Ergebnis ist gleich Null (ich: –100), weil keine Westkorrespondenten
dabei waren.
Wir fahren zu den Kindern, sind durchgefroren, müssen uns im Auto
erwärmen. Annette in ihrem rostroten Pulli, sieht gut und »innig« aus.
Wir konferieren zuerst mal über Jana: daß sie nun auch noch Husten

hat (allerdings hustet sie nicht in unserer Anwesenheit). Ich frage mich, ob da nicht ein Widerstand des Körperchens gegen die Krippe sich ausdrückt. Um 10 Uhr, als sie ihr Penicillin bekommen muß, nehmen wir sie ins große Zimmer. Sie wird schwer wach, weint aber gar nicht, wie immer. Blickt bloß streng.

An der Wand ein neues Bild von Hermann: Selbstportrait mit Pappnase. Gut, aber mir etwas zu direkt. Rainer hat aus den Fotos, die er von seiner Oma geerbt hat, zwei Fotomontagen in alten Rahmen an die Wand gehängt. Ein alter, ganz schöner Stuhl steht jetzt in der Ekke. Wir machen schnell Tee. Rum haben wir auch mitgebracht. Juri ist durch seine Erkältung ziemlich reduziert. Das Gespräch geht zuerst über Filme. Annette erzählt, daß sie eben beim Fernsehen Aufnahmen von der Beerdigung Nerudas gesehen haben, die Tausende, die hinter dem Sarg gingen, und die vielen am Straßenrand. Viele hätten geweint. Man habe gerufen: Es lebe Allende, es lebe die Unidad Popular. Man habe die »Internationale« gesungen. Sie war sehr beeindruckt.

Später gehen ein paar ältere Nummern des »Spiegel« herum, ich lese ein paar Sätze über Gabriele Wohmann, die seit zwanzig Jahren mit einem um sechs Jahre älteren Lehrer verheiratet ist, der gelassen sagt: Mit den Ehemännern in ihren Büchern hat sie ja nicht immer mich gemeint ... Ferner gibt es Material, von Anwälten der Baader-Meinhof-Gruppe herausgegeben, über die »Folter« in Gefängnissen der BRD. (Einzelhaft, nicht genug zu trinken bei Hungerstreik.) Das Ganze in prononciert rüdem Ton abgefaßt: »Oberbundesschwein Martin« usw. Erweckt leider Achselzucken, da man an die wirklich Gefolterten denken muß. Trifonow interessiert sich fürs Westfernsehen (in Moskau sieht er nur Sport. Die Frage wird diskutiert, ob die Moskauer Mannschaft zum Weltmeisterschaftsrückspiel wirklich nach Chile gehen kann und wird.). Es gibt gerade einen Bericht über neue Maßnahmen zur Belebung des polnischen Dorfes und der polnischen Landwirtschaft. Vergebens warten wir auf die Verlesung des »Manifests« von Pavel Kohout, das er dem Österreichischen Rundfunk gegeben hat. Dann ist Trifonow müde, um ½11 fahren wir, liefern ihn im Hotel ab. Er sagt, auf Annette und Rainer gemünzt: Nette junge Leute. Ich: Es ist gut, wenn man seine Kinder als Freunde behält.

LEW KOPELEW: WAHRHEITSMUSTER
Über einen Roman von Christa Wolf (1988)

... weil die Wahrheit Licht um sich
her nach allen Seiten verbreitet
Goethe

I

Das Motto zum Roman »Kindheitsmuster« von Christa Wolf ist ein Gedicht aus dem »Buch der Fragen« von Pablo Neruda. Es beginnt mit dem Vers:

>»Wo ist das Kind, das ich gewesen,
>ist es noch in mir oder fort?«

Die erste Zeile des ersten Kapitels lautet:»Das Vergangene ist nicht tot; es ist nicht einmal vergangen. Wir trennen es von uns ab und stellen uns fremd.«

Der Roman entwickelt sich in drei »grammatisch-psychologischen« Dimensionen: SIE, DU und ICH. Und zugleich in verschiedenen Dimensionen von Raum und Zeit: SIE – Nelly Jordan – ist präsent in der Zeit von 1929 bis 1947. DU und ICH – von Juli 1971 bis 1975, bis zum Abschluß der letzten Seite des Buches. SIE, das Mädchen Nelly, verläßt als Fünfzehnjährige im Februar 1945 ihre Heimatstadt L., verfolgt von Angst, getrieben von Panik. DU fährst im Juli 1971 mit deinem Mann, deinem Bruder und deiner fünfzehnjährigen Tochter Lenka von Berlin (DDR) nach »G. – früher L. –« in Polen, in jene Stadt, in der Nelly einst gelebt hat, gehst auf ihren Spuren, erinnerst dich an ihre-deine Kindheit und Jugend, an ihre-deine Eltern, Verwandten, Freunde, Bekannten ... Und wirst immer wieder ein ICH. Aber dreidimensional erscheint der Roman nur dem flüchtigen Blick. Allmählich werden immer neue Dimensionen, immer neue verborgene Tiefen erkennbar.

BDM-Mädchen in weißen Uniformblusen mit schwarzen Schlipsen haben sich in Reih und Glied auf der Spielwiese aufgestellt, sind zum Appell angetreten. Die Scharführerin »mit ihrem krausen rotblonden Haar, ihrer scharfen Brille, ihrer Himmelfahrtsnase und dem geflochtenen Zopf« rezitiert ein Gedicht von Annacker:

»Nun fügt das Ich dem großen Wir sich ein
und wird zum kleinen Rad an der Maschine.
Nicht, ob es lebe – ob es willig *diene*,
bestimmt den Wert von seinem eignen Sein!«

Nelly schrieb sich diesen Text auf. Sie empfand ihn wie ein Glaubensbe-
kenntnis. Damals hat sie nur irgendwie dumpf quälend gespürt, was sie
erst viel später begriffen hat: »Daß man sich zwischen zwei einander
ausschließenden Arten von Moral [...] entscheiden muß, um nicht zer-
rieben zu werden.«
Diese Wahl zwischen der Moral der Menschlichkeit – der persönlichen
Moral – und der unmenschlichen Moral des überpersönlichen WIR,
dessen Inkarnation ein Staat, eine Kirche, eine Partei, eine Kaserne sein
kann, überstieg und übersteigt bis zum heutigen Tag nicht nur die
Kräfte eines fünfzehnjährigen Mädchens. Die Aufteilung in drei Personen ist jedoch nicht bloß ein Stilelement, das die Struktur dieses eigen-
willigen Erzählens bestimmt, und schon gar nicht die Folge einer krank-
haften »Persönlichkeitsspaltung« der Autorin. Im Gegenteil, gerade in
dieser eigentümlichen »Dreiheit« wird die *Entwicklung* ihrer Schriftsteller-
persönlichkeit besonders deutlich; es bestätigt sich erneut, daß eine lebendige Entwicklung immer zugleich »Kampf und Einheit innerer Widersprüche« ist. »Mit meiner verbrannten Hand schreibe ich über die
Natur des Feuers.« Diese Zeile von Ingeborg Bachmann ist das Motto
zum 8. Kapitel von »Kindheitsmuster«. Nelly wußte nicht, wie schwer
es ist, »über sich selbst zu schreiben«, und die Schriftstellerin Christa
Wolf verheimlicht weder sich noch den Lesern, wie schwer das ist. Deshalb wohl die Sprünge vom ICH zum DU zum SIE.
Nellys Vater, den man für gefallen hielt, war in Gefangenschaft. Sein
Brief hat die Familie erst nach langer Zeit auf Umwegen erreicht. Nach
jahrelanger Trennung kehrt er zurück: schrecklich gealtert, ausgehun-
gert und verwahrlost. [...]
Nelly begreift es nicht, daß sie nicht mehr in Zeiten und an Orten lebt,
wo der Dichter ›Zeit‹ auf ›Persönlichkeit‹ reimte und ein Ausrufezeichen
hinter seine Anmaßung setzte. Nelly mißt ihren ums Haar verhungerten
Vater mit falschem Maß.

»… zu jeder Zeit:
Höchstes Glück der Erdenkinder
Sei nur die Persönlichkeit.«

Nelly wußte es noch nicht. Die Autorin aber weiß es; sie weiß auch, welche Gewalten den »Erdenkindern« dieses Glück nicht gönnen wollen, und weiß, wie sie – Nelly –, wie du und ich sich diesen Gewalten unterworfen hatten und daß wir vielleicht immer noch nicht stark genug sind, um ihnen zu widerstehen.

Auf nicht einmal drei Seiten wird die Entfremdung der Tochter von ihrem Vater geschildert. Einige wenige Szenen, nur ausschnittsweise, aber klar und deutlich gezeichnet: Die Erzählerin hält sich zurück – aus Scham und Schmerz, die sich aber auch durch die bittere Selbstironie nicht verheimlichen lassen.

Im Februar 1945 nahm Nelly Abschied von ihrem Elternhaus, von der Stadt, in der sie geboren und aufgewachsen war, und nahm damit Abschied von ihrer Kindheit. Ein Vierteljahrhundert später kehrt sie zurück. Für ein paar Tage. Sie sieht die alte Heimat wieder, die *ihr-dir* zur Fremde geworden ist; es ist jetzt die Heimat anderer Menschen, die eine andere Sprache sprechen, mit anderen Erinnerungen leben. Viele hunderttausend, ja Millionen Menschen mußten und müssen in unserem Jahrhundert ihre Heimat verlassen. Die Erinnerung an die Vergangenheit ist für viele ein untröstlicher Kummer, ein unheilbarer Schmerz. Manche derer, die flüchten mußten, vertrieben wurden, empfinden noch immer einen ohnmächtigen Haß auf ihre Verfolger – von denen die meisten nicht mehr leben – und einen blinden Haß auf die neuen Bewohner, die an der Vertreibung keinerlei Schuld tragen. Die Erinnerung, wie sie in »Kindheitsmuster« dichterisch gestaltet wird, ist dagegen frei von jeder Verbitterung, ist durchdrungen von Wehmut, aber auch von dem Streben, die Ereignisse, ihre Ursachen und Folgen zu begreifen. Hierin ist es den Büchern von Johannes Bobrowski und Günter Grass verwandt. In seiner humanen Aussage kommt es dem Buch einer ganz anderen Gattung besonders nahe – den historischen Skizzen und Erinnerungen von Marion Gräfin Dönhoff, »Namen, die keiner mehr nennt«. […]

Mit fünfzehn Jahren flieht Nelly mit ihren Angehörigen vor der Sowjetarmee, vor »den Russen«, die ihren Heimatort einnehmen sollen, die ihre Welt – ihren Glauben, in dem sie aufgewachsen ist – bereits zerstört haben.

»Sie hatte in ihrem Leben keinen Russen gesehen. Woran dachte sie, wenn sie ›der Russe‹ sagte? Woran hat Nelly gedacht? Was sah sie? Das bluttriefende Ungeheuer auf dem Buchdeckel des Bandes ›Der verratene Sozialismus‹? Die Filmstreifen mit den Herden von sowjetischen Gefangenen – geschorene Köpfe, ausgemergelte, stumpfe Gesichter, Lumpen, zerrissene Fußlappen, schleppender Gang –, die nicht aus dem gleichen Zeug gemacht schienen wie ihre straffen deutschen Bewacher? Oder sah sie gar nichts? Genügte ihrer Angstbereitschaft der Schrecken, der von dem düster-geheimnisvollen Wort »vergewaltigen« ausging? Die Russen vergewaltigten alle deutschen Frauen: unbezweifelte Wahrheit. [...]«

In »Kindheitsmuster« sind viele unterschiedliche Themen und Probleme verwoben. Die Auseinandersetzung der Autorin mit ihrer Vergangenheit und ihrer Gegenwart, mit ihrer Umwelt und mit sich selbst sind vielfältig und tiefschürfend. Wie können sich Kinder und Eltern verstehen? Wie kann man Erfahrungen einer Generation einer anderen übermitteln? Wie eine gemeinsame Sprache, wie einen gemeinsamen moralischen Nenner finden, wenn die Älteren und die Jüngeren in verschiedenen Epochen, unter grundsätzlich anderen Bedingungen aufgewachsen sind? [...]

Die Töchter Lenka und Ruth sind – nebst Nelly, DU und ICH – der vierte Energie-Pol im Spannungsfeld der künstlerischen Erfassung von Menschenschicksalen, »stellvertretend« für alle jungen Menschen, die dieses Buch ansprechen soll.

Dem Elend der Nachkriegszeit versuchte Nelly zu widerstehen; doch das siebzehnjährige Mädchen war all den Spannungen und Nöten nicht gewachsen. Sie erkrankte an Lungentuberkulose. Einen Herbst und einen Winter verbringt sie im Krankenhaus. Es mangelt an Ärzten, Medizin und Essen. Sie ist umgeben von Todgeweihten, Sterbenden und auch Genesenden; sie versucht, einigen von ihnen zu helfen, vor allem den Kindern. Sie lebt Seite an Seite, Auge in Auge mit dem Tod, mit unstillbaren Leiden und vergeblichen Hoffnungen. Ihr bleibt viel Zeit zum Beobachten, zum Nachdenken und zum Lesen.

Dort, im Krankenhaus, erlebt sie zum ersten Mal, was Bücher, was Gedichte bedeuten können. Sie entdeckt Goethe. – Nie zuvor hat sie so viel und so intensiv gelesen.

»[...] manchmal dachte sie, daß sie eben dafür krank geworden war. (Die meisten Gedichtzeilen, die du auswendig kennst, hat Nelly in jenen Jahren in sich aufgenommen. ›Aus Morgenduft gewebt und Sonnenklarheit / Der Dichtung Schleier aus der Hand der Wahrheit.‹)«

Dieser Goethe-Vers könnte ein Motto für das gesamte Werk von Christa Wolf sein.

II

[...] Die Geschichte von Nellys Kindheit und Jugend im Dritten Reich, in Krieg und Nachkrieg ist gleichzeitig eine Geschichte der Gegenwart und ein zeitloses Drama des Einander-Verstehens und Nicht-Verstehens von Eltern und Kindern, von Älteren und Jüngeren und der immer neuen Kollision von Ich und Wir.

Heinrich Böll schrieb über die Autobiographie des Schriftstellers Manès Sperber, der auch als Kind seine Heimat verlassen mußte.

»[...] es ist das ewige Dilemma zwischen Geschichtlichkeit und Geschichtslosigkeit: man kann sich in dem einen und im anderen nicht niederlassen, die Zeit ist keine Heimat, und doch wissen wir, daß Zeitgenossenschaft, das Beobachten und Erdulden der Zeit, unsere einzige Niederlassung ist, Ungeduld in einer Gegenwart, die es gar nicht zu geben, deren Wesen Flüchtigkeit zu sein scheint: flüchtig, auf der Suche nach einer Heimat, auf dieser Erde und in dieser Zeit, mißtrauisch gegenüber einer Zukunft, in die uns der Sekundenzeiger immer wieder hineinschiebt.«

Das könnte auch über dem »Kindheitsmuster« stehen. Christa Wolf schreibt beherzt spontan – so unmittelbar und so natürlich, wie man atmet. Und dennoch schreibt sie immer nachdenklich, immer bewußt – sie weiß, warum und wozu sie es tut. [...]

Aber sie hat auch erkannt, über welche Möglichkeiten der zeitgenössische Schriftsteller verfügt: »Es ist eine Alltagssituation der modernen Psyche, eine Relativierung und vorübergehende Aufhebung der objektiven Zeit, eine durchschnittliche Erfahrung: daß der Augenblick fast unendlich dehnbar ist, daß er eine enorme Menge und Vielschichtigkeit an Erlebnismöglichkeiten in sich trägt, während fünf Minuten doch schlichte fünf Minuten geblieben sind.«

Die Hauptbedingung des Vertrages, den Faust mit dem Teufel geschlossen hatte: *nie einen Augenblick verweilen lassen wollen*, nannte Sergej Eisenstein »das zentrale Problem der Kunst und aller schöpferischen Tätigkeiten des Menschen des 20. Jahrhunderts« [...]. Christa Wolf erkennt, daß der Augenblick unendlich dehnbar ist. Die Gleichung, die Goethe in den überirdischen »Bergschluchten« der himmlischen Sphäre aufgehen läßt, wagt sie hier auf Erden in einer neuen »Menge und Vielschichtigkeit« wieder aufzustellen, ohne eine Lösung zu versprechen. Doch sowohl für ihre »Rechnung« wie auch für ihre Unberechenbarkeit gelten dieselben Kräfte, die Goethe beschworen hatte: »Die allmächtige Liebe, / Die alles bildet, alles hegt«, »das Ewig-Weibliche«.

III

Im »Kindheitsmuster« ist die Vergangenheit nicht von der Gegenwart zu trennen, das persönliche Schicksal nicht vom Schicksal des Volkes, das Alltägliche nicht vom Wesentlichen, die schwierige Entwicklung des individuellen Selbstbewußtseins nicht von der dramatischen Geschichte des gesellschaftlichen Bewußtseins, und das gilt nicht nur für die Gesellschaften, in denen die Schriftstellerin gelebt hat und lebt.

Christa Wolf weiß: »Je näher uns jemand steht, um so schwieriger scheint es zu sein, Abschließendes über ihn zu sagen, das ist bekannt.«

Ein großer russischer Denker unseres Jahrhunderts, Michail Bachtin, untersuchte die Poetik Dostojewskijs und erkannte dabei: »Man kann einen lebendigen Menschen nicht in seiner Abwesenheit zum schweigsamen Objekt endgültiger Erkenntnis machen. *Im Menschen ist immer etwas, was nur er selbst im freien Akt der Selbsterkenntnis und der Rede darlegen kann* [...].« [im Original kursiv – L. K.]

Max Frisch sieht in dieser Gesetzmäßigkeit die Grundlage wahrer Kunst, die Entwicklung des ersten Gebotes der Bibel: »Du sollst dir kein Bildnis machen, heißt es, von Gott. Es dürfte auch in diesem Sinne gelten: Gott als das Lebendige in jedem Menschen, das, was nicht erfaßbar ist.«

Daher ist es auch mir unmöglich, irgend etwas Abschließendes, Endgültiges über die Schriftstellerin zu sagen, die ich verehre und bewundere, und über das Buch, das mir zu einem Vertrauten geworden ist.

Trotzdem möchte ich versuchen zu erklären, was eigentlich an diesem Buch so besonders anziehend erscheint. Was kann als Grundton seiner Polyphonie, als wichtigste Rolle seiner mehrdimensionalen Dramatik definiert werden?

Einen russischen Leser beeindruckt es auch durch die Nähe zu den Traditionen der russischen autobiographischen und bekennenden Epik; es erinnert an die Bücher von Alexander Herzen, Lew Tolstoj, Wladimir Korolenko, Maxim Gorkij.

»Kindheitsmuster«, ein poetisches und wahrheitsgetreues Zeugnis der Vergangenheit, ist ebensosehr ein Buch der Gegenwart wie der Zukunft, denn Verbindungen zwischen gestern, heute und morgen gehören zum Leben jedes Menschen und jeden Volkes, das um seine Zukunft besorgt ist.

»Nichts ist zarter als die Vergangenheit;

Rühre sie an wie ein glühend Eisen;

Denn sie wird dir sogleich beweisen,

Du lebest auch in heißer Zeit.«

In der schweren Zeit ihres Lebens entdeckt Nelly Jordan die Poesie Goethes. Diese Poesie wurde zu einer der Quellen im Schaffen von Christa Wolf. Im »Kindheitsmuster« zeigt sich deutlicher als in anderen ihrer Bücher, daß Goethe ihr vermutlich mehr bedeutet als irgendein anderer ihrer literarischen Vorbilder oder Lehrer – von Heinrich Kleist bis zu Anna Seghers. Natürlich versucht sie nicht, Goethe nachzuahmen, ihm direkt zu folgen. Aber sowohl in ihrer klar erkannten, philosophisch verallgemeinernden Weltanschauung als auch in ihrer unmittelbar künstlerischen poetischen Weltempfindung zeigen sich die ewig jungen Goetheschen Eigenschaften: Wißbegier und die Fähigkeit, immer wieder aufs neue vor der Mannigfaltigkeit der Welt zu staunen. »So gestaltend, umgestaltend – zum Erstaunen bin ich da.«

Goethisch ist auch ihre Aufrichtigkeit, ihre unerbittliche Wahrheitstreue. »Alle Gesetze und Sittenregeln lassen sich auf eines zurückführen: Wahrheit.« – »Schädliche Wahrheit, ich ziehe sie vor dem nützlichen Irrtum. Wahrheit heilet den Schmerz, den sie vielleicht uns erregt.«

Christa Wolf vermag es, selbst die kleinsten Nuancen der Seelenregun-
gen, die unausgesprochenen und nicht zu Ende geführten Gedanken –
eigene und fremde – wahrzunehmen und über das Wahrgenommene
genauestens, mit allen Einzelheiten zu berichten. Sie erinnert zuweilen
an Lew Tolstoj, an sein Streben nach schonungsloser Wahrheit in der
Darstellung und in der Selbstanalyse. Doch vor allem ist sie eigenstän-
dig, einzigartig, in allem, was und wie sie schreibt.

Im letzten Abschnitt des Romans wiederholt sie die Frage – die erste
Zeile des Mottos:»Wo ist das Kind, das ich gewesen?«:

»Das Kind, das in mir verkrochen war – ist es hervorgekommen? Oder
hat es sich, aufgescheucht, ein tieferes, unzugänglicheres Versteck gesucht? Hat das Gedächtnis seine Schuldigkeit getan? Oder hat es sich
dazu hergegeben, durch Irreführung zu beweisen, daß es unmöglich ist,
der Todsünde dieser Zeit zu entgehen, die da heißt: sich nicht kennen-
lernen wollen?«

Sie versucht nicht, diese Fragen zu beantworten. Weder darf noch kann
sie es tun. Ihre aufrichtig eingestandene Ungewißheit ist wesentlich für
die Glaubwürdigkeit, für die»Offenheit« des Buches. Sie regt den Leser
an, nachzudenken und weiterzudenken, sich an den Gedankengängen
der Autorin und ihrer Person zu beteiligen. Doch der Leser darf und kann
versuchen zu antworten: Ja, das Kind lebt! Ja, das Gedächtnis hat seine
Schuldigkeit getan!

Das Kind kann nicht verschwunden sein. Unerschöpfliche, kindlich-nai-
ve Unmittelbarkeit ist der Schriftstellerin ebenso eigen wie ihre erwachsene, spontan emotionale und zugleich bewusst reflektierende Mutter-
liebe – und all das»ewig Weibliche«. Der Roman ist den Töchtern der
Autorin gewidmet. Eine Tochter nahm an der Reise teil. Ihre Ansichten,
ihr Verständnis und Unverständnis, ihre von Trauer, Spott und Zorn ge-
prägten Wahrnehmungen, ihre gerechten und ungerechten Urteile be-
stimmen einen der Spannungs-Pole, eine der Dimensionen des Romans,
eine der immer anderen»sich eröffnenden Tiefen«.

Christa Wolf hat in einer Diskussion über ihr Buch sehr deutlich definiert, warum und wozu sie es schreiben wollte:»[...] ein Kernproblem
dieses Buches ist, wie Angst entsteht. [...] Ein Kapitel Angst – [...] was
alles für Ängste auf schauerlichste Art in uns aufgebaut wurden. Zum

Beispiel die Angst gegenüber anderen Völkern. ›Der Russe‹ als Angstfigur: Wie war das überhaupt möglich, wie hat man das geschafft, und auch: auf welche Weise werden solche realen Ängste abgebaut. Man verliert die Angst vor Menschen – Völkern, Gruppen, die man kennenlernt. [...] Warum können bei uns so viele Leute sich nur unter Angst gegen Autoritäten aufrichten, ›Männermut vor Königsthronen‹ so schwer zeigen? Das hat doch Gründe. Darum finde ich auch, daß dies ein Gegenwartsbuch ist, weil es versucht, mitzubeschreiben, was vorher war, ehe die Leute sich so verhielten, wie sie sich heute verhalten. [...]

[...] die Literatur [...] wirkt stark, aber sie wirkt auf solche unterirdische Weise, daß man es schwer messen kann.

[...] Wie sind wir so geworden, wie wir sind? Das ist eigentlich eine Frage, der ich etwas näherzukommen suche. [...] Denn ich glaube, daß so manches, was unsere Generation heute tut oder nicht tut, noch mit der Kindheit zusammenhängt.«

»Kindheitsmuster« ist das Muster einer mehrdimensionalen poetischen Wahrheit, erzählt und gestaltet von einer aufrichtigen, weisen und traurigen Frau, die in ihrem Schaffen eine lebensspendende widersprüchliche Einheit verkörpert: Sie ist zugleich Kind und Mutter, Dichterin und Denkerin. Kindlichkeit und Weiblichkeit verneinen nicht, sondern verstärken die Reife und die »androgyne« Weisheit der Geschichtsphilosophie der Autorin. Die subjektive künstlerische Wahrheit ihrer Darstellung, ihrer Sprache, ihrer Gefühle und ihrer Gedanken bestimmt die objektive historische Wahrheit und wird – vice versa – von ihr bestimmt. Die Selbsterkenntnis der Schriftstellerin ist zugleich die Erkenntnis der Vergangenheit und der Gegenwart ihrer Heimat.

ACHTE REISE 1981
In Moskau, 1. bis 5. Dezember 1981

Dienstag, 8. Dez. 81

1.–5. Dez. Moskau-Reise. Grippeanfall davor, der dazu führte, die Reise um einen weiteren Tag aufzuschieben: Vielleicht nur ein ins Körperliche verschobenes Zeichen meines inneren Zögerns. Als Quittung darauf: die Nacht auf dem Flughafen; Moskau war vereist und nahm keine Flüge an. Obwohl das seit früh um 7 bekannt war, wurde unsere Maschine, SU 114, wenn auch verspätet, abends gegen halb sechs abgefertigt (um 17.55 sollte sie fliegen). Der Schock, als wir in den Transitraum kamen und (man muß wohl sagen: in den Transiträumen) Hunderte von wartenden Menschen vorfanden, manche saßen 12 Stunden. Hin und wieder Aufrufe für eine bestimmte Maschine »zur Snack-Bar«: da stellten sich dann 200 Leute an, um ein Tablett mit Steak, Kartoffeln und eine Flasche Cola oder Bier abzuholen. Unsere Maschine wurde nicht versorgt, auch nicht, nachdem Igor, der Flughafenbeauftragte von Aeroflot, »angewiesen« hatte, es zu tun: eine andere Maschine wurde dafür zweimal aufgerufen. Igors Auftritt überhaupt: die Weltmacht spricht zu aufgeregten Kolonialvölkern. Höhepunkt: Ein junger Mann verlangte zu wissen, wie er die Nacht verbringen solle. – Welche Nacht? fragte Igor unerschüttert mehrere Male. Ob er nicht trocken und überwindig sitze? Zweimal verpflegt worden sei? Na also. – Verstand er wirklich nicht, oder wollte er demonstrieren, daß unsere Wehwehchen nicht mal an die Tatzen des russischen Bären heranreichen? – Und so war alles, der Haupteindruck: der einzelne ist nicht viel wert.

Gerhard Wolf zur achten Reise

Von dieser kurzen Reise, die vor allem der Information diente, wie es mit den weiteren Übersetzungen von Christa Wolfs Büchern vorangehen sollte, liegen leider keine Aufzeichnungen vor. Die Stichworte in Christas Kalender belegen, daß wir von Lidija Gerassimowa vom Flughafen abgeholt wurden, im Hotel »Sowjetskaja« unterkamen und uns vor allem mit Freunden und Übersetzern treffen wollten. Im Fremdsprachen-Institut »Karl Marx« las Christa ihren Essay »Lesen und Schreiben«, der auf russisch bereits 1979 in einem Band »Isbrannoje« neben »Der geteilte Himmel«, »Nachdenken über Christa T.« und Erzählungen wie »Juninachmittag«, »Unter den Linden« und anderen erschienen war. Wir hatten eine längere Unterhaltung mit Professor Alexander Gugnin (geb. 1941) im Verlag Raduga. Es ging um das Erscheinen einer Übersetzung von »Kindheitsmuster«, die er ablehnen mußte, weil darin die Rote Armee – »das einzig Beständige, das wir haben« – nicht in angemessener Weise dargestellt sei.

Am Abend des 2. Dezember trafen wir uns mit Irina Laserowa in der Wohnung von Jewgenija (Shenja) Kazewa (1920-2005), die sich seit Jahren intensiv für die Literatur von Franz Kafka, Max Frisch und anderen deutschsprachigen Autoren des 20. Jahrhunderts engagierte, sie übersetzte und für sie stritt. Sie wurde für uns in diesem Sinne die wichtigste Partnerin, und wir waren bis zu ihrem Tod mit ihr befreundet. Shenja trat auch nach der Wende oft mit Christa bei Lesungen und Gesprächen auf, einmal im Disput mit Egon Bahr im Willy-Brandt-Haus in Berlin.

Am 4. Dezember las Christa Wolf, vermittelt durch die Botschaft der DDR, vor etwa 30 Besuchern der deutschen Abteilung des RGW (Rat für gegenseitige Wirtschaftshilfe); am Nachmittag waren wir in der Redaktion der »Inostrannaja literatura«, zusammen mit den Übersetzern Albert Karelski (1936-1993) und Michail Rudnizki (geb. 1945) und wiederum Tamara Motylowa, sicher der wichtigsten Kritikerin für deutsche Literatur.

Es war außerordentlich günstig, daß wir in Moskau dieses Mal mit Ralf Schröder (1927-2001) zusammentrafen, dem Slawisten, dem wir nicht nur die Kenntnis von Michail Bulgakows »Meister und Margarita« (russisch 1966/67, deutsch 1968) verdanken, dem Roman, den Christa Wolf von allen russischen Büchern am meisten schätzte. Schröder hatte dem meisterhaften Übersetzer ins Deutsche, Thomas Reschke, die unzensierte, in Moskau noch nicht veröffentlichte Ausgabe des Buches mitgebracht. Schröder war befreundet mit Juri Trifonow und Wladimir Tendrjakow (1923-1984), zu dessen Datsche wir an diesem Tag fuhren, um ihn kennenzulernen. Tendrjakow schrieb, wie er uns sagte, am Entwurf eines Reformprogramms für Juri Andropow, der damals noch Geheimdienstchef war, später Generalsekretär der KPdSU. Ralf Schröder, der nach langjähriger Haft als »Trotzkist« mit der Staatssicherheit der DDR zusammenarbeitete, schrieb über Gorkis »Das Leben des Klim Samgin« und transportierte die neuen Texte, zum Beispiel von Trifonow, oft noch vor ihrem Erscheinen in Moskau nach Berlin, um sich hier für sie einzusetzen. Dies gelang ihm wie auch im Falle von Tendrjakow und Tschingis Aitmatows »Weißem Dampfer« schließlich nicht nur mit Übersetzungen, sondern auch mit geschickt formulierten Nachworten; sie ermöglichten die DDR-Publikation der in der Sowjetunion kritisch diskutierten Bücher.

30 Ralf Schröder mit Juri Trifonow im Verlag Volk und Welt,
Mitte der 70er Jahre

NEUNTE REISE 1987
In Moskau und Riga, 5. bis 25. Juni 1987

Woserin, 2. Juli 87

Aus Moskau mit Bronchitis zurückgekommen, daher nur zögernder Abbau des Postbergs, nur zögernder Beginn der Arbeit. Mußte doch Buerlecithin-Saft nehmen.

Nachwirkung von Moskau: zögernde Hoffnung. Man müßte den Ertrag der Reise in Stimmen wiedergeben, und in Gesichtern. Aussprüche: Wenn das noch mal zurückfällt, wird es schlimmer als zuvor. – Ob es unumkehrbar ist – das weiß ich nicht. Aber es ist die letzte Chance. – Für die Schriftsteller u. Publizisten ist jetzt eine gute Zeit – die anderen merken noch nicht viel von der Perestroika. – Von oben und von unten will man die Perestroika – aber dazwischen ist eine dicke Watteschicht. Kämpfen Sie mal gegen Watte! – Auf einmal soll alles schlecht gewesen sein, aber das war doch unser Leben. Sollen wir denn alles wegwerfen! (Lidija). – Was der Gorbatschow will, ist ja vernünftig. Aber ob er sich durchsetzen kann. – Wir Dreißigjährigen fallen aus. Wir sind zu oft belogen worden (Tanja St.). – Die Stadtleitung d. Partei in Moskau mit Ельцин [Jelzin] sitzt wie in einer Festung und wird von der Gebietsleitung bekämpft. (Rudnizki) – Alles kommt auf einmal über uns – als habe man eine Klappe geöffnet, und alle bisher verborgenen Wahrheiten werden nun über uns ausgeschüttet. – Wenn nichts mehr verboten ist, kommt alles hoch: Eine Versammlung, da denkt man: Wie herrlich jetzt alles ist. Bei der nächsten schüttelt man sich: In welchem Land bin ich eigentlich! – (Zielt auf »Память« [»Pamjat« – »Gedächtnis«, radikal-nationalistische Gruppierung seit 1987] und ihren Antisemitismus: die Zionisten u. Freimaurer seien an allem schuld!) – Im Plenum des Moskauer Verbandes sagt Bondarew: Die Kultur-Barbaren kommen über uns, sie wollen unsere alte russische Kultur zerstören. Wir sind in einer Situation wie 43: Wenn es nicht bald ein Stalingrad gibt, sind wir verloren. – Ein anderer hat die neuen Chefredakteure, die auch die lange verbotenen Manuskripte jetzt drucken, der »Nekrophilie« bezichtigt. Dagegen Protest in der Verbandsversammlung. Telegramm v. Lichatschow:

1. »Nekrophilie« ist Unsinn. 2. Unser Hauptanliegen muß es sein: Buße tun.

Im Verband Polarisierung, die Kräfte des Mittelmaßes, die um ihre Pfründe fürchten, werfen sich auf die Seite der Reaktion. Karpow, der Vorsitzender wurde, kein wirklicher Schriftsteller, aber wohl ein »ehrlicher Mensch«. Der Verband als ganzer sehr konservativ. »Dafür haben wir gute Chefredakteure.« Einer von ihnen: Baklanow. Essen mit ihm im Club. Wirkt erschöpft u. überarbeitet, ironisch, entschlossen ohne Illusion und Überschwang: Das unterscheidet diese Perestroika von der Prager damals. Auch, daß sie von oben kommt: Kann man demokratisches Verhalten verordnen? Sorge macht die Überlegung, daß es zu spät sein könnte. Daß die 70jährige Unterdrückung der lebendigen Kräfte zu vieles abgetötet hat, was sich nicht mehr erwecken läßt. Ungewiß das Verhalten der Jüngeren. In die Sielen legen sich die 55-65jährigen. Noch ganz unbeantwortet, natürlich, die eigentliche Frage, die nach dem Sinn des Lebens: Suche läuft bis jetzt in religiösen Bahnen – z. B. bei dem georgischen Film »Buße« [»Die Reue«].

Sogar über Afghanistan wird gesprochen – in dem Film »Ob es leicht ist, jung zu sein« [»Ist es leicht, jung zu sein?«], der aus Riga kommt. Erschütternde Bilder von der Perspektivlosigkeit d. Jugend – die sicher allein durch Veränderung d. wirtschaftlichen Strukturen nicht zu beseitigen [ist]. Im ganzen: Bankrotterklärung der bisherigen Form von Sozialismus. »Sumpf«, »Morasmus« sagt man. Die heute 50-60jährigen wissen, daß sie die Früchte »des Neuen« nicht mehr ernten werden.

Shenja: Wenn alles so bleibt, wie es ist, bin ich schon zufrieden.

Wie sich riesige Diskussionen entzünden an dem Entwurf eines Denkmals für den Großen Vaterländischen Krieg am Rand von Moskau.

In Riga: Blumen für die Opfer des Stalinismus an der Freiheitsstatue inmitten der Stadt.

Die kleine Wohnung am Rand v. Moskau v. Nina Fjodorowa, meiner Übersetzerin von »Kindheitsmuster«. Ihr Mann starb vor einem Jahr. Ihr von innen erloschenes Gesicht. Ihr Sohn, der nach 2 Jahren Medizin-Studium z. Militär muß. Die Angst der Mütter, daß ihre Söhne nach Afghanistan müssen. Bei d. Vereidigung von Karelskis jüngstem

31 Die Freiheitsstatue in Riga

Sohn sprach eine Mutter, die ihren Sohn in Afghanistan verloren hat, patriotische Worte ...

Das Hotel »Rossija« als kafkaeskes System. Das Dramolett, das anhebt, wenn man dort essen will, ohne zu einer »Gruppe« zu gehören. Insel des Wohlstands, obszön. Die Riesenbusse, die Amerikaner, Westdeutsche, Engländer, Italiener an- und wegkarren.

Einmal im Speisesaal der große Tisch mit älteren Leuten (Russen), die alle bäurisch aussahen, die Brust voller Orden hatten und offenbar den Jahrestag des Hitler-Überfalls auf die UdSSR begingen: Wie stehen sie zu Perestroika? Nehmen sie sie überhaupt wahr? Ist sie überhaupt schon merklich über Moskau hinausgedrungen?

Der einzelne urtümliche Arbeiter, der den Roten Platz pflastert.

Das umständliche Einkaufssystem, nach wie vor.

Wenn man eingeladen ist, gibt es alles – für teures Geld auf den Kolchos-Märkten gekauft.

Die Schlangen vor den Alkoholläden, wo ab 14 Uhr verkauft wird.

Die Freude, wenn man Wein mitbringt (aus dem Berjoska-Laden).

Die Prozession zum Nowodewitschi-Friedhof am Sonntag vormittag.

Ausgezeichneter 1.-Klasse-Schlafwagen nach Riga.

Dolmetscherin Tanja, die erst sehr spät bekennt, daß sie »mit einem Landsmann von uns« verheiratet ist und sich gerade scheiden läßt. Die sich, wie viele Mädchen, nicht von ihren Eltern lösen kann.

Die Rückständigkeit in sexuellen Angelegenheiten (keine Aufklärung der Kinder!), Pille wird weniger genommen, viel abgetrieben. Alles geht auf den Körpern der Frauen vor sich, die ihr Los tragen ...

Riesige Diskussionen zwischen unseren Freunden, Juden und Nichtjuden, über den Ursprung des Antisemitismus im Volk. Zuletzt kommt heraus: die einfachen Russen denken, die Juden haben die Revolution gemacht ...

Völlige Lethargie bei Steshenskis, die sich nichts mehr erhoffen: nur Müdigkeit. Leben mit d. Familie der jüngeren Tochter in ihrer Wohnung zusammen. Irina wird verrückt ...

Die Ehen der Töchter gehen meist nicht gut, eine Generation, die nicht sehr lebenstüchtig zu sein scheint (»erlernte Hilflosigkeit«).

Vergeblicher Versuch, den Zugang z. Majakowski-Museum zu finden ...

Auch in den Hotels nicht mehr die alten, dicken Deshurnajas [Etagendamen]: jüngere Frauen, von denen einige etwas Englisch sprechen.

Ausweichen vor den Anforderungen des Erwachsenwerdens in kindlichere Phasen.

Manche sagen angesichts der Flut von »Glasnost«: Ich hab es schon satt ... Andere lesen 5 Stunden am Tag Zeitungen u. Zeitschriften.

Pädagogik, Medizin, Justiz werden nicht ausgespart.

Generalamnestie z. 70. Jahrestag d. Oktoberrevolution.

Arbat: Fußgängerzone. Freilicht-Portrait-Maler. Jungen, die auf einer provisorischen Bühne Breakdance vorführen. Langsam fährt die Miliz vorbei.

Viele scheinen doch zu ahnen: es ist die letzte Chance. Wie sie um Gorbatschow bangten, als der in Indien war.

Mancherorts fangen sie an, ihre Leiter abzusetzen.

Abwehrende Haltung gegenüber den Emigranten. St. [Steshenski] verdächtigt Kop. [Kopelew] der Arbeit für den KGB ...

Riga. Merkwürdige Mischung von Vertrautheit und Fremdheit, auch Wehmut: Eine deutsche Stadt ohne Deutsche. 2 Mill. Einwohner in Lettland, davon wahrscheinl. die Hälfte Russen. Die ganze Stadt voller Blumen, wir kommen zum Ligo-Fest, zur Sommersonnenwende. Mädchen, die Liga heißen, bekommen eine Birke, am nächsten Tag Jungen, die Janis heißen, einen Eichenkranz. Die Wiesensträuße mit Margeriten, Gräsern, Kornblumen. Markt. Zeppelinhallen. Die Altstadt (polnische Restaurateure in Mengen). Blick vom Turm d. Petri-Kirche. Denkmäler. Das Bauern-Freilichtmuseum. Geschichte zum Greifen nahe. Die Boehlendorff-Handschriften im Zentralarchiv. Fahrt nach Jūrmala an die Ostsee. Breiter Sand-Strand. Schriftstellerheim: riesig. Nachfeier mit Cognac in d. Veranda v. [xxx], wo ich mich wahrscheinlich erkälte.

Man hat ihm angeboten, einen privaten Verlag aufzumachen. Selbst er, der Skeptiker, hofft, daß Perestroika unumkehrbar ist. Sein Sohn, der Milizionär. Der andere: Filmregisseur. Roher Lachs. Met.

Höpcke bei dem Cocktail d. Botschaft (die in ein festungsartiges Repräsentationsgebäude am Rande d. Stadt umgezogen ist). Im Verlag Raduga: Verbindlich, russisch sprechend, ganz auf Seiten von Perestroika.

Auch Gugnin, der mir einst erklärte, warum »Kindheitsmuster« bei ihnen nicht erscheinen könne ... Rudnizki: Du hast dich sehr verändert! Der Streit d. Übersetzer um die Titel meiner Bücher. Ihre Abneigung gegen Karinzewa, die Übersetzerin von »Störfall«.

Als habe man dem Land die Seele ausgezogen. Die Russen auf der Suche nach ihrer Seele – Westler würden sagen: nach ihrer Identität. Dies ist der tiefere historische Prozeß hinter Perestroika. Wenn es wieder nur bei Pragmatismus bleibt, wird es nichts.

Habe auf dem Hinflug, angesichts d. Beschreibung von Virginia Woolfs Buch »Die Wellen«, eine Idee für »Sommerstück«: Einige der im Text vorkommenden Figuren liefern zehn Jahre später einen Nachtrag: »Stimmen«. Da äußern sie sich zu dem Sommer vor zehn Jahren.

Ein Traum, in Riga: Ein Herrscher, den ich im Traum ›Satrap‹ nenne, ist in kostbare Gewänder gehüllt, liegt auf kostbarem Pfühl, und wechselt, je nach Stimmung, andauernd seine Gewänder. Als er sich verliebt, in eine dunkle, gescheitelte Frau, die ich schemenhaft im Hintergrund sitzen sehe, befiehlt er, je nach den dauernd wechselnden Liebesstimmungen seine Gewänder zu wechseln – und muß erkennen, daß dies unmöglich ist. Er wirft alle seine Decken und Kleider ab und schreit dabei. Warum muß ich mich durch meine Kleider vor mir selber schützen?

Gerhard Wolf zur neunten Reise

Christa Wolfs Kalender hält neben ihren summarischen Notaten die täglichen Begegnungen fest. In Moskau, wo wir vom dortigen Schriftstellerverband und von Christa Teschner, Kulturattachée der DDR-Botschaft, empfangen wurden, waren wir zum ersten Mal in dem neuen Botschaftsgebäude zu einem Cocktail-Empfang.

Wir trafen uns in den nächsten Tagen vor allem mit den Übersetzern Michail Rudnizki und Inna Karinzewa (1920-1994) in der Redaktion von »Inostrannaja literatura«, diskutierten im Verlag Raduga über Christa Wolfs Erzählung »Störfall« und gaben der Zeitschrift »Woprossy literatury« ein Interview. Im Außenministerium beantworteten wir vor Mitarbeitern Fragen zur gegenwärtigen deutschen Literatur, und Christa las in der Rudomino-Bibliothek für ausländische Literatur. Grigori Baklanow (1923-2009) von der Zeitschrift »Snamja«, mit dem wir aßen, konnte nun die Übersetzung von »Kindheitsmuster« in Aussicht stellen, die 1989 in Heft 6 bis 9 dort erschien und noch im selben Jahr als eigenständige Buchausgabe publiziert wurde. Wir hatten Gespräche mit Wladimir Steshenski, Shenja Kazewa, Tamara Motylowa und waren stark beeindruckt von dem symbolisch gegen den Stalinismus gerichteten Film »Die Reue« (1984/87) des georgischen Regisseurs Tengis Abuldladze. Die heftigen Konflikte, die – ausgelöst durch Gorbatschows Perestroika – quer durch die Gesellschaft gingen, beschäftigten uns sehr.

Am 22. Juni fuhren wir nach Riga, wo uns der Germanist und Literaturwissenschaftler Juris Kastiņš (geb. 1946) empfing und uns vor allem die Sehenswürdigkeiten der schönen alten Hansestadt zeigte. Ich wußte von den Originalhandschriften von Casimir Ulrich Boehlendorff (1775-1825) im Literaturmuseum Riga, die ich jetzt dort einsehen konnte. In meinem Buch »Der arme Hölderlin« (1972) hatte ich nur über den Umweg einer Biographie daraus zitiert.

Es gab eine Pressekonferenz vor Journalisten und Germanisten; mit Autoren fuhren wir in ein Schriftstellerheim an der Ostsee und flogen am 25. Juni schließlich über Moskau zurück nach Berlin.

Im Jahr nach dieser Reise plante der Dokumentarist Karlheinz Mund eine TV-Sendung über Moskau, in der unter anderem Christa Wolfs

Übersetzer Shenja Kazewa, Albert Karelski und Nina Fjodorowa zu Wort kamen. Auszüge aus der Aufzeichnung sind hier abgedruckt.

32 Die Übersetzer Albert Karelski und Nina Fjodorowa, in der Mitte Jewgenija (Shenja) Kazewa

AUSZÜGE AUS EINEM GESPRÄCH DER ÜBERSETZER
NINA FJODOROWA UND ALBERT KARELSKI MIT
JEWGENIJA (SHENJA) KAZEWA (1988)

KAZEWA: Jeder von uns hat eine bestimmte Beziehung und seine Erfahrung im Verhältnis zu Christa Wolf, und bei jedem ist sie ganz anders.
Nina Fjodorowa, Germanistin und Lektorin beim Verlag Raduga, ist verbunden mit Christa Wolf durch die Übersetzung des umfangreichsten
Werkes »Kindheitsmuster«. Professor Karelski hat zuletzt die Werke,
die mit der Romantik zusammenhängen, übersetzt und darüber geschrieben. Obwohl ich länger mit Christa Wolf bekannt bin – ich würde
nicht wagen zu sagen: befreundet –, habe ich bis jetzt nur ein bißchen
die Rolle der grauen Eminenz gespielt, weil ich vor kurzem ein Buch zu-
sammengestellt habe für die Reihe »Schöngeistige Publizistik«, mit den
Frankfurter Vorlesungen und anderen Texten [...].
KARELSKI: [...] Ich habe mit großem Interesse ihre beiden Essays über
die Romantiker gelesen, über Caroline und Bettine, und natürlich auch
die Erzählung »Kein Ort. Nirgends«. Mein Interesse war deshalb so
groß, weil ich an der Universität die Vorlesungen über die deutsche Romantik halte, und als man mir angeboten hat, diese Essays ins Russische zu übersetzen, habe ich sofort zugesagt. Was mich daran fasziniert, das ist die Romantikrezeption und -auffassung von Christa
Wolf ... die Lebendigkeit der Romantik, das ist nicht die alte Geschichte
vor 200 Jahren, sondern das ist unsere moderne Geschichte [...]. In der
DDR hatte man bis dahin viel über Klassik gesprochen, über Goethe,
Schiller, aber die Romantik war dabei im Hintergrund ... Aber daß die
Romantik so modern ist, daß sie die lebendigste Sache der Gegenwart
trifft, das hat in der DDR, glaube ich, die Dichterin Christa Wolf entdeckt und nicht die Literaturwissenschaft.
FJODOROWA: Natürlich. Als ich das Buch »Kindheitsmuster« gelesen habe, da habe ich sofort an das gedacht, woran wir alle seit Jahrzehnten
gedacht haben, worüber wir aber nicht sprechen durften. Das ist das
Problem der Stalinrepression, das ist das Problem der Gewalt bei der
Kollektivierung und auch das Problem des Krieges. Und alle diese Probleme finden ihren Platz in diesem Buch.

Das Buch ist ein Mosaik, aber dieses Mosaik gibt am Ende ein Ganzes, ein vollständiges Bild der Welt, sowohl mit den Augen einer erwachsenen Frau gesehen als auch mit den Augen eines jungen Geschöpfes. Und das alles verschmilzt in einem. Nicht zufällig spricht sie in diesem Buch, wenn das DU und SIE in einem Wort ICH zusammenfallen. Was diese Probleme für uns, für mich persönlich bedeuten: sie sind vielleicht aus einer anderen Sicht, aus der Sicht einer Deutschen erzählt, aber sie sind allgemein menschlich. Wenn Christa Wolf z. B. von den Konzentrationslagern schreibt, von denen alle später nichts wissen wollten, obwohl in den Zeitungen geschrieben stand, daß am soundsovielten das Lager Dachau eröffnet wurde – das war bei uns dasselbe. Ich meine nicht die konkreten Dinge. Nur die Geschichte selbst, denn es gab viele Probleme, die verdrängt wurden, alle wußten davon, aber sprechen konnten sie nicht, sie wollten sie vergessen, man wollte sie ungesagt und ungeschehen lassen. Und jetzt ist endlich mal die Zeit gekommen, da man davon sprechen kann, und ich erinnere mich immer wieder an die Seiten des Buches, auf denen Christa Wolf von einem Moskauer Freund schreibt, der jetzt schon gestorben ist, ein Geschichtsprofessor, der in einem Brief an sie geschrieben hat, daß eine Zeit kommen wird, wo man über alles sprechen kann, und daß er diese Zeit nicht mehr erleben wird.

Nein, didaktisch ist dieses Buch keineswegs. Es war auch schwer, es ins Russische zu übersetzen. Diese kleinen humorvollen Geschichten aus der Kindheit, die Geschichten mit dem Bruder, den Freundinnen, mit der Mutter ... sie sind so realistisch, aus dem Leben gegriffen. Und jeder hat so etwas ähnliches erlebt. Daneben stehen rein philosophische Probleme: die Probleme der Moderne, des menschlichen Gedächtnisses, der Erinnerung, wie wird diese Erinnerung bewältigt, nicht nur von den Siegern, sondern auch von den Besiegten.

KAZEWA: Es gibt bei ihr alles, keine Farbe fehlt: Ironie, Selbstironie, alles ist da ... Das ist ein ganz eigenartiger Humor, sogar in »Störfall« gibt es Humor [...].

Ich werde ein sehr heikles Thema anschneiden: Toleranz. Es waren einige DDR-Schriftsteller da und besuchten die Zeitschrift »Inostrannaja literatura«, wo gerade die »Kassandra« erschienen war, und wir waren so froh und glücklich, den deutschen DDR-Gästen zu zeigen, wie tüchtig wir sind. Wir haben die »Kassandra« sehr schnell veröffentlicht, und was bekommen wir zu hören? Warum habt ihr das getan? Das Buch sollte man nicht übersetzen, und überhaupt Christa Wolf, und so weiter und so weiter. Macht man so was? Macht man nicht, soll man nicht, aber bei uns macht man's auch so ... Noch ein paar Worte zu »Kindheitsmuster«. In der Zeitschrift, bei der ich arbeite, »Woprossy literatury«, haben wir mehrmals über DDR-Literatur geschrieben, und natürlich kam jedes Mal Christa Wolf vor. Aber merkwürdigerweise haben wir kaum über »Kindheitsmuster« geschrieben, nicht weil die Autoren das so wollten, [sondern] weil wir so schlau waren. Man hätte sich dann gefragt, wenn ihr so gut über dieses Buch schreibt, warum veröffentlicht ihr das eigentlich nicht. Deshalb lieber über das Buch überhaupt nicht schreiben ...

KARELSKI: Ich wollte zu dem Thema der Aufrichtigkeit noch ein paar Worte sagen [...]. Mich fasziniert an Christa Wolf [...] das, was ich Einsatz der ganzen Person nennen würde. Ich kann mir nicht vorstellen, daß Christa Wolf z. B. beim Schreiben nach einer originellen Metapher oder nach einem treffenden Synonym oder Epitheton sucht. Das ist nicht ihr Problem ... Sie schreibt, weil sie nachdenkt, und dieses Nachdenken wird vor unseren Augen vorgeführt, und weil es immer um die lebenswichtigen Dinge geht, sei es der Faschismus und Krieg in »Kindheitsmuster« oder die Atombedrohung der Menschheit in »Störfall«. Es ist ihr immer ernst, sie schreibt eigentlich nicht, sondern denkt schreibend nach. Der gemeine Leser mag denken, daß es eine besondere Geschicklichkeit ist, eine besondere Modernität des Sprachausdrucks, aber auch da besteht ein Unterschied. Die anderen modernen Autoren, die Autoren, die wir modern nennen, spielen mit ihrem Text, mit ihren Schreibmöglichkeiten. Aber ihr kommt es nicht darauf an, daß sie sich besonders ausdrückt.

FJODOROWA: Ja, in »Kindheitsmuster« ist das besonders kraß zum Ausdruck gekommen, diese Manier des Schreibens, wo sie nachdenkt und sofort etwas aufschreibt. So ein Wort, ein vielleicht zufällig gedachtes Wort, kann eine lange Geschichte auslösen, deshalb sind so viele assoziative Geschichten in den Text eingenäht, sozusagen eingeflochten.

KAZEWA: Aufrichtigkeit, das ist eine Sache. Ich glaube, daß das eine Eigenschaft im ganzen Schaffen von Christa Wolf ist, die sie, die ihr Werk besonders auch bei uns so anziehend macht. Sie schreibt ohne irgendwelche Vorbehalte. Sie schreibt ohne diesen bei uns berüchtigt gewordenen inneren Redakteur, inneren Zensor ...

ZEHNTE REISE 1989
In Moskau, 9. bis 14. Oktober 1989

Moskau v. 9. – 14. Okt. 89

Scheremetjewo. Abgeholt v. Boris Kalinin (Verband) u. Christa Teschner (Botschaft). Langes Warten auf den Koffer in großem Gedränge. In der Vorhalle stoßen »zwei Mädchen« zu uns: Katja und Lisa. Die erste von »Inostrannaja literatura« (zuständig f. skandinavische Literaturen, dunkelhäutig, krauses, schwarzes, kurzgeschnittenes Haar, armenischer Name: Katarina Muradjan), die zweite meine Dolmetscherin, »Lisa« und nichts weiter (Studentin d. Germanistik im 4. Studienjahr, war 1 Jahr in d. DDR z. Studium, verheiratet mit einem Mathematikstudenten, 50 Rubel Stipendium, was nicht ausreicht, sieht nicht, daß sie nach d. Studium einen ihr gemäßen Arbeitsplatz finden kann, unschuldig und nichts weiter.) Lange, lange stehen wir vor dem Flughafen am Straßenrand, Boris ist verschwunden, sucht 30 Minuten lang das Verbandsauto, es stand dann »ganz dahinten«. Erste Eindrücke wieder von der allgemeinen Rücksichtslosigkeit bei der Gepäckbeförderung usw., wie überhaupt, schon in Schönefeld inmitten der Massen (Reisegruppen), die für den Air-Bus eincheckten, das Gefühl, die Person verschwinde je weiter gen Osten desto mehr hinter und in der Masse.

Fahrt zu viert zum »Ukraina«, erste Informationen: Es gebe in den Geschäften nichts zu kaufen, »Talons« für Zucker (1 kg monatl. pro Person, was sehr viel ist. Lisa: Wir haben schon 14 kg zu Hause, meine Mutter kauft alles, vielleicht brauchen wir es nächstes Jahr zum Einkochen, meine Großmutter sagt, wenn wieder eine Hungersnot kommt, kann man Zucker gegen etwas anderes tauschen). Ja, die Leute seien zunehmend unzufrieden (Boris: Aber haben noch genug Geduld), ich erzähle von den Ereignissen in Berlin – Massenflucht, Oppositionsbewegung, Demonstrationen, Verhaftungen. Boris: Aber was wollen die Leute! (Diese Frage, die sich dann oft wiederholen wird.) Ich: Glasnost! Er: Wir haben Glasnost, aber nichts zu essen. Also tauschen wir doch. (Daran kann man die Menschen hier erkennen: Ob sie Glasnost u. Demokratie gegen Lebensmittel hergeben würden.)

Im »Ukraina« verschwindet Boris wieder auf sehr lange Zeit. Als er wieder auftaucht: Ich muß mich im Namen des Verbandes entschuldigen, wir müssen in ein anderes Hotel. – Ich: Kein Zimmer? – Boris: Nein. Das ist Perestroika bei uns! – Als ob früher immer alles geklappt hätte. – Fahrt z. Schriftstellerverband. Der Fahrer wird v. d. Miliz gestoppt, herausgerufen, verwarnt. Als er zurückkommt: Ach, warum wir uns nicht anschnallen, und dann war da noch etwas. – Ich: Also schnallen wir uns doch an!, greife nach dem Gurt, schallendes Gelächter von hinten: Es ist gar keiner da. – »Das ist Perestroika!« – Der Fahrer, der einen Gurt hat, schnallt sich auch nicht an, wie alle anderen Fahrer nach ihm.

Im Zentralen Haus der Literaten streifen wir durch das Labyrinth der Eßräume und Säle, nirgendwo ein freier Platz. Das sind alles überhaupt keine Literaten, sagt Katja erbittert, plaziert uns in einer großen Halle an einem Ecktisch, holt »Wein« (entsetzlich!), Kaffee (desgleichen) und ein belegtes Brot, wir essen und trinken. Boris erscheint und hat ein Zimmer im »Budapescht«. Shenja sagt später, Böll habe in keinem anderen Hotel wohnen wollen, aber jetzt sei es sicher heruntergekommen, doch es ist sauber, ruhig, durchaus annehmbar. Die nächste größere Straße: Neglinnaja. Das Hotel an der Petrowka, im nördlichen Zentrum. Im Zimmer steht ein Fernseher, für den, ich schwöre es, keine Steckdose da ist. Auf dem Fensterbrett ein Kofferradio, dessen Stecker verbogen sind und in keine Steckdose passen. Die Deshurnaja verzieht über die ganze Zeit meines Aufenthalts keine Miene, Mineralwasser gibt es angeblich im Bufett »на втором этаже« [»na wtorom etashe« – in der zweiten Etage], dort gibt es aber keins, sondern nur »сок« [»sok« – Saft], der süß ist, und allenfalls »пиво« [»piwo« – Bier]. Ich trinke einen »кефир« [»Kefir«].

Rufe zuerst G. [Gerd] an, er sagt, Annette gehe es nach der Haftnacht noch immer nicht besonders, am Vorabend seien immer noch Leute festgenommen worden, Butzmann werde noch vermißt. – Melde mich dann b. Shenja, verabrede mich, noch am selben Abend zu ihr zu kommen, stehe sehr lange auf der Neglinnaja, bis ein Taxi mich zu ihr rausfährt. Sie hat nichts da außer Tee und Konfekt, ich will ja nichts essen, bin nicht hungrig, aber bei ihr gibt es nur Brot. Später erfrage ich, daß ihre Tochter, die sich von ihrem Mann getrennt hat, für sie beide kocht, daß sie einmal in der Woche auf dem Markt einkaufen geht, wo es furchtbar teuer ist: Fleisch, Quark, Käse, Gemüse. Eier, Butter, Brot bekommt man im Geschäft. Sie stelle sich nicht an. Abends käme sie auch mit einem starken Kaffee aus.

Wir reden über die DDR-Angelegenheiten, überlegen, mit wem man darüber reden könnte, T. [Toper] sei nicht im Lande ... Shenja sagt: wir haben jetzt hier unseren eigenen Faschismus, die Zeitschrift »Sowremennik« [»Nasch sowremennik«, Zeitschrift für Literatur, Kunst und Politik] betreibe einen infamen Antisemitismus, die Leute hätten Angst vor »Bürgerkrieg«, eine Besserung der ökonomischen Lage sei nicht in Sicht, vor Leningrad stünden Züge mit Gemüse und anderen Lebensmitteln u. würden nicht weitergeleitet, das Zeug verfaule, der Nationalismus schlage hohe Wellen, Aserbaidschan lasse die Hilfszüge f. die Erdbebenopfer in Armenien nicht durch, wenn mal etwas ankäme, z. B. Fertigteilhäuser, sei alles kurz und klein geschlagen. Nein, keine Lösung in Sicht. Gorbatschow sei nicht der starke, konsequente Mann, als der er ihnen zuerst erschienen sei, aber es gebe keine Alternative, weder zu ihm noch zu Glasnost u. Perestroika. – Wir telefonieren noch etwas, suchen die Fotos für ihren Essayband heraus, sie wartet mit mir vor der Tür auf ein Taxi, bei ihr war nicht geheizt, ausgerechnet jetzt ist ihnen eingefallen, die Rohre der Heizung zu säubern, auch draußen ist es kalt, sie läßt mich dann gegen ihren Vorsatz mit einem Schwarztaxi alleine fahren, ich vergesse, sie sofort anzurufen, gehe erst mal unter die warme Dusche, da ruft sie mich ganz außer sich an: Sie fürchtete, mir sei was passiert (obwohl sie sich ganz demonstrativ die Nummer des Wagens gemerkt hatte), es geht hier eine Frau nicht mehr allein auf die Straße, das »Verbrechertum« habe wahnsinnig zugenommen. Lisa sagt mir eines Abends, als wir vom Komsomol-Theater in d. Tschechow-Straße ins Hotel gehen und ich ihr rate, ein Taxi nach Hause zu nehmen, sie fahre nicht gern allein im Taxi, da passiere zuviel.

2. Tag

Warte mindestens 20 Minuten, bis einer der 5, 6 Kellner, die am Rand des großen Säulenrestaurants im »Budapescht« die Frühstückstische bedienen, mich wahrnimmt. Bestelle etwas, in dem das Wort »яйца« [»jaiza« – Eier] vorkommt, es sind drei in der Pfanne servierte Spiegeleier, oben voller Glibber, Tee dazu, Kefir.

Erwarte Lisa, die ruft an, es gebe im Schrifts.verb. keinen Wagen, sie komme mit der Metro. Ich rufe in d. Botschaft an, daß Christa Teschner, Kulturattaché und Botschaftsrat, nicht zu früh ins »Ukraina« kommt. Das Wetter ist freundlich, wir fangen auf der Neglinnaja schließlich doch ein Taxi. Teschner ist schon da, unsere Bemühungen, meinen Flug von Montag auf Sonnabend umzubuchen, wären gescheitert, wenn nicht Teschner beschlossen hätte, es von Botschafts wegen über den ihr bekannten hiesigen Chef der Lufthansa zu versuchen. Also wird Lisa entlassen, wir fahren mit schwarzer Limousine die Leningradskaja hinunter zur modernen Prunkfestung, die mir mißfällt wie beim erstenmal. Aber die Protokollräume seien gut. Kaffee mit Keksen in einem dieser (kleineren) Räume, in tiefen altrosa Sesseln. Die trockene Moskauer Luft. Die heimischen Ereignisse – die Botschaft als Abbild der heimischen Strömungen. Sogar ein Botschaftsrat erscheint, ein Stellvertreter des noch zu den DDR-Feierlichkeiten abwesenden Botschafters König. Auch er findet, daß es höchste Zeit ist für Veränderungen zu Hause. Und zwar allerhöchste Zeit. (Chr. Teschner wundert sich später.) Ein Mann wie aus dem Modejournal. Demnächst muß er an die Wolga, an einem Max-Hoelz-Denkmal ein Gebinde niederlegen.

Ich esse noch mit in der Kantine der Botschaft, erfahre, daß allein 800 Angestellte in der (angeschlossenen) Handelsmission arbeiten, es gibt Ochsenschwanzsuppe, Salat mit gebratenem Fischfilet, einen Apfel. Ich gehe mit Ch. T., die bittet, mich mit Vornamen anreden zu dürfen, und im Zusammenhang mit mir den Ausspruch wiederholt: Ehre, wem Ehre gebührt! Zur Haupttür, diese Sicherheitsvorschriften immer, allein 8 (oder 20?) Leute seien für das Sicherheitssystem der Botschaft verantwortlich, jeder, der mal vergesse, eine Tür abzuschließen, oder einen Schlüssel mit nach Hause nehme, werde durch die Berichte gezerrt, mein Wagen kommt, fährt mich ins Hotel, ich lege mich hin, lese in der »Sowjet-Literatur« mit den Aufzeichnungen Simonows über seine Begegnungen mit Stalin als Mitglied der Kommission für die Stalin-Preise, lese auch in den nächsten Tagen darin, hatte nicht gewußt, wie abhängig Simonow war. Der Text ist trocken, ohne Glanz, geht der eigenen Abhängigkeit nicht auf den Grund.

18.30 holt [mich] Женя [Shenja] ab, die mich fest im Griff hat, aber ein Schatz ist, wir fahren zu viert im Auto einer Mitarbeiterin von ihr zu Irina Mletschina, die am Institut f. Weltliteratur arbeitet und eine gute Rezension über »Kindheitsmuster« (das in 6 Nummern von »Знамя« [»Snamja« – Zeitschrift für Literatur, Kunst und Politik] in diesem Jahr erschienen ist), geschrieben hat. (Das Auto ist wie alle Moskauer Autos – außer den Dienstfahrzeugen der höheren Chefs – ausgeleiert, die Gänge knirschen, die Karosse dröhnt und rasselt, man fährt hart über die eingebeulten Straßen.) Eines der Hochhäuser, ich schätze, 60er Jahre, 7. Stock, unten eine Portieuse. Es ist ein Haus, das man von außen nur durch das Drücken einer Chiffre-Nummer öffnen kann, ich sehe von der wahrscheinlich größeren Wohnung zwei Zimmer, ein Vorzimmer ohne direkte Fenster, olivgrüne Sessel, Bücher, ein rundes Tischchen, der Fernseher, ein Wohn- und Eßzimmer mit den gleichen Sesseln an einem Couchtisch und einer Eßecke mit Stühlen. Sofort kommt das Gespräch auf »die schlimme Lage, in der wir uns befinden« (die SU). Irina sagt, es seien jetzt Verhältnisse wie bei uns zu Ende der Weimarer Republik, 1932, sagt Женя [Shenja], ich sage, was meint ihr: Folgt eine Machtergreifung. Irina sagt: Das ist sehr möglich. Christa, ich habe Angst. – Dies ist ihr Kehrreim. Sie ist gewürgt und besessen von Angst vor einer neuen Diktatur, speziell vor Repressalien gegen Juden, bis hin zum Pogrom. Sie ist Jüdin. Sie bringt eine Fülle von Beispielen, wie sich »unsere Faschisten« öffentlich äußern können, in »Наш современник« [»Nasch sowremennik«], die Juden haben (wieder mal) die Revolution gemacht, die Juden haben unseren weichen, großherzigen Zaren getötet, die Juden haben die Russen gezwungen, zu Säufern zu werden, weil sie das russische Volk zerstören wollen; wenn die Versorgung sich noch weiter verschlechtert, würden die Leute nationalistische Aufstände machen, und das werde dann der Funken sein

33 »Der Außerordentliche und Bevollmächtigte Botschafter der Deutschen
Demokratischen Republik in der UdSSR, Gerd König, hat die Ehre, aus Anlaß
der Tage der Kultur der DDR in der UdSSR zum Cocktail einzuladen: am
Freitag, 13. Oktober 1989 um 16.30 Uhr.«

zur Entzündung von Judenpogromen. (Shenja bestätigt die Tatsachen,
sieht aber für die Zukunft nicht so schwarz wie Irina.)

14. 10. 89
Empfang in DDR-Botsch. Moskau aus Anlaß d. Kulturtage d. DDR.
Dyck stellt sich vor, er freue sich, mich kennenzulernen. Wohne mit
Brigitte Zimmermann in einem Haus. Das seien jetzt ereignisreiche Tage in d. DDR, es gebe einen Politbüro-Beschluß, das Gespräch habe angefangen, sie würden es ja schon seit längerer Zeit führen, außer ihnen
nur wenige Zeitungen (»Der Morgen«, »Wochenpost«), eine Mischung
aus Verbot und Feigheit bei den anderen, weist auf Kant-Artikel hin,
den sie gebracht haben; ja, es sei jetzt die höchste Zeit, grundlegend etwas zu ändern. –
Hoffmann: Freut sich auch sehr, mich zu sehen, in der DDR seien ja

schwere Zeiten. Ich: Werden wir es schaffen? Er: Wir schaffen es, wenn kein Blut fließt. (Zu Shenja äußert er sich despektierlich über H. [Erich Honecker], vollkommen verkalkt, zitiert A. S. [Anna Seghers]: Wenn ein Esel älter wird, bleibt er doch immer ein alter Esel, spricht von bevorstehenden Veränderungen, sagt sibyllinisch: Was immer Sie in nächster Zeit von mir hören werden, denken Sie immer, ich bin der Alte geblieben.) Ereifert sich, daß H. [Honecker] angesichts d. zu erwartenden Rede v. Gorb. [Gorbatschow] eine solche Rede gehalten habe ... H. [Hans-Joachim Hoffmann]: Sie hätten ein 2stündiges sehr interessantes Gespräch mit Roy Medwedew gehabt, es sei zum Weinen, daß es ein solches Gespräch nicht vor 7 Jahren gegeben habe, »dann hätten wir uns euch gegenüber nicht so dämlich benommen!« (zu Shenja). K. H. [Kurt Hager] kommt extra durch den ganzen Saal auf mich zu, begrüßt mich: Muß ich jetzt »Sie« zu dir sagen. Ich: Noch nicht. Er: Ich hoffe, nie. (Ich stehe mit meinem Salatteller und einem Saftglas in der Hand, das mir einer der zwei Adlaten von H. [Hager] aus der Hand nimmt, um es selbst zu halten, bis ich es mir wieder nehme ...) Es sei ja jetzt eine sehr angespannte Sit. in der DDR, er hoffe aber, sie habe angefangen, sich zu entkrampfen, zuerst durch das Handeln einiger mutiger Männer in Leipzig (das hatte mir, weniger ausführlich, schon Hoffmann erzählt): Masur (der Dirigent d. Gewandhaus-Orchesters), 3 Sekretäre d. Bez.leitung u. ein Pfarrer hätten die Sache in die Hand genommen. Über Stadtfunk sei am Tag verbreitet worden, daß die BL [Bezirksleitung] zu Gesprächen bereit sei, daß die Demonstration gewaltlos verlaufen solle, dies sei mit Beifall in den Straßen aufgenommen worden, dann seien die 4 zur traditionellen Montag-Andacht in die Nikolai-Kirche gegangen und hätten dort das Gespräch aufgenommen, dies habe so beruhigend gewirkt, daß die Demonstration (es waren doch bald 100 000!) friedlich verlaufen sei, obwohl einige darunter gewesen seien, die es darauf abgesehen hätten, daß geschossen werde. Also, die Lage werde sich jetzt wohl allmählich entspannen. Es müsse aber viel getan werden. Sie hätten 2 Tage Politbüro-Sitzung gehabt und hätten sehr kritisch über alle Bereiche gesprochen: Wirtschaft, Informationspolitik, Reisemöglichkeiten, Kultur ... Sie würden auf einem ZK-Plenum über alle diese Gebiete und die nötigen Veränderungen offen sprechen, er sehe den jetzigen Zeitpunkt als eine Wende in der DDR an, er sei wie ich der Meinung, daß man das Potential nutzen müsse, das sich jetzt zur Mitarbeit anbiete, er habe ja einen riesigen Stapel von Briefen auf seinem Schreibtisch, auch alle Künstlerverbände und Theater usw. hätten sich sehr deutlich geäußert, und von all den Briefen seien es vielleicht zwei, aus denen man einen Anti-DDR-Standpunkt herauslesen könne, und auch bei denen würde man vielleicht auf eine andere Haltung stoßen, wenn man mit ihnen spreche. Er habe ja in den letzten Wochen auch viele Diskussionen gehabt, auch in Betrieben, und die Arbeiter hätten auch gesagt, sie wollten die DDR erhalten, aber sie hätten dann die Versorgungsmängel kritisiert, den unregelmäßigen Materialnachschub usw., und das sei doch ganz normal ... (!!) Wir hätten ja in den letzten Jahren auch immer nur wenige Worte miteinander gewechselt, er wisse auch nicht, wie das komme (!!), aber nun wolle er so etwas wie Mittwochgespräche bei sich abhalten, wo man sich gegenseitig informieren könne (!), ein kleiner Kreis von etwa 12 Leuten, er habe schon Masur gefragt, der sei bereit, mitzumachen, nun frage er mich, ob ich auch dazu bereit sei.

Ich erwähne den brutalen Polizeieinsatz in Berlin, daß auch meine Tochter davon betroffen gewesen sei, er sagt, er habe davon gehört, ich sage: Das dürfe man nicht auf sich beruhen lassen. Die Schuldigen müßten zur Verantwortung gezogen werden, so etwas dürfe es bei uns nicht geben. Er stimmte so einigermaßen zu, sagt, aber diejenigen, die auf Gewalt aus seien, müßten immer wissen, daß sie eins aufs Maul bekämen, ich sage, aber man dürfe dieses kleine Häufchen nicht mit den anderen in einen Topf werfen und gegen alle losgehen, er stimmt zu. Vorher hatte ich noch gesagt, warum das alles so spät eingesehen werde, wenigstens ein halbes Jahr früher würde uns schon geholfen haben. Er: Das stimme, wir hätten Zeitverlust, aber wenn man etwas verändern wolle, müsse man ja erst alle davon überzeugen und die Folgen gut bedenken, ich sage, Veränderungen könnten auch zu spät kommen, er, sie seien auch davon überrascht worden, daß Ungarn plötzlich die Grenze aufmache und daß so viele DDR-Bürger weggehen würden ...

Später stellt sich der Botschafter vor, König, er komme auch gerade aus

Berlin, sei sehr aufgeregt, ja, es müsse tiefgreifende Veränderungen geben, die dürften nicht nur kosmetische Veränderungen sein, er glaube, die Perestroika in d. SU sei nicht mehr zurückzudrehen trotz aller riesigen Probleme.

Noch später sagt dasselbe ein Botschaftsrat, der mich auch noch unbedingt begrüßen will, als ich mit dem ungarischen Kulturattaché dastehe, den ich von Berlin aus kenne [xxx] und der mir von den Strömungen in d. ungarischen Partei erzählt. Nein, er sehe nicht, daß Ungarn den Sozialismus aufgebe. Es sei nicht mehr tragbar gewesen, daß in der Partei mehrere Strömungen vereinigt waren, von ultralinks bis rechts, der alte Parteisekretär (Grósz) habe gesagt, dem neuen Programm hätte er auch zustimmen können, nur nicht dem neuen Namen. Er selbst fände es gar nicht schlimm, wenn die Partei nur die Hälfte Mitglieder behalte, aber sicher würden es, nach dem Abstimmungsergebnis bei den Delegierten zu urteilen, mehr sein. Er sei sehr verwundert über die Ereignisse in der DDR, vor 5 Jahren, als er dort wegging, hätte er so etwas nie für möglich gehalten, es gebe jetzt kein sozialistisches Land ohne tiefgreifende Probleme ... Ich sage: Doch, Rumänien. Er: Da haben Sie recht. Die haben überhaupt keine Probleme. Ich: Aber ihr Ungarn habt schuld an unseren Problemen, indem ihr die Grenze geöffnet habt. Er: Ja, und für dreißig Silberlinge ... Der 2. Botschaftsrat: Gorbatschow habe kürzlich in einem Gespräch mit Marchais gesagt, sie hätten die politische Reife in d. SU überschätzt, sie hätten die Nationalitätenprobleme nicht richtig eingeschätzt, nicht schnell genug analysiert u. geeignete Maßnahmen ergriffen ...

Als ich ging, hockte Hoffmann mit zwei Leuten auf einer Bank, sie erhoben sich, um mich zu verabschieden, sie hätten gerade beschlossen, eine Gesellschaft zur Verbindung mit den Sowjet-Deutschen zu gründen. Ich: Habt ihr keine dringenderen Probleme? Da gibt es bei uns ganz andere Gesellschaften zu gründen! H.: Ja, aber das ist auch wichtig. Schreib! Ich: Was soll ich schreiben, Pamphlete oder Bücher. H.: Beides. Ich: Die Pamphlete steckt ihr euch dann aber nicht hinter den Spiegel! H.: Wir haben keinen Spiegel. Wir haben nur das Fernsehen: Ich: Das müßtet ihr mal eine Weile ausschalten! H.: Das muß schon jeder selber machen. – Es war sehr gut, daß du hier warst.

Vor dem Rückflug, auf dem Flughafen Scheremetjewo, wurdest du von einer jungen Frau angesprochen, im reinsten Sächsisch. Sie, die Mitglieder eines Madrigalchors aus Halle, seien wochenlang in Mittelasien unterwegs gewesen, abgeschnitten von Nachrichten aus der DDR, ob du etwas von den letzten Leipziger Montagsdemonstrationen wüßtest, es gebe Gerüchte über Opfer unter den Demonstranten nach Zusammenstößen mit den Sicherheitskräften, sie seien in Sorge um ihre Angehörigen und Freunde, ob du ihnen etwas sagen könntest. O ja, das konntest du. Am vergangenen Montag, dem 9. Oktober 1989, warst du mittags in Moskau angekommen, in der Nacht hattest du zu Hause angerufen, voll Besorgnis um das Schicksal der Demonstranten in Leipzig, da hörtest du, was du jetzt weitersagen konntest: Es waren hunderttausend auf der Straße, und nichts ist passiert. Und da empfandest du noch mal dasselbe Glück, das diese junge Frau jetzt empfand, die dich umarmte und die gute Nachricht an die anderen Chormitglieder weitergab.

Während ihr, eine große Menge von Reisenden, viele westdeutsche Touristen darunter, in der Abflughalle warten mußtet, formierte sich auf leise Anweisung hinter dir der Chor und fing zu singen an, O TÄLER WEIT, O HÖHN, vielstimmig, sehr rein, sehr klar, sehr innig. Du als einzige von allen Zuhörern verstandest, warum sie sangen, und du mußtest dich wegdrehen und hättest dein wehes und bewegtes Gefühl nicht benennen können. Es war nicht nur ein Abschied von Moskau, der hier stattfand. Und später, in der neuen Zeit, wieder und wieder hochnotpeinlich verhört, was es denn um Himmels willen gewesen sein sollte mit diesem maroden Land, daß man ihm auch nur eine Träne nachweinen konnte. Was es denn außer Schrott und Spitzel-Akten einzubringen habe in das große, reiche und freie Deutschland. Da hast du manchmal an diese Minuten denken müssen auf dem Flughafen in Moskau: Das haben wir jetzt für Sie gesungen. Und an die erstaunten, befremdeten Gesichter der westdeutschen Reisenden, die sich den Herkunftsort des Chores zuflüsterten und am Ende begeistert Beifall klatschten. Sie hatten den Gesang genossen, den schmerzlich freudigen Unterton nicht wahrnehmen können, und da schwiegst du eben, als man später mit Fragen und Vorwürfen in dich drang. Irgendwann bildete sich der Satz: Wir haben dieses Land geliebt. Ein unmöglicher Satz, der nichts als Hohn und Spott verdient hätte, wenn du ihn ausgesprochen hättest. Aber das tatest du nicht. Du behieltest ihn für dich, wie du nun vieles für dich behältst.

Aus »Stadt der Engel oder The Overcoat of Dr. Freud«

Gerhard Wolf zur zehnten Reise

Diese letzte Moskauer Reise unternahm Christa Wolf auf Einladung des kirgisischen Autors Tschingis Aitmatow (1928-2008), der uns durch seine Bücher, die weltberühmte Liebesgeschichte »Dshamilja« (1958) und vor allem den kritischen Roman »Der weiße Dampfer« (1970), bekannt, aber bisher nur bei offiziellen Treffen begegnet war. Aitmatow übernahm in diesen Tagen die Leitung der angesehenen Zeitschrift für ausländische Literatur »Inostrannaja literatura« und lud Christa Wolf ein, an dem neu zu gründenden Redaktionsbeirat mit namhaften Autoren, auch aus dem Ausland, teilzunehmen. Sie traf in den Sitzungen u. a. unsere Freundin Tamara Motylowa, Jorge Amado (1912-2001) aus Brasilien und den uns bekannten Daniil Granin (geb.1919), den wir schon in der DDR begrüßt hatten und der »Kindheitsmuster« gleich mit Erscheinen in der Zeitschrift »Snamja« (6/1989) ebenda lobend besprochen hatte. Auf der Teilnehmerliste standen ferner der international bekannte japanische Autor und spätere Nobelpreisträger Kenzaburō Ōe (geb. 1935) sowie die russischen Schriftsteller der Tauwetter-Generation Andrej Bitow (geb. 1937), Jewgeni Jewtuschenko (geb. 1932) und Andrej Wosnessenski (1933-2010) – bedeutende Zeitgenossen gesellschaftlicher Veränderungen, deren Beiträge sich Christa in Stichworten notierte.

Der Aufenthalt wurde überschattet von den Ereignissen in der DDR: Unsere Tochter Annette und ihr Mann Jan Faktor waren am Abend des 7. Oktober in der Nähe einer Demonstration von der Straße weg verhaftet worden und kamen, nach unserem Protest über den Anwalt Gregor Gysi, erst am nächsten Tag frei. In Leipzig fand am 9. Oktober der bis dahin größte Demonstrationszug (man spricht von 70 000 Beteiligten) statt; man hatte befürchtet, es könnte auf ihn geschossen werden.

Christa versuchte noch von der Tagung der Redaktion aus, telefonisch den Vertrauten Gorbatschows, Valentin Falin, zu erreichen, um ihm die verzweifelte Lage in der Führung der DDR zu schildern. Falin, ehemaliger sowjetischer Botschafter in der BRD, ließ ausrichten, daß er sie nicht sprechen könne; er empfing, wie ihr mitgeteilt wurde, am gleichen Tag Willy Brandt.

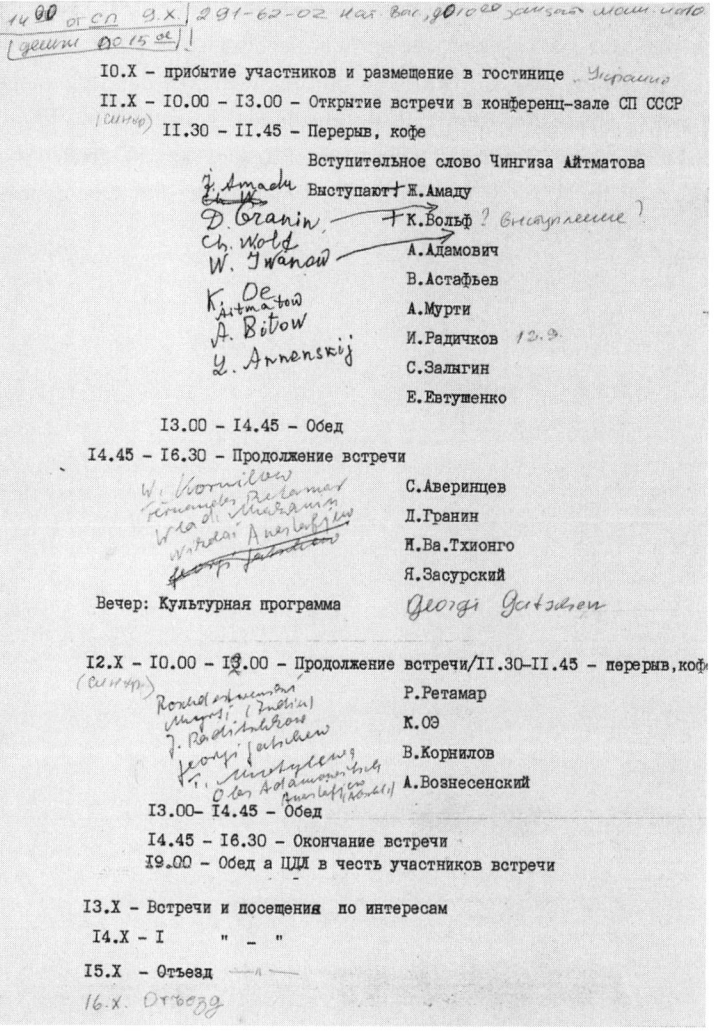

(handwritten at top) 14.00 от СП 9.X 291-62-02 ... ... / депеши до 15 ... /

10.X – прибытие участников и размещение в гостинице *Украина*

11.X – 10.00 – 13.00 – Открытие встречи в конференц-зале СП СССР

(синхр) 11.30 – 11.45 – Перерыв, кофе

                    Вступительное слово Чингиза Айтматова

J. Amadu   Выступают: Ж.Амаду

D. Granin   К.Вольф *? Выступление ?*

Ch. Wolf

W. Iwanow   А.Адамович

                В.Астафьев

K. Oe   А.Мурти
Aitmatow

A. Bitow   И.Радичков *12.3.*

J. Annenskij   С.Залыгин

                Е.Евтушенко

      13.00 – 14.45 – Обед

    14.45 – 16.30 – Продолжение встречи

W. Kornilow   С.Аверинцев
Fernandez Retamar

Wladi Mikalow   Л.Гранин

Nikolai Annenskij И.Ва.Тхионго

               Я.Засурский

Вечер: Культурная программа   *Georgi Gatschew*

12.X – 10.00 – 13.00 – Продолжение встречи/11.30–11.45 – перерыв,коф

(синхр)

Ronald ... (India)   Р.Ретамар

Murti (India)

J. Radischkow   К.Оэ

Georgi Gatschew В.Корнилов

Ti. Mustytow

Oles Adamowitsch А.Вознесенский
Annenskij (Bolschij)

      13.00– 14.45 – Обед

    14.45 – 16.30 – Окончание встречи

    19.00 – Обед в ЦДЛ в честь участников встречи

13.X – Встречи и посещения по интересам

14.X – I   " – "

15.X – Отъезд

16.X Отъезд

---

34 Tagesordnung der Sitzung des Internationalen Beirats der
Zeitschrift »Inostrannaja Literatura« vom 10. bis 12. Oktober 1989.
Es reden u. a. Tschingis Aitmatow, Jorge Amado, Christa Wolf, Viktor
Astafjew, Daniil Granin, Kenzaburō Ōe und Jewgeni Jewtuschenko.

In der Botschaft der DDR traf sie mit Kurt Hager (1912-1998) vom Politbüro der SED zusammen – er sprach sie als Genossin mit Du an, obgleich er wußte, daß Christa Wolf im Juni 1989 aus der SED ausgetreten war – sowie mit dem Kulturminister Hans-Joachim Hoffmann (1929-1994). Über ihren Abschied von Moskau am Flughafen hat Christa Wolf ausführlich in »Stadt der Engel oder The Overcoat of Dr. Freud« geschrieben.

MEMORIAL

GERHARD WOLF: ZUR ERINNERUNG AN EFIM ETKIND UND
LEW KOPELEW

Auch nach 1989 blieben wir mit unseren Freunden Lew Kopelew, Raissa Orlowa-Kopelewa und Efim Etkind, die in den Jahren zuvor emigrie-
ren mußten oder des Landes verwiesen wurden, in Kontakt. Efim Etkind
ging schon 1974 ins Exil und lehrte als Professor für Literaturwissenschaft in Paris. Er widmete uns 1982 die von ihm herausgegebene deutsche Ausgabe »Im Spiegelland. Ausgewählte Gedichte« von Anna Achmatowa. In diesem Geiste schrieb er seinen Essay »Der Kern des Kernes
oder Lob des Gedächtnisses« für den Band »Ein Text für C. W.« zum
65. Geburtstag Christa Wolfs und führte mit ihr 1992 einen öffentlichen Briefwechsel »Von dem multiplen Wesen in uns«. Für mich
schrieb er den Text »Die Freiheit«, der 1998 in dem Band »Die Poesie
hat immer recht« erschien, »in memoriam unserer ›sozialistischen‹ Vergangenheit«. Die letzten Lebensjahre bis zu seinem Tod 1999 lebte Efim
Etkind mit seiner Frau Elke Liebs in Potsdam. Sie veröffentlichte 2013
das Buch »Die Melancholie des Glücks. Leben mit Efim Etkind«.
Lew Kopelew und Raissa Orlowa-Kopelewa erreichte die Nachricht
über den »Entzug der Staatsbürgerschaft« 1981 während einer Reise
in die Bundesrepublik. Sie nahmen Wohnsitz in Köln, in der Nähe unseres gemeinsamen Freundes Heinrich Böll, wo wir sie öfter besuchten.
Lew Kopelew äußerte sich, wie Etkind, mit seinem Text »Dichterin unter
geteiltem Himmel – Christa Wolf« aus Anlaß des Literaturstreits, der
nach der Veröffentlichung von »Was bleibt« 1990 in den westdeutschen
Feuilletons losbrach; sie wiederum sprach die Begrüßung zu einer Le-
sung Kopelews im September 1990 im Apollosaal der Staatsoper in
Berlin. Nach seinem Tod hielt sie ihm am 26. Juni 1997 zur Trauerfeier
in Köln die Gedenkrede »Mit dem absoluten Sinn für Toleranz«.

CHRISTA WOLF: VON DEM MULTIPLEN WESEN IN UNS
Briefwechsel mit Efim Etkind (1992)

Helsinki, den 23. 4. 92

Liebe Christa, Lew [Kopelew] hat mir Ihr Buch [»Was bleibt«] zu lesen gegeben; ich schreibe Ihnen unter dem sehr starken Eindruck dieser schlichten und tragischen Erzählung. Alles, worüber Sie schreiben, habe ich erlebt (»Sind sie noch da? Ja, das weiße Auto steht immer noch ... Was wollen die wissen? Wozu stehen diese armen Kerle? ...«), nur hätte ich es so erschütternd nicht ausdrücken können. Mich hat noch ein Aspekt Ihres Buches tief beeindruckt. Auf S. 81 schreiben Sie: »... Ich frage, was zu fragen war, empfing die Antwort, die ich kannte ... vermied nicht einmal Wörter wie ›Sorge‹ und ›Sehnsucht‹, *da einem ja, wenn man nichts fühlt, alle Wörter frei zur Verfügung stehn.*« Besser kann ich diese Idee nicht ausdrücken: Ja, man kann alles sagen, wenn man nichts fühlt. Ich bin im Begriff, ein Buch zu diesem Thema zu schreiben, es handelt über Tolstoj, Gontscharow, Dostojewski, Tschechow: Je mehr man sagen könnte und je tiefer die Gefühle sind, desto weniger *kann* man ausdrücken, desto weniger Worte stehn uns zur Verfügung. Die russischen Schriftsteller haben es gut verstanden, besonders im »Idiot« ist es sehr deutlich; dieses Kapitel habe ich betitelt: »Über die Leichtigkeit zu lügen und die Unmöglichkeit, die Wahrheit zu sagen« (General Iwolgin – Fürst Myschkin).

Mich hat noch sehr bewegt, was Sie auf S. 57 über das »Ich« schreiben: »Wer war das? Welches der multiplen Wesen, aus denen ›ich selbst‹ mich zusammensetze? Das, das sich kennen wollte? Das, was sich schonen wollte? ...« Ich möchte meine Liebe und meine Bewunderung all diesen multiplen Wesen aussprechen, die Christa Wolf heißen.

Ihr Efim Etkind

35 Efim Etkind, 1998

23.5.92

Lieber Efim Etkind,

Sie glauben nicht – oder vielleicht denken Sie es sich doch –, wie wichtig mir Ihr kleiner Brief zu »Was bleibt« ist: Sie wissen ja wohl, daß gerade diese Erzählung ganz zerrissen wurde; das hat dazu geführt, daß ich sie eine lange Zeit nicht mehr ansehen konnte, geschweige denn daraus lesen (überhaupt habe ich meine öffentlichen Lesungen sehr eingeschränkt). Unter anderem warf man mir ja vor, ich, die ich eigentlich »Staatsdichterin« gewesen sei, würde mich in diesem Text widerrechtlich als Verfolgte aufspielen. Ich mußte mich fragen, ob die Leute, die das sagten, nicht lesen können oder nicht lesen wollen; vielleicht beides.

Jedenfalls brachte mich die Einsicht, daß niemand Argumenten zuhören würde, zum Schweigen. Es hatte und hat keinen Sinn, differenzierte Erfahrungen in diesen Hexenkessel zu werfen, der sich auch auf kulturellem Gebiet »deutsche Vereinigung« nennt und in dem massive Interessen (auch solche psychologischer Art natürlich) die nie wiederkehrende Gelegenheit nutzen, endlich einmal zum Zuge zu kommen; diese Triebe sind so übermächtig und unbezähmbar, daß das Bedürfnis nach historischer Wahrheit und Gerechtigkeit dagegen (noch) minimal ist, hauptsächlich in den »neuen Bundesländern« ziemlich schüchtern artikuliert wird. Mit Verblüffung sehen wir, wie sich in diesem Prozeß extreme Gegensätze berühren, »rechts« und »links« nichts mehr gelten angesichts des überwältigenden Wunsches (der aus unterschiedlichen Motiven kommt), bei der strengen Trennung in »Opfer« und »Täter« der richtigen Seite zugeschlagen zu werden.

Nun gut, da kann man nichts machen, Urgewalten brechen sich da Bahn. Was mich, wenn ich mich vom Druck dieser Kräfte innerlich etwas frei machen kann, wirklich beschäftigt, ist diese verdammte Wahrheitsfrage, auf die Sie in Ihrem Brief zielgerichtet zusteuern: »Über die Leichtigkeit zu lügen und die Unmöglichkeit, die Wahrheit zu sagen«. Oder: Wie kommt es, daß, je näher man an »die Wahrheit«, das heißt, an sich selber, die multiplen Wesen in sich und besonders an jenes Wesen herangeht, mit dem man sich am wenigsten identifizieren möchte: Wie kommt es, frage ich, daß sich in den Text, der sich auf die Spur dieses Wesens und seiner Wahrheit begibt, auf dem Weg vom Kopf über die Hand bis aufs Papier immer ein Hauch von Unaufrichtigkeit einschleicht?

Ich will Ihnen etwas erzählen. Seit zwei, drei Wochen sitze ich, manchmal mit Gerd und keineswegs täglich, über unseren Stasi-Akten. Man fährt raus nach Lichtenberg, begibt sich in den ehemaligen Stasi-Komplex – monströse kafkaeske Gebäude-Areale – und findet an einem das Emblem mit dem Bundesadler: BUNDESARCHIV. Eine Frau, die früher in einem Marktforschungsinstitut gearbeitet hat, ist also für uns beide verantwortlich, das heißt, sie hat alle unsere Akten – es sind 43 Bände – vor uns gelesen und aufbereitet, legt mir oder uns die gewünschten zwei, drei Bände vor, die wir in einem LESERAUM durcharbeiten können, in dem natürlich auch andere »Leser« zur »Akteneinsicht« sitzen. Man bekommt Formulare, in die man die gewünschten Kopien eintragen kann. Die Namen, die man auf den Kopien wiederfinden will, muß man sich möglichst herausschreiben, denn sie werden geschwärzt: Personen- und Datenschutz. An unsere Akten aber kommt, wenn er es wirklich will, jeder Mitarbeiter dieser Behörde heran. Einmal hat uns schon anonym eine Journalistin angerufen: Sie habe unsere Karteikarte von den Stasi-Akten, benötige sie nicht mehr: Ob sie sie uns zuschicken solle. Sie tat es dann doch nicht. Mit welchem Recht – außer, um ehemalige Schuldige und Verantwortliche für Straftaten herauszufinden – diese Akten zum Beispiel über mich gehortet werden und späteren Auswertern zur Verfügung stehen sollen, weiß ich nicht.

Gut, dies sind die äußeren Umstände, die schildere ich, damit Sie sich etwas vorstellen können unter dem Terminus: »Einsicht in die Stasi-Akten«. (Es gehört noch dazu, daß der größte Teil unserer Akten in einem grünen, eisenbeschlagenen Holzbehältnis liegt, das wir »Seemannskoffer« nennen und das in einem Raum mit der Aufschrift »Zwischenlager« aufbewahrt wird.) Wie aber sind, oder werden bei der Aktenlektüre, die inneren Umstände? Warum war ich in den ersten Tagen, wenn ich da rauskam, so ausgehöhlt, fuhr mit der U-Bahn zum Alex, ging in eines der Kaufhäuser, um mir irgendwelches Zeug zu kaufen, oder in ein Café, um besinnungslos Torte mit Schlagsahne zu essen, was ich sonst vermeide? (Das ist das gleiche Syndrom, das ich von mir kenne, wenn ich von irgendeiner Audienz bei einem unserer Großkopfeten kam, denen ich irgendein Zugeständnis für jemanden hatte abringen wollen.) Merkwürdigerweise ist es nicht Wut; es ist eine Mischung aus Trostlosigkeit und dem Gefühl von Erniedrigung – und zwar nun auch wieder nicht deshalb, weil wir, wie wir nun erfahren haben, schon seit 1969 unter strenger Observation standen, wir beide zusammen als »Operativer Vorgang Doppelzüngler« unter dem Dauerverdacht staatsfeindlicher Tätigkeit und von »PUT« (politische Untergrundtätigkeit) und »PiD« (politisch-ideologische Diversion); ich habe mich ziemlich genau beobachtet: Als ich die ersten Akten las, die uns so früh schon als potentielle Schädlinge einstuften, empfand ich doch etwas wie Genugtuung: Dieser Staat hatte mich jedenfalls nicht als »seine Dichterin« gesehen. Dann kamen die Telefonprotokolle (Zusammenfassungen von Abhörungen zumeist), dann kamen die vielen ellenlangen Berichte von einem unserer nächsten Freunde, auch über Privatangelegenheiten der Töchter, hin und wieder ein Abhörbericht direkt aus der Wohnung. Fahndungsblätter. Registriert wurde, das gezielt ausgestreute Gerücht, ich hätte mich nach der Ausbürgerung Biermanns insgeheim doch noch »auf Parteilinie« begeben, habe bei einigen unserer Freunde Wirkung gezeigt. Lagepläne unseres Hauses und vom Inneren unserer Wohnung, die mich mit am meisten verletzten. Schilderung von »Legenden«, die man erfand, um bestimmte »IMs« bei uns einzuschleusen. Und da kam dann auch in schöner Ausführlichkeit ein Vorgang, der Sie mit betrifft.

Erinnern Sie sich an den Hochfrequenzphysiker aus Berlin, der in Leningrad studiert hatte, dort dann an einem Institut war und Sie öfter besucht hat? Sie sind in einer Buchhandlung, wo Sie Bücher verkauften, mit ihm bekannt geworden. Ein Freund der Literatur (was er womöglich *auch* gewesen sein mag). Seinen Namen habe ich vergessen, ich weiß nur seine Decknamen, unter denen ihn die Staatssicherheit führte: Zuerst »Werner«, dann »Timur«. IM »Timur« hatte die Aufgabe, uns, von denen man natürlich wußte, daß wir Sie in Leningrad gesehen hatten, aufzusuchen, von Ihnen zu grüßen und zu erkunden, wie wir auf die Nachricht von Ihrer Entlassung aus dem Institut und von Ihrer Absicht, die UdSSR zu verlassen, reagieren würden. Wir trafen uns vertrauensselig mit ihm in Berlin in einem Restaurant, dann besuchte er uns noch einmal in unserer Wohnung und berichtete haarklein, daß wir großen Anteil an Ihrem Schicksal nähmen, die Freundschaft mit Ihnen auf keinen Fall unterbrechen wollten, uns überlegten, wie wir Ihnen etwas von dem Geld, das wir in Moskau hatten, zukommen lassen könnten usw. Das mag für die Stasi-Herren das Bild abgerundet haben – aber was hat »Timur« bewogen, ihnen zu Diensten zu sein? Übrigens hat in diesem Fall die Stasi mit dem KGB, der nun wieder auf Sie scharf war, zusammengearbeitet: Ein kurzes Schreiben auf russisch ist auch mit abgeheftet.

Jedenfalls haben wir jetzt für ein Jahrzehnt eine lückenlose Aufstellung unseres Tuns und Treibens – die Akten der Zeit nach 1980 sind fast vollständig vernichtet worden. Was aber deprimiert mich so, wenn ich das lese? Ich glaube, es ist ein quasi künstlerischer Grund: Ich fühle mich durch die Reduzierung auf die Ja-Nein-Frage: Staatsfeind: ja oder nein! als Person beleidigt. Mich kränkt die Banalisierung und Trivialisierung unseres Lebens in diesen unsäglich albernen IM-Berichten – ist das nicht schon wieder zum Lachen? Als würde ich sogar von der Stasi insgeheim etwas wie Respekt vor der Unergründlichkeit von Menschen, von dem nun mal die Kunst lebt, erwarten können!

Spaß beiseite, ich muß schon noch etwas näher an meine widersprüchlichen Gefühle bei dieser Lektüre heran. Ein Teil meiner »multiplen Person« empfindet diesen ganzen Schwachsinn nämlich auch als eigene Schande, wenngleich er gegen mich gerichtet ist und ich mich schon sehr lange nicht mehr mit den Urhebern identifizierte. Aber ich tat es doch einst, und ein Nachhall davon erreicht mich auch noch in diesen Aktenstücken. Ich muß mich fragen, wie viele Moralen ich eigentlich in meinem Leben schon in mich aufgenommen, zum Teil »verinnerlicht« habe, warum es jeweils so lange dauerte und so konfliktreich war, mich von ihnen zu trennen ... Ich bin auch einigermaßen erschüttert darüber, was ich zuverlässig verdrängt habe. Mein ohnehin tiefes Mißtrauen gegen das eigene Gedächtnis steigert sich zu einem immer stärkeren Selbstverdacht, den ich kaum noch schreibend überwinden kann. Jeder Satz kommt mir, schon, während er entsteht, verlogen vor. – Ist es dies, was die russischen Autoren, über die Sie schreiben wollen, erfahren haben? Dostojewski – der ja. Aber auch Tschechow? Ich bin sehr gespannt auf Ihren Essay.

Ich breche ab, Sie haben längst gemerkt, daß der Brief auch an mich selbst gerichtet ist. Ich werde dem Lew auch eine Kopie geben. »Was bleibt« schicke ich Ihnen mit. Wollen Sie Kopien der Berichte von »Timur«? Sicherlich würde Ihnen der Mensch dabei einfallen, aber wozu. Ich bin auch etwas ratlos, wie man mit derartigen Erkenntnissen umgehen soll. Václav Havel soll nach der Einsicht in seine Akten traurig gesagt haben: Ich hoffe, ich habe es schon vergessen. Er ist jedenfalls ein besserer Mensch als ich.

Lieber Efim Etkind, ich bin froh, daß Sie mir geschrieben haben, und ich grüße Sie herzlich, auch von Gerd,

Ihre

Christa Wolf

EFIM ETKIND: DER KERN DES KERNS ODER
»LOB DES GEDÄCHTNISSES« (1994)

Das Gedächtnis – kann man es heute überhaupt noch brauchen? Der technische Fortschritt ist soweit gediehen, daß wir über viele scharfsinnige Geräte verfügen, die diese altmodische Fähigkeit (oder Tugend) ersetzen. Wenn Goethes Faust dem Augenblick befehlen will, stehenzubleiben, weiß er zugleich, daß es unmöglich ist. Die Zeit ist unaufhaltbar.

Heute befehlen wir (alle) dem Augenblick, und er bleibt tatsächlich stehen: mit Hilfe der Photographie ist das Bild verewigt, das gesprochene Wort oder der Gesang bleiben auf dem Tonband. Zu Homers Zeiten mußten die Menschen unendlich lange Texte auswendig kennen – erst viel später wurden die großen Epen als Bücher publiziert. Bücher lassen sich als schöne Gegenstände aufbewahren und vergessen. Wozu den Inhalt noch im Kopf behalten? Sie sind da, stehen auf dem Regal, jeden Augenblick verfügbar. Die Kulturgüter sind das kollektive Gedächtnis der Menschheit bzw. einer Nation. Unsere Zeit hält die bequeme Möglichkeit bereit, dieses Gedächtnis zu objektivieren: als Bücher, als Schallplatten, Tonbänder, Fotos oder sonstige Vervielfältigungen. Statt unseren Kopf und unser Herz zu ermüden, können wir Nachbildungen sammeln und in Schubladen aufbewahren. Auf einer winzigen Fläche speichert der Computer den Inhalt einer ganzen Bibliothek. Diese technischen Vervollständigungen des menschlichen Lebens ändern vieles: das Gedächtnis wird zu einem Luxus, das elektronische Notizbuch ›erinnert‹ alle Telefonnummern. In Paris verfügen alle Einwohner über einen »Minitel« (Computer), der fast sämtliche Fragen des Alltags beantworten kann, jedenfalls, wann die Züge gehen, wo es schneit und wieviel Geld sie auf ihrem Konto haben.

Diese Technik bedingt eine ganz andere Struktur unserer Zeit. Die vierundzwanzig Stunden müssen anders eingeteilt werden. Wir irren, wenn wir glauben, dieselben Menschen zu sein wie die vorhergehenden Generationen. Wir denken, lesen und schreiben anders, verbringen unsere Freizeit anders und verstehen anderes unter Worten wie Gelehrsamkeit, Freiheit, Einsamkeit und/oder Freundschaft. Wir sind eine neue Mensch-

Anna Achmatowa

Im Spiegelland

Ausgewählte Gedichte

Herausgegeben von Efim Etkind

Für meine lieben Freunde
Christa und Gerhard
Wolf –
diese Gedichte
über die Unsterblichkeit
des Gedächtnisses –

sehr herzlich.

Den 3. Mai 1985
Paris –
– La Défense

Efim Etkind

R. Piper & Co. Verlag München Zürich

36 Widmung von Efim Etkind für Christa und Gerhard
Wolf auf der Titelseite von Achmatowa: Im Spiegelland,
hg. von Efim Etkind

heit mit einer neuen Beziehung zu Raum und Zeit: Die Reise um die
Welt, für die man vor hundert Jahren unendlich lange brauchte, läßt
sich heute an einem Tag bewältigen. Entfernungen, Transportwege sind
geschrumpft. Und was die Zeit angeht, so läßt sich fast jeder Augenblick
reproduzieren, das Einmalige wird vervielfältigt – das Leben erscheint
länger, als es je war.

Ist dieses neue Verhältnis zu Raum und Zeit das Wichtigste, was uns
von unseren Vorfahren unterscheidet? Da ist noch etwas: eine nie da-
gewesene Kluft zwischen Vernunft und verstandener Wirklichkeit. Eine
Kluft gab es schon immer. Man wußte, daß man sich beispielsweise
›Ewigkeit‹ und ›Unendlichkeit‹ nicht vorstellen kann und daß die Worte
unserer stofflichen Sprache nicht geeignet sind, das Geistige präzise auszudrücken. Aber jetzt ist diese Kluft viel tiefer geworden: Die Struktur
der Materie, die sowohl von der modernen Physik als auch von der Bio-
logie entdeckt wurde, kann man nur abstrakt erfassen. Dies gilt für das
unendlich Kleine wie für das unendlich Große, vom Atom bis zur Gala-
xis oder den Ultrakurzwellen. Die Technik ermöglicht, das Unsichtbare
zu sehen, das Unhörbare zu hören und das Ungreifbare festzuhalten.
Der neue Mensch braucht auch ein neues Gefühlsleben, um mit sich
selber und mit einer Welt fertig zu werden, die kaum noch Geheimnisse
hat und überall zugänglich ist. Der Wert der fünf Sinne verändert sich.
Liebe, Wut, Erstaunen, Empörung, Entsetzen, Zärtlichkeit, Furcht und
Mitleid lernen neue Empfindungsweisen und Ausdrucksmöglichkeiten.
Auch die Künste und Künstler müssen sich wandeln. Als Äußerungs-
form des inneren Menschen müssen Musik, Lyrik, Malerei, Kino, Prosa,
Theater usw. eine Sprache finden, die die Postmoderne hinter sich
läßt.

Brauchen wir dazu noch das Gedächtnis? Ist es nicht ein archaischer
Begriff, ›überholte‹ Romantik wie die blaue Blume des Novalis, der blaue
Vogel von Maeterlinck oder das ›richtige‹ Blau bei Anna Seghers?

Theoretisch scheint alles zu stimmen: Neue Wissenschaftsergebnisse –
neue Verstandes- und Verständigungsmöglichkeiten – neue Menschen –
neue Sinne – neue Künste. Und doch ist es anders: Das innere Leben
des realen heutigen Menschen unterscheidet sich kaum von dem seiner
Vormütter und Vorväter. Das wichtigste Element unseres Daseins ist

nach wie vor unsere Einstellung gegenüber dem Tod. Wissenschaft und Weltanschauung unseres Jahrhunderts haben in dieser Hinsicht nichts grundsätzlich Neues geschaffen. Wer an Gott glaubt, glaubt auch an ein Leben im Jenseits. Die Nichtgläubigen negieren den Trost der Unsterblichkeit und halten dem Blick in das Nichts stand. Fromme und Atheisten hat es immer gegeben, oder solche wie den Schiller'schen Jüngling am Ende des 18. Jahrhunderts:

Doch der Mensch versuche die Götter nicht
und begehre nimmer und nimmer zu schauen,
was sie gnädig bedecken mit Nacht und Grauen.

Oder den jungen Hofmannsthal, der um die Jahrhundertwende Shakespeare weiterspinnt (und Freud antizipiert):

Wir sind aus solchem Zeug, wie das zu Träumen ...

Das Innerste ist offen ihrem Weben.
Wie Geisterhände in versperrtem Raum
Sind sie in uns und haben immer Leben.

Und drei sind Eins: ein Mensch, ein Ding, ein Traum.

Das Gedächtnis ist eine der wichtigsten Eigenschaften des inneren Menschen. Es ist die Versinnlichung der Vergangenheit, ohne die es den Menschen überhaupt nicht geben kann. Es scheint, als seien es gerade die allereinfachsten Dinge, die den Menschen zum Menschen machen, die auch den Künsten zugrunde liegen, die gleichsam ›ewig‹ sind. Dazu gehört das Gedächtnis.

Um dies zu verstehen, muß der Mensch an den Abgrund, an den Rand des Todes gestellt werden, wo Spiel und Existenz sich endgültig scheiden. Anna Achmatowa, die 1911 ihren qualvollen poetischen Weg begann, war von ›Spielern‹ umringt. Der Anfang des 20. Jahrhunderts wurde in Rußland das »Silberne Zeitalter« der Kultur genannt. Wesentliches Merkmal dieser dekadenten Epoche ist der Triumph des Homo ludens: Igor Severjanin spielt mit Fremdwörtern, Michail Kuzmin mit homosexuellen Anspielungen, die Futuristen mit entsemantisierten Wörtern, Konstantin Balmont mit Onomatopoetik.

Anna Achmatowa bleibt bei dem ganz Einfachen, z. B. bei dem Gedächtnis, das eins der Zentralthemen ihrer Lyrik ist. In den »Keller der Erinnerung«, wie sie zu sagen pflegte, steigt sie immer wieder. Für sie gibt es keine Präsenz ohne Vergangenheit, ohne Zukunft, sie ist die Kassandra ihrer Zeit. Vor dem Krieg, 1940, beginnt sie an einer Folge von Elegien zu schreiben, die der Erinnerung als Essentia des Lebens gewidmet sind. In der dritten Elegie gesteht sie mit Angst vor sich selbst:

> Vertraut sind Anbeginn und Ende mir,
> Und Leben nach dem Ende, und ein Etwas,
> Das zu erinnern voll Verhängnis wäre.

In der vierten entwickelt sie eine eigenartige Philosophie der Erinnerung, in der sie drei Stadien unterscheidet: Das erste ist glücklich.

> Noch ist das Lachen nicht erstorben. Tränen rinnen.
> Der Tintenfleck ist nicht vom Tisch gerieben.
> Der Kuß als Siegel auf das Herz gedrückt –
> Der einzige im Abschied, unvergeßlich.

Das zweite Stadium ist traurig, fast düster. Die Vergangenheit gleicht einem Friedhof, von dem die Menschen,

> zurückgekehrt, die Hände mit Seife waschen.

Das dritte Stadium steigert sich zum Tragischen:

> Die Uhr tickt weiter, und ein Frühjahr gibt
> Dem andern Raum. Rubinrot glänzt der Himmel,
> Und Städte wechseln ihre Namen, und
> Die Zeugen dessen, was geschah, sind tot.
> Und niemand tauscht mit uns Erinnerungen
> Und weint mit uns. Die Schatten gehn und schwinden.

Diese letzte Stufe ist die Hoffnungslosigkeit, die Verzweiflung der Überlebenden. Es ist die Einsamkeit des ewigen Juden, der zum Nicht-Sterben-Können verdammt ist und alle ›Zeitgenossen‹ überlebt.

> Die Schatten gehn und schwinden.
> Nicht dürfen wir sie bitten umzukehren,
> Denn furchtbar träf's uns, kehrten sie zurück.
> Einmal erwachen wir, und wir erkennen,
> Daß wir den Weg dorthin vergessen haben,
> Und laufen, atemlos vor Scham und Zorn,
> Zu jenem Haus – doch wie so oft im Traum

Ist alles anders: Menschen, Dinge, Mauern.
Und niemand kennt und liebt uns – wir sind Fremde
Am fremden Ort. Wir gingen fehl ... O Gott!

Aber noch immer steht das Schrecklichste aus: die Erkenntnis, daß die Vergangenheit endgültig vorbei ist und wir sie nicht mehr brauchen können.

Und dann erst kommt das Bitterste: Wir sehen,
Daß wir in unsres Lebens Grenzen nicht
Jene Vergangenheit zu halten wußten,
Daß sie uns fast so fremd geworden ist
Wie jenen, die mit uns das Haus bewohnen,
Daß wir die Toten nimmermehr erkennten
Daß die, von denen Gott uns trennte, glänzend
Zu leben wußten ohne uns, und daß
Zum Besten war, was je an uns geschah.

Das also ist das Fürchterlichste: Unser eigenes Leben trennt sich von uns ab und wird unerkennbar. Die Toten entfernen sich für immer, und die Lebenden, die wir vielleicht wiederzusehen hofften, sind zu Fremden geworden. Wir irrten uns, als wir glaubten, daß sie uns nötig hätten, *sie wußten glänzend / Zu leben ... ohne uns.*

Die Epoche der Achmatowa war stürmisch. Ihre Generation hat mehr erlebt, als sie tragen konnte: Drei Revolutionen, zwei Weltkriege, den Bürgerkrieg, die Vernichtung des russischen Bauerntums, die »Kollektivierung« genannt wurde, mehrere Wellen des großen Terrors. Aus den Zeilen über das dritte Stadium der Erinnerung kann man ihr eigenes Leben herauslesen: Die Erschießung ihres ersten Mannes, Nikolaj Gumiljow, die Trennung von den im Westen gebliebenen oder in den Westen geflüchteten Freunden, den Verlust zahlreicher verbannter oder hingerichteter Gefährten. Zugleich aber geht es Achmatowa um das Menschenleben überhaupt, eine Tragödie, die für alle Zeiten gilt. Die Erinnerung kann und muß schrecklich werden, und doch ist sie das einzige, was das Leben beseelt.

Im Poem *Requiem* berichtet sie über die Verhaftung ihres Mannes und später ihres Sohnes. Sie wartet auf das Urteil, ist zu allem bereit, weiß aber allzu gut, daß, um es ertragen zu können, man alles vergessen muß.

Wie ein Grabstein fiel das Wort auf meine
immer noch lebend'ge Menschenbrust
Ich halt's aus. Ich wartete auf Steine –
Meiner Zukunft war ich wohl bewußt.

Heute hab' ich keine Zeit zum Klagen,
stumm und unerschüttert muß ich sein,
das Gedächtnis muß ich selbst erschlagen
damit meine Seele wird zu Stein

und von Neuem leben lernt. Die Fichten
da am Fenster ragen stolz und hehr.
Schon vor langem sah ich diesen lichten
Sommertag und dieses Haus, so leer.

Um sich selbst nicht zu töten, muß man das Gedächtnis töten. Aber
aus dem Weiteren wird deutlich, daß der Verlust der Erinnerung dem
Wahnsinn gleichkommt, und daß es härter ist, das Gedächtnis zu ver-
lieren als das Leben. Deshalb fleht sie den Tod an:

Du kommst ja doch zu mir, warum denn heute nicht?
Ich warte dein, in Leid erfahren.
Ich tat die Tür schon auf und lösche schon das Licht
für dich, den Schlichten, Wunderbaren.

Die Geschichte der Achmatowa scheint beispielhaft. Sie gehört zu ihrer
Zeit, zum 20. Jahrhundert, das die Basis ihrer Lebensauffassung und ihrer Ästhetik ist. Sie ist die Zeitgenossin Albert Einsteins, Sigmund Freuds
und Andrej Tupolews, Picassos und Majakowskis, Meyerholds und Ei-
sensteins. Dabei ist sie ihr ganzes schöpferisches Leben – von 1911
bis 1966 – sehr weit von den Entdeckungen der Physiker, der Psycholo-
gen, der Biologen und Chemiker entfernt geblieben. Ihr Konservatismus
hinderte sie nicht, die authentischsten Gedichte ihres Jahrhunderts zu
schreiben, ungeachtet ihres scheinbar ›altmodischen‹ Stils. Der Begriff
›Avant-Garde‹ war der Achmatowa fremd. Alles, was außerhalb des
Wesens der Existenz und der Kunst lag, schien ihr müßiges Spiel. Ihr Requiem endet mit einem Vierzeiler, der unter jeder Pietà oder den Bildern
Filipo Lippis stehen könnte:

Händeringend klagte Magdalene,
Schmerzerstarrt sah man die Jünger stehn.
Doch zur Mutter – schweigend, ohne Träne –
Wagte niemand auch nur hinzusehn.
Der Kern des inneren Menschen bleibt grundsätzlich unverändert –
noch! –, vorbei an Wissenschaft und Gentechnologie. Alles um uns
kann unerkennbar werden – er bleibt sich (schrecklich) ›treu‹. Die Er-
innerung, die das Wesen der Kultur ist, ist zugleich der Kern dieses
Kerns.

EFIM ETKIND: DIE FREIHEIT

Für Gerhard Wolf, in memoriam unserer ›sozialistischen‹ Vergangenheit

Barcelona, 1. Mai 1998

Lieber Freund,

es freut mich, die Möglichkeit zu haben, Dir zu deinem unwahrschein-
lichen Geburtstag zu gratulieren. Vor der Höhe meiner achtzig scheinen
mir deine siebzig ein Kinderspiel zu sein ...

Einen beträchtlichen Teil unseres Lebens haben wir beide – jeder von
uns auf seine eigene Weise – unter dem sogenannten Sozialismus ver-
bracht. Was das war, dieser sowjetische Sozialismus, können sich unsere westeuropäischen Kollegen, sogar die meist gebildeten, kaum vorstellen. Wir aber haben es nicht vergessen, wie damals der Übergang
von der verhältnismäßigen Freiheit zur totalen Unfreiheit leicht und einfach gewesen ist. Von diesem Übergang – die Franzosen würden sagen:
de l'Être au Néant et du Néant à l'Être – handelt die folgende auto-
biografische Kurzgeschichte, die unsere Mentalität jener Zeit zum Ausdruck bringen soll. Sie lebten wir.

Vielleicht hat uns diese Existenz gehärtet.

Mit den besten Zukunftswünschen

verbleibe ich, lieber Gerhard

DIE FREIHEIT

Die Kurzgeschichte, die ich berichten will, spielte im Jahre 1951 in Tula,
einer Industriestadt südlich von Moskau. Ich unterrichtete damals an
der Pädagogischen Hochschule, und wohnte im Gebäude des Instituts,
im obersten Stock. Am Ende eines langen Gangs lag das Zimmer meines Freundes, des Historikers Alexander Kashdan. Ein dichter Vorhang
trennte diesen Teil des Gangs ab; dort war auch ein Waschbecken.

In aller Ruhe rasierte ich mich hinter dem Vorhang. Plötzlich hörte ich
ein leises Klopfen an einer der zahlreichen Türen im Korridor. Kommt
vielleicht jemand zu mir und pocht an meiner Zimmertür? Ich schob

den Vorhang zur Seite und schaute heraus. Vor meiner Tür stand ein junger Mann in Militäruniform. »Zu wem wollen Sie?« fragte ich; die Antwort war: »Den Genossen Etkind.« »Das bin ich«, sagte ich, »bitte warten Sie ein wenig, ich muß mich noch zu Ende rasieren.«

Ich hatte sofort verstanden, daß dieser Besuch das Ende meines Lebens bedeutete. 1951 war das Jahr einer neuen und mächtigen Terrorwelle; mehrere meiner Freunde und Kollegen waren verhaftet, manche zu zehn oder (öfter) fünfundzwanzig Jahren Lager verurteilt. Mein Lehrer und älterer Freund Professor Grigori Gukowski war im Leningrader Gefängnis während einer Untersuchungshaft gestorben. Fast alle Beschuldigungen lauteten: »Jüdischer bürgerlicher Nationalismus.« Seit 1948 waren die meisten jüdischen Intellektuellen – Dichter, Gelehrte, Schauspieler – allesamt Mitglieder und Leiter des Antifaschistischen Jüdischen Komitees, verhaftet worden; ein Jahr später wurden sie alle hingerichtet. Die Universitäten der ganzen Sowjetunion wurden aufs tiefste erschüttert – die gesamte Presse hetzte gegen die Kosmopoliten, die man manchmal auch anders nannte: Vaterlandslose, Pilger, Antipatrioten, Verräter; all diese Worte waren Synonyme des unausgesprochenen, tabuisierten Wortes: Jude. Auch mich hatte man vor einem Jahr von einer Hochschule in Leningrad vertrieben – als Kosmopoliten. Einige Monate war ich arbeitslos und verdiente mein täglich Brot, indem ich Dissertationen für diejenigen Parteifunktionäre schrieb, die einen Doktortitel tragen wollten (das wurde ziemlich gut bezahlt, besonders wenn es sich um die Geschichte der Kommunistischen Partei handelte). Schließlich gelang es mir, einen mutigen Hochschuldirektor zu finden; er gab mir die Möglichkeit, bei ihm zu unterrichten. Das war in Tula.

Und nun stand vor meiner Tür ein junger Offizier mit Schulterklappen der MWD (später wurde daraus die KGB). Ich konnte keinerlei Zweifel hegen; alles Weitere war klar: Sofortige Abführung und Verhaftung, Transport nach Leningrad, einige Verhöre im Leningrader »Großen Haus«, ein Blitzgericht und, wie üblich, das gewöhnliche Urteil: fünfundzwanzig Jahre Lager »wegen Zugehörigkeit zu einer Gruppe von Verschwörern und jüdischer bürgerlicher Nationalisten unter der Leitung des ehemaligen Professors der Leningrader Universität Grigori Gukowski«. Wie gesagt, jeglicher Zweifel war ausgeschlossen. Ich machte sofort Schluß mit dem Rasieren, öffnete die Tür ins Zimmer von Kashdan, schrieb kurze Abschiedsbriefe an meine Mutter, meine Frau und die beiden kleinen Töchter, versteckte sie unterm Kissen meines Freundes und ging entschlossen zu meiner Tür. Der Offizier wartete geduldig, er saß auf dem Fensterbrett. Ich öffnete die Tür und lud meinen verhängnisvollen Gast ein.

Der Offizier folgte mir, dann blieb er schüchtern stehen und sagte: »Genosse Etkind, ich bin Fernstudent und komme zu Ihnen, um meine Prüfung in Literatur abzulegen. Ist es heute möglich? Morgen früh muß ich schon weg ...«

›Fernstudent‹! Dieses Wort war ein Umschwung: Ich war kein Opfer mehr, ich konnte weiterleben, ich war auferstanden! »Kommen Sie um vier in den Prüfungsraum im zweiten Stock«, sagte ich streng und sachlich. In einem gewissen Sinn war jetzt er das Opfer. Eine ganze Stunde lief ich in den Straßen von Tula herum – ich genoß die Freiheit.

So lebten wir.

LEW KOPELEW: DICHTERIN UNTER GETEILTEM HIMMEL –
CHRISTA WOLF (1993)

> *Die reine nackte Wahrheit, und nur sie, ist auf die Dauer*
> *der Schlüssel zum Menschen. Warum sollen wir unseren*
> *entscheidenden Vorteil freiwillig aus der Hand legen?*
> Christa Wolf

I

Als im Sommer 1990 die Erzählung »Was bleibt?« erschienen war,
setzte bald darauf in allen Medien ein konzentriertes Trommelfeuer
von Denunziationen ein. Die einzelnen Beiträge unterschieden sich im
Stil und im Vokabular – der eine argumentierte mit frisierten Zitaten,
der andere berief sich auf Gerüchte und wiederholte die längst öffentlich widerlegte Unwahrheit: Christa Wolf habe ihre Unterschrift von
einem Protestbrief gegen Wolf Biermanns Ausbürgerung zurückgenom-
men. (Diese gezielte Verleumdung brachte ein ihr übelgesinnter Kritiker
im Herbst 1987 in Umlauf, als Christa Wolf der »Geschwister-Scholl-
Preis« verliehen wurde.) Allen Manövern der fast gleichzeitig einsetzen-
den »kritischen Feldzüge« gegen Christa Wolf waren kleinkarierte Ge-
hässigkeit und maßlose Wirklichkeitsferne gemein.

Auch Jahre danach läßt sich kaum erahnen, was die Verfasser dazu be-
wog: Schlichter Literatenneid der Kleingeister auf eine erfolgreiche
Schriftstellerin? Oder war es bloß ein fanatischer, blindwütiger Anti-
kommunismus, besonders ausgeprägt bei denen, die früher eine »real-
sozialistische« Parteischulung erfahren hatten? Sie gewöhnten sich für
immer die zweidimensionale Weltauffassung an: »Wer nicht mit uns
ist, ist gegen uns – tertium non datur.« In eben diesem Ungeist sollte
alles, was früher gelobt und bewundert wurde, nun verpönt und verdammt werden. Ideologische und moralistische Waffen wurden dabei
bevorzugt, etwa solche, mit denen einst Menzel und Börne gegen den
»Fürstenknecht« Goethe wetterten. Ähnliches erlebe ich bei manchen
einstigen »sowjetischen Literaten«, die jetzt versuchen, die zeitgenössische russische Literatur exakt zu halbieren: einerseits in die offizielle,
korrumpierte, angepaßte, andererseits in die oppositionelle, freie, un-
abhängige. Solche kritischen Chirurgen können nicht erklären, warum

Alexander Twardowskij, der große Dichter und Förderer von Solschenizyn, gleichzeitig Chefredakteur einer bedeutenden Monatsschrift war und bis zum letzten Lebenstag ein überzeugter Kommunist blieb oder warum Boris Pasternak in den schlimmsten Zeiten des Stalinschen Terrors aufrichtige, patriotische Gedichte verfaßte, dagegen im Chruschtschowschen »Tauwetter« die übelste Hetze erleben mußte, nachdem ihm der Nobelpreis zuerkannt worden war.

In den heftigen Debatten um die Wiedervereinigung griffen in Deutschland die Verfechter eines möglichst schnellen Zusammen- bzw. Anschlusses zu den altbewährten fundamentalistischen Waffen. Die Radikalsten sahen östlich der Elbe immer noch »die Zone« oder die »DDR« (in Anführungszeichen!). Ihre Logik war schlicht: Was kann von Nazareth schon Gutes kommen? ... Für die Verfasser solch zweidimensionaler, ideologisierter Kulturgeschichte ist das Leben und Werk von Christa Wolf ein anstößiges Hindernis.

Die eifrigen Kritiker, die sich, aus welchen Motiven auch immer, plötzlich darum bemühen, Christa Wolf als »systemkonform« abzuwerten, wollen das wirkliche Verhältnis von Staatsmacht und Geistesleben, von Parteiideologie und Literatur nicht wahrhaben. In der DDR ebenso wie in allen totalitär oder autoritär regierten Ländern entwickelten sich Dichtung und Kunst unabhängig von Staatspolitik und herrschender Ideologie. Despoten können Dichter zugrunde richten, aber keine Dichtung schaffen.

Tragisch waren die Schicksale der Poeten, die sich von militanten Ideologien verführen ließen – wie Majakowskij oder Brecht –, doch tragische Schuld steht im Gegensatz zu Korrumpiertheit oder sklavischem Gehorsam.

II

Die Verbrechen Stalins, Hitlers und ihrer Helfershelfer sind vergleichbar, aber die Anhänger dieser gemeinen Völkerverführer unterscheiden sich grundsätzlich. Wer sich zum Programm von Knechtung und Vernichtung »minderwertiger« Nationen und Rassen, zum chauvinistischen Menschenhaß bekannte, war grundsätzlich anders motiviert als die,

die glaubten, daß sie sich für Freiheit und Gleichheit aller Menschen, für alle Unterdrückten und Ausgebeuteten, für die Gerechtigkeit und die Verbrüderung aller Völker auf Erden einsetzten. Die Verirrungen eines Hanns Johst, der von Goebbels zum Präsidenten der Reichsschrifttumskammer ernannt wurde, sind mit den Verirrungen von Bertolt Brecht, dem Ulbricht das Leben oft vergällte, nicht vergleichbar.

Thomas Mann hat über alle deutschen Autoren, die nicht emigriert waren und keinen Widerstand geleistet hatten, bitter geurteilt. Der große Dichter war über die Greuel in der Nazizeit so entsetzt, daß er im polemischen Eifer zu scharf und auch ungerecht urteilte. Seine heutigen Nacheiferer möchten alle Autoren der einstigen DDR, die nicht eingesperrt, nicht geflohen und nicht ausgebürgert waren, als privilegierte Stützen des Systems denunzieren.

Diese Beschuldigungen sind in den meisten Fällen falsch oder übertrieben, und im »Fall Christa Wolf« sind politische und moralistische Anklagen nur Auswüchse böswilliger Phantasie. Das kann ich mit bestem Wissen und Gewissen behaupten, weil ich mit Christa und Gerhard Wolf seit 1965 befreundet bin und aufmerksam lese, was von ihnen im Druck erscheint. Aus ihren Briefen – in unseren schwersten Jahren hielten sie treu zu meiner Frau und mir –, aus Berichten gemeinsamer Freunde weiß ich, was sie alles bei bitteren Auseinandersetzungen mit Staats- und Parteiinstanzen, mit dem Schriftstellerverband und mit der Zensur erleiden mußten.

Immer wieder wurden der Autorin von »Nachdenken über Christa T.«, »Kindheitsmuster«, »Kassandra« und anderer Arbeiten von giftsprühenden, parteilichen Kritikern alle möglichen ideologischen Laster unterstellt. Auch von wohlorganisierten »klassenbewußten« Lesern wurde sie öffentlich angepöbelt. Dies alles ertrug sie gelassen, ohne jemals ihre »Fehler zu gestehen und zu bereuen«, wie es von der Führung stets verlangt und von einigen Autoren auch erzwungen wurde.

Was ihre Gelassenheit, ihr unaffektiert würdevoller, stiller Widerstand ihr an Kräften abverlangte, können vielleicht ihre Kardiologen beurteilen. Doch jeder unvoreingenommene Leser kann aus ihren epischen Werken, aus ihren Essays und Vorträgen erkennen, wie hart sie mit sich selbst, mit ihrer früheren und neueren Vergangenheit ins Gericht ging.

37 Lew Kopelew mit Christa und Gerhard Wolf anläßlich der Eröffnung
von Kopelews Ausstellung »Deutsch-russische Begegnungen« in der Berliner
Staatsbibliothek 1996

Bereits im Mai 1983, in einer Diskussion, erinnerte sie sich an ihre Stu-
dienzeit in Leipzig (1949-1953):
»Die Germanistik und die marxistische Philosophie – das letztere möchte
ich nicht missen – haben damals in ihrer ziemlich dogmatischen Weise
meinen Schreibanfang um Jahre verzögert. Weil sie mir meine Unmittelbarkeit des Erlebens genommen haben. Das ist eigentlich erst mit ›Christa T.‹ wieder aufgebrochen. Im ›Geteilten Himmel‹ fängt es an, aber der
wirkliche Aufbruch, wo die Dämme brechen, war bei ›Christa T.‹.«
Sie hat auch die weiter zurückliegenden historischen Quellen der tragischen Verschuldung, ihrer eigenen – persönlichen – und der ihrer Zeitgenossen, nachvollzogen, publizistisch erörtert und künstlerisch (zum Beispiel in »Kindheitsmuster«) dargestellt.
Die Erzählung »Was bleibt«, die soviel Staub auf Feuilleton- und Lite-
raturseiten der größten deutschen Zeitungen aufwirbeln ließ, ist wohl
auch ein politisches Zeitzeugnis, doch vor allem ist es lyrische Prosa, ei-

38 Widmung in Lew Kopelews »Und dennoch hoffen.
Texte der deutschen Jahre« (Hoffmann und Campe 1991)

ne Auseinandersetzung der Autorin mit sich selbst. Sie denkt über konkrete Ereignisse im gegenwärtigen Deutschland nach, doch auch über allgemeine Probleme der vielfältigen Verhältnisse eines Künstlers mit dem Zeitgeschehen. Sowohl die geistigen wie die ästhetischen Quellen dieser Erzählung sind weder in ost- noch westdeutschen Medien zu finden; unvoreingenommene Literaturkritiker werden sie eher in Georg Forsters oder Heinrich Heines Publizistik entdecken können.

III

Als dieser Text bereits in der Herstellung war, wurde in den Stasi-Akten ein Ordner aus den Jahren 1959-1961 entdeckt, der Unterlagen über Christa Wolfs Beziehungen zur Stasi enthält. Ihre Gegner fühlten sich in ihrem Urteil bestätigt, und bekümmert schwiegen manche Freunde – also, da war doch etwas IM-haftes. Weder die einen noch die anderen haben bemerkt – und schon gar nicht ernsthaft darüber nachgedacht –, daß dieser »Fall« schon 1962 abgeschlossen war. Die zahlreichen Berichte, Rapporte und andere Materialien der Staatssicherheit in den nachfolgenden 41 Ordnern dagegen bezeugen, daß Christa und Gerhard Wolf seit den sechziger Jahren von der Stasi beobachtet, beschattet und als Staats- und Parteigegner denunziert wurden.

In der arithmetischen Gleichung dieser Geschichte von den Beziehungen zwischen Dichterin und Staat liegt ein tiefer, tragischer Sinn verborgen. Bertolt Brecht, Anna Seghers, Maxim Gorkij, Alexander Twardowskij und andere Dichter waren sich der Schwächen und Fehler der politischen Mächte bewußt, die in den angeblich sozialistischen Staaten herrschten, doch sie glaubten, daß trotz alledem schließlich eine gerechte sozialistische Gesellschaft aufgebaut wird. »Du bist schon nah, du Ferne des Sozialismus«, träumte Pasternak.

Was die sowjetischen »Organe der Staatssicherheit« – Tscheka, GPU, MGB, KGB – in Wirklichkeit waren, begannen die meisten meiner Altersgenossen und auch viele ältere meiner Landsleute erst in den grausamen Terrorjahren nach 1936 zu erkennen und zu begreifen. Doch der Einbruch der Hitlerschen Heere 1941 hemmte und unterbrach diese Erkenntnisse.

In den späten fünfziger Jahren, als in Moskau das »Tauwetter« einen Frühling versprach, wurde in Ostberlin ein »neues Denken« und ein beschleunigter Aufbau des realen Sozialismus verkündet. Daß eben in dieser Zeit eine junge Literatin in Leipzig die Genossen von der Staatssicherheit als Mitarbeiter und Mitkämpfer an diesem Aufbau betrachtete, war kein Ausnahmefall, eher die Regel, eine tragische Verschuldung vieler Menschen. Was sie damals dachte und fühlte, hat sie vielleicht schon beschrieben oder wird es noch tun. Daß sie diese Erinnerungen früher nicht veröffentlichte, manches auch wirklich vergessen hat, ist verständlich. Während der wenigen Monate vor drei Jahrzehnten, in denen sie mit den »Seelenfängern« als Genossin sprach, war Christa Wolf eine der vielen der von ihrer Partei betrogenen, vertrauensseligen, verirrten Menschen. Doch als sie sich aus dem Spinngewebe herausgelöst hatte, war sie eine der wenigen Mutigen.

1968 brachen die Armeen des Warschauer Pakts in die Tschechoslowakei ein, sowjetische Panzer walzten den Traum von einem »Sozialismus mit menschlichem Antlitz« in den Boden. Seitdem haben immer mehr Menschen in den angeblich sozialistischen Staaten zu verstehen begonnen, wie maßlos der Betrug war, der das unmenschliche Wesen ihrer Staatsmächte verschleierte. Doch die meisten wagten nicht, öffentlich dagegen aufzutreten. Sie fürchteten – zu Recht – Repressalien, waren besorgt um ihre Angehörigen und wollten keinen Bürgerkrieg riskieren.

Auch Christa Wolf hat nicht öffentlich protestiert, aber nicht aus Angst. Sie hätte leicht in den Westen gehen können, wäre dort begeistert aufgenommen worden, hätte in vielen Hinsichten besser, sicherer leben können. Doch sie blieb, weil sie sich als Bürgerin und Schriftstellerin der DDR verstand. Sie wollte ihre Heimat, ihre ostdeutschen Landsleute nicht verlassen, so wie auch Anna Achmatowa bekannte:

»Ich war damals mit meinem Volke,

da, wo mein Volk zu seinem Unglück war.«

Christa Wolf wollte auch nicht auf den Traum von einem sozialistischen Deutschland verzichten, denn sie hoffte weiter auf einen Neubeginn, auf einen grundsätzlichen Umbau der Gesellschaft, zu der sie gehörte. Innerlich widerstand sie der herrschenden Ideologie, den totalitären

Ansprüchen des Staates, doch sie bekannte sich nicht zu seinen offenen Gegnern, stieg nicht auf die Barrikaden ...

In ihren Verirrungen war sie eine von vielen; in ihrem stillen Widerstand, in ihren Hoffnungen und Träumen war sie eine von wenigen; aber in ihrer Dichtung ist sie einzigartig.

Über den ästhetischen Wert ihrer Prosa mögen Literaturkritiker verschiedener Meinung sein, über ihre Äußerungen zu historischen, sozialen und politischen Problemen kann man diskutieren. Während der schweren Jahre deutscher Geschichte, als sowohl rechte wie linke Besserwisser bereits über ein »Auseinanderwachsen« zweier deutscher »Staats- und Kulturnationen« dozierten, war unbestreitbar, daß das künstlerische Schaffen von Christa Wolf die Unteilbarkeit der deutschen Nationalkultur verkörperte und weiterentwickelte. Und unabstreitbar ist die Tatsache, daß das Werk von Christa Wolf bereits zur Weltliteratur gehört.

CHRISTA WOLF: MIT DEM ABSOLUTEN SINN FÜR TOLERANZ
Totenrede für Lew Kopelew (1997)

Lew Kopelew werde ich immer lebendig vor mir sehen, an den verschiedenen Orten, an denen wir ihn seit über dreißig Jahren getroffen haben. In seiner Moskauer Wohnung natürlich, wie er dem Telefon, das auf dem Fußboden stand, einen Tritt versetzt: Du kleiner Verräter! In den Moskauer Straßen neben uns hergehend, uns *seine* Topographie der Stadt erklärend. In dem Atelier des Malers Boris Birger, eines der unzähligen Freunde Lews, die als Künstler ins Abseits gedrängt waren. In der Wohnung seiner Tochter, hinter einem berühmten Gebäude der Gorkistraße – sein Schwiegersohn war nach seinem Protest gegen den Einmarsch der Warschauer-Pakt-Truppen in Prag gerade aus dem Gefängnis gekommen –, wo ich Angehörige von Lews Familie und Freunde zum erstenmal von Emigration sprechen hörte. Meine Familie ist über die ganze Welt verstreut, sagte er jedesmal traurig, wenn ich ihn in den letzten Jahren sah, in Hamburg, in seiner Kölner Wohnung, auf Ausstellungen, in Theatersälen, in Berlin.

Ich habe ihn 1965 bei Anna Seghers kennengelernt, die er verehrte (er hat sich ja bis ins hohe Alter eine fast ehrfürchtige Bewunderung für Kunst und Künstler bewahrt). Sie stritten sich an jenem Abend scharf. Es ging um Ilja Ehrenburgs Flugblätter im Zweiten Weltkrieg, Anna Seghers verteidigte den Freund, der ihr, als sie in Paris in Gefahr war, geholfen hatte, Lew Kopelew kritisierte ihn. Damals wußte ich noch nicht, daß er wegen »bürgerlich-humanistischer Propaganda« – das heißt wegen seiner Kritik an Gewalttaten der Roten Armee gegen die deutsche Zivilbevölkerung am Ende des Zweiten Weltkriegs – zu vielen Jahren Lagerhaft verurteilt war. Anna Seghers und Lew Kopelew haben sich am Ende fest umarmt. Später hat er mich daran erinnert, daß ich ihm danach, als wir im Auto durch Ostberliner Vororte fuhren, von meinen Zweifeln und Konflikten erzählt habe. Er hatte also von Anfang an mein Vertrauen gewonnen. Am Steuer saß übrigens ein Mann, der zu jenen Wehrmachtsoffizieren gehört hatte, denen Lew, Offizier der Roten Armee, als Lehrer an der antifaschistischen Frontschule für Wehrmachtsangehörige begegnet war. Er hatte ein Talent, sich Feinde

39 Gerhard Wolf, Lew Kopelew und Christa Wolf in Berlin, zwei Tage nach der Maueröffnung

40 Am Grab von Anna Seghers, Dorotheenstädtischer Friedhof, Berlin

zu Freunden zu machen. In der DDR hatte er viele solcher Freunde, auch unter Schriftstellern – in Einzelfällen, die ihn schmerzten, haben sie sich als falsche Freunde entpuppt. Verrat war etwas, was er nicht begreifen konnte, sein seelischer Apparat war darauf nicht eingerichtet. Darum haben manche ihn »naiv« genannt. Man könnte es auch »Güte« nennen, ein altmodisches Wort, eine altmodische Eigenschaft. Sie hat ihn verletzlich gemacht und zugleich geschützt.

Zwei Tage nach dem Fall der Berliner Mauer war seine Stimme, ganz nah, im Telefon: Ich bin hier, will euch sehen. Er war in der Eile ohne Papiere eingeflogen, die Grenzwachen gab es noch, sie wollten ihm den Weg versperren, da wurden sie entrüstet von den umstehenden DDR-Leuten belehrt: Ja, kennten sie denn nicht den großen russischen Schriftsteller Lew Kopelew? Wollten sie dem etwa die Einreise verwehren? Er kam ohne Papiere herein. Wir waren dann auf dem Dorotheenstädtischen Friedhof bei den Gräbern von Hegel und Brecht.

Nachdem er 1980 aus der Sowjetunion ausgebürgert war – ein tiefer Schmerz –, ist Lew, mit seinem Stock und seinem Patriarchenbart, ein neuer Ahasver, durch die Städte der westlichen Welt gewandert. Er wurde nicht müde, zu sehen, aufzunehmen, neuen Menschen zu begegnen, zu reden, zu diskutieren, zu erklären, um Verständnis zu werben. Seine wirksamste Botschaft war er selbst. Wer sein Leben kannte und sich ihm mit Scheu und Achtung näherte, traf einen schlichten, aus tiefem Herzen menschlichen Menschen, vorurteilsfrei, neugierig auf alles Neue, besonders auf Leute, hellwach und aufmerksam den Gang der Dinge verfolgend, viele Sinne nach Rußland gerichtet, tief beunruhigt oft, zugleich »dennoch hoffend«. Trauer hat er sich erlaubt, Resignation nicht. Er hat dagegen angearbeitet. Seine zweite Frage, wenn wir uns trafen, nun öfter in seiner Kölner Küche, mit Raja zuerst, zuletzt mit Marischa, war: Arbeitest du? Du arbeitest doch! Ich sah ihn in Krankenhausbetten, umgeben von seinen getreuen Mitarbeiterinnen und Mitarbeitern, denen er diktierte, Haufen von Zeitungen, Radio, Fernsehen in Reichweite, auf Besucher erpicht, denen er von gerade erfolgten, gerade bevorstehenden Publikationen berichtete, besessen von seinem selbstgestellten Auftrag: Als »Grenzgänger und Brückenbauer« Deutsche und Russen einander näherzubringen. Er war nämlich einer, der noch an die »Waffe Wort« glaubte. »Ich kenne nur ein Mittel, eine Waffe, ein Werkzeug«, sagte er, »das Wort, das geschriebene, gesungene, geflüsterte, geschriene Wort ...« Ein Satz, den ihm die Erfahrung der russischen und anderen osteuropäischen Dissidenten und Schriftsteller diktierte, von denen er uns erzählte, deren bei uns noch unbekannte Verse er uns zitierte.

Lew Kopelews Buch »Aufbewahren für alle Zeit«, ein Titel, der einen schaudern macht, gehört zu jenen Büchern, die nun ein unverzichtbares Zeugnis, »aufzubewahren für alle Zeit« sind und uns – neben den Büchern von Solschenyzin, Nadeschda Mandelstam, Lidija Tschukowskaja – die Augen aufrissen. In den drei Bänden seiner biographischen Trilogie breitete Kopelew sein Leben vor uns aus, das exemplarische Leben eines Zeitgenossen, der in den Mahlstrom dieses Jahrhunderts hineingerissen wurde und dem es, nicht zuletzt durch schonungslose Selbsterkenntnis, gelang, eine innere Freiheit zu erringen, die auf alle ausstrahlte, die ihm begegneten. Er war mutig, voll Zorn und Trauer, frei von Selbstgerechtigkeit und voller Nachdenklichkeit, einfühlsam in krisenhafte Entwicklungen von Freunden. Gerade dadurch verhalf er uns zu schmerzhaften Erkenntnissen, gab das Beispiel, wie man Irrtümer überwinden, sich korrigieren, falsche Götter in sich stürzen und weiterleben kann. Er konnte wirklich helfen. Er konnte überschwenglich loben. Er konnte Mut machen.

Wie oft hat Lew in den letzten Jahren gesagt und geschrieben, Rußland könne nur durch ein Wunder gerettet werden, und hat ein Lächeln dafür geerntet. Jetzt, wo er tot ist, begreife ich, daß er selbst eine Art Wunder war und daß ein Satz wie dieser vielleicht auf einfacher Selbsterfahrung beruht.

Er wirkte, in jedem Sinn des Wortes, entwaffnend. Wie andere ein absolutes musikalisches Gehör haben, hatte er einen absoluten Sinn für Anstand und Menschlichkeit. Ich glaube, er brachte fast jeden, der ihm nahekam, dazu, seine besten Seiten herauszukehren. Vielleicht ist das ja die wirksamste Art, etwas an den Zuständen dieser Welt zu bessern.

Die vorliegende Edition beruht auf den Originalaufzeichnungen von Christa Wolf zu ihren Reisen in die UdSSR zwischen 1957 und 1989, die im Christa Wolf Archiv der Berliner Akademie der Künste aufbewahrt werden und die, mit der Ausnahme einer maschinenschriftlichen Seite der Aufzeichnungen zur sechsten Reise, handschriftlich vorliegen.

Hinzufügungen des Herausgebers sind durch einfache eckige Klammern markiert. Unleserliche Stellen werden mit »[xxx]« gekennzeichnet. An einer Stelle wurden zur Wahrung des Persönlichkeitsrechts Dritter einige wenige Wörter gestrichen, sie ist mit »[XXX]« gekennzeichnet.

Christa Wolfs Tagebuchaufzeichnungen folgen in Orthographie und Zeichensetzung dem »alten« Duden; Verschreibungen, auch russische, wurden stillschweigend berichtigt. Einfache Anführungsstriche wurden grundsätzlich in doppelte verwandelt. Die Schreibweise russischer Namen und Begriffe wurde entsprechend der Duden-Transkription Ost vereinheitlicht.

Trotz sorgfältiger Recherchen konnten nicht alle Urheberrechtsinhaber ermittelt werden. Bei begründeten Ansprüchen wenden Sie sich bitte an den Verlag.

Zweite Reise 1959

Christa Wolf über Otto Gotsche. In: Christa Wolf: Stadt der Engel oder The Overcoat of Dr. Freud. Berlin: Suhrkamp 2010, S. 111-112.

Christa Wolf an Wladimir Steshenski, 3. September 1960.

Wladimir Steshenski an Christa Wolf, 14. September 1960. Aus dem Russischen übersetzt von Tanja Walenski.

Christa Wolf Archiv im Archiv der Akademie der Künste, Berlin.

Dritte Reise 1963

Auszüge aus Brigitte Reimann: Ich bedaure nichts. Tagebücher 1955-1963. Hrsg. von Angela Drescher. Berlin: Aufbau 1997, S. 341-353.

Arkadi Jerussalimski an Christa Wolf, 26. Mai 1965.

Christa Wolf an Frau Jerussalimskaja, 3. Dezember 1965.

Christa Wolf Archiv im Archiv der Akademie der Künste, Berlin.

Vierte Reise 1966

Wladimir Steshenski an Christa Wolf, 20. Dezember 1967.

Christa Wolf an Wladimir Steshenski, 15. Juni 1969.

Christa Wolf Archiv im Archiv der Akademie der Künste, Berlin.

Christa Wolf: Das Eigene. Juri Kasakow. Vorwort in: Juri Kasakow: Larifari und andere Erzählungen. Berlin / DDR: Kultur und Fortschritt 1966, S. 5-11. Auch in: Christa Wolf: Werke 4. Essays / Gespräche / Reden / Briefe 1959-1974. Hrsg. von Sonja Hilzinger. Hamburg: Luchterhand 1999, S. 131-135.

Christa Wolf: Der Sinn einer neuen Sache. Vera Inber. In: Christa Wolf: Lesen und Schreiben. Berlin: Aufbau 1973, S. 60-63. Rundfunkbeitrag für die Sendereihe des Deutschlandsenders (Berlin / DDR) »Dichtung der neuen Epoche. Schriftsteller der DDR über sowjetische Literatur« vom 15. 11. 1967 unter dem Titel »Der Platz an der Sonne«. Auch in: Christa Wolf: Werke 4. Essays / Gespräche / Reden / Briefe 1959-1974. Hrsg. von Sonja Hilzinger. München: Luchterhand 1999, S. 176-179.

Fünfte Reise 1968

Auszüge aus Max Frischs Tagebuch, 17. bis 22. Juni 1968: Tagebuch 1966-1971. In: Max Frisch: Gesammelte Werke in zeitlicher Folge. Sechster Band. Frankfurt/M.: Suhrkamp 1998, S. 141-150.

Christa Wolf: Begegnungen. Max Frisch zum 70. Geburtstag. In: Begegnungen. Eine Festschrift für Max Frisch zum 70. Geburtstag. Frankfurt/M.: Suhrkamp 1981, S. 219-226. Auch in: Christa Wolf: Werke 8. Essays / Gespräche / Reden / Briefe 1975-1986. Hrsg. von Sonja Hilzinger. München: Luchterhand 2000, S. 202-209.

Christa Wolf an Lew Kopelew, 28. November 1969.

Lew Kopelew an Christa Wolf, 29. August 1973.

Christa Wolf an Lew Kopelew, 15. September 1973.

Lew Kopelew Archiv im Archiv der Forschungsstelle Osteuropa der Universität Bremen.

Sechste Reise 1970

Christa Wolfs Erinnerung an Efim Etkind in: Christa Wolf: Stadt der Engel oder The Overcoat of Dr. Freud. Berlin: Suhrkamp 2010, S. 58-60.

»Auskunft« des KGB zu Christa Wolfs Aufenthalt in Komarowo vom 14.-24. Juli 1970. In: Akteneinsicht Christa Wolf. Zerrspiegel und Dialog. Hrsg. Hermann Vinke. Hamburg: Luchterhand 1993, S. 272-273.

Lew Kopelew: Brief an Gerhard Wolf vom 12. Dezember 1971. In: Die Poesie hat immer recht. Gerhard Wolf – Autor, Herausgeber, Verleger. Ein Almanach zum 70. Geburtstag. Berlin: Gerhard Wolf Janus Press 1998, S. 66-69.

Siebte Reise 1973

Auszüge aus Christa Wolf: Fragen an Konstantin Simonow. In: Neue Deutsche Literatur Heft 12, 1973, 21. Jg. Das Gespräch entstand im Auftrag der Zeitschrift NDL für das thematische Heft »Literarische Werkstatt UdSSR – DDR«. Es fand am 21.7.1973 auf der Datscha Konstantin Simonows mit der Dolmetscherin Lidija I. Gerassimowa statt, wurde auf Tonband gesprochen, leicht redigiert und später von Eva Dannemann übersetzt. Russisch erschien es in der Zeitschrift »Literaturnoje Obosrenie« 2, 1974. Auch in: Christa Wolf: Werke 4. Essays / Gespräche / Reden / Briefe 1959-1974. München: Luchterhand 1999, S. 380-400 und in: Konstantin Simonow: Erfahrungen mit Literatur. Betrachtungen, Gespräche, Erinnerungen. Hrsg. von Nyota Thun. Berlin: Volk und Welt 1984, S. 91-107.

Christa Wolf: Donnerstag, 27. September 1973. Treffen mit Juri Trifonow in Berlin. In: Christa Wolf: Ein Tag im Jahr 1960-2000. München: Luchterhand 2003, S. 178-181. Auch in: Christa Wolf: Ein Tag im Jahr 1960-2000. Frankfurt/M: Suhrkamp 2008, S. 191-195.

Auszüge aus Lew Kopelew: Wahrheitsmuster. In: Lew Kopelew: Der Wind weht, wo er will. Gedanken über Dichter. Hamburg: Hoffmann und Campe 1988, S. 330-343.

Neunte Reise 1987

Auszüge aus einem Gespräch der Übersetzer Nina Fjodorowa und Albert Karelski mit Jewgenija (Shenja) Kazewa in Moskau, Juni 1988: Filmaufnahme von Christian Lehmann und Karlheinz Mund, DEFA-Dokumentarfilm, Filmmuseum Potsdam Archiv, transkribiert von Gerhard Wolf.

Zehnte Reise 1989

Christa Wolfs Abschied von Moskau. In: Christa Wolf: Stadt der Engel oder The Overcoat of Dr. Freud. Berlin: Suhrkamp 2010, S. 72-73.

Memorial

Von dem multiplen Wesen in uns. Briefwechsel mit Efim Etkind. Brief von Efim Etkind an Christa Wolf vom 23. April 1992 sowie Brief von Christa Wolf an Efim Etkind vom 23. Mai 1992. In: Auf dem Weg nach Tabou. Texte 1990-1994. Köln: Kiepenheuer und Witsch 1994, S. 194-201. Auch in Christa Wolf: Werke 12. Essays / Gespräche / Reden / Briefe 1987-2000. Hrsg. von Sonja Hilzinger. München: Luchterhand 2001, S. 430-436.

Efim Etkind: Der Kern des Kerns oder »Lob des Gedächtnisses«. In: Ein

Text für C. W. Hrsg. von Gerhard Wolf. Berlin: Gerhard Wolf Janus Press 1994, S. 169-171.

Efim Etkind: Brief an Gerhard Wolf vom 1. Mai 1998, sowie Efim Etkind: Die Freiheit. In: Die Poesie hat immer recht. Gerhard Wolf – Autor, Herausgeber, Verleger. Ein Almanach zum 70. Geburtstag. Berlin: Gerhard Wolf Janus Press 1998, S. 169-171.

Lew Kopelew: Dichterin unter geteiltem Himmel. In: Lew Kopelew: Laudationes. Göttingen: Steidl 1993, S. 163-170.

Christa Wolf: Mit dem absoluten Sinn für Toleranz. Totenrede für Lew Kopelew (Juni 1997). In: Christa Wolf: Werke. Bd. 12. Essays / Gespräche / Reden / Briefe 1987-2000. Hrsg. von Sonja Hilzinger. München: Luchterhand 2001, S. 607-610.

Mottos am Anfang des Bandes

Boris Pasternak: Doktor Schiwago. Zit. nach Raissa Orlowa und Lew Kopelew: Wir lebten in Moskau. München: Albrecht Knaus Verlag 1987, S. 9.

Anna Achmatowa: In Wirklichkeit. Entstanden am 13. Juni 1946. In: Anna Achmatowa: Poem ohne Held. Poeme und Gedichte russisch und deutsch. Nachdichtung von Heinz Czechowski, Uwe Grüning, Rainer Kirsch und Sarah Kirsch. Hrsg. von Fritz Mierau. Leipzig: Reclam 1982, S. 116. Aus dem Russischen für den vorliegenden Band neu übersetzt von Gerhard Wolf und Tanja Walenski.

Anna Achmatowa: Im Traum. Entstanden am 15. Februar 1946. In: Anna Achmatowa: Poem ohne Held. Poeme und Gedichte russisch und deutsch. Nachdichtung von Heinz Czechowski, Uwe Grüning, Rainer Kirsch und Sarah Kirsch. Hrsg. von Fritz Mierau. Leipzig: Reclam 1982, S. 116-117.